明理集

华北油田公司党委宣传部 编

石油工业出版社

图书在版编目（CIP）数据

明理集 / 华北油田公司党委宣传部编 . -- 北京：
石油工业出版社，2025.5.
ISBN 978-7-5183-7385-7
Ⅰ . D267.1-53
中国国家版本馆 CIP 数据核字第 2025H00S07 号

出版发行：石油工业出版社
    （北京安定门外安华里二区 1 号楼 100011）
    网 址：www.petropub.com
    电 话：(010) 64523582
经 销：全国新华书店
印 刷：北京中石油彩色印刷有限责任公司

2025 年 5 月第 1 版 2025 年 5 月第 1 次印刷
710×1000 毫米 开本：1/16 印张：24
字数：274 千字

定价：80.00 元
（如出现印装质量问题，我社图书营销中心负责调换）
版权所有，翻印必究

前　言

国有企业是中国特色社会主义的重要物质基础和政治基础，是我们党执政兴国的重要支柱和依靠力量。国有企业党的建设是整个党的建设伟大工程的重要组成部分，是党在经济领域的重要阵地。

党的十八大以来，以习近平同志为核心的党中央高度重视国有企业改革发展和党的建设，围绕保障国家能源安全、积极发展清洁能源，推动经济社会绿色低碳转型等作出一系列重要指示批示，为推动新时代能源高质量发展提供了根本遵循。

伟大的时代产生伟大的思想，伟大的思想引领伟大的时代。以习近平同志为核心的党中央继承和发展马克思主义建党学说，汲取中华优秀传统文化的营养和智慧，把马克思主义建党学说的基本原理同中国具体实际相结合、同中华优秀传统文化相结合，根据新时代党和国家面临的新情况新问题提出了许多新思想新论断新要求，形成了完备的理论体系，体现了鲜明的时代特征，开辟了马克思主义政党全面从严治党的新境界。

中国石油工业以"两论"起家，在披荆斩棘、奋进前行的发展历程中，无数的石油先辈扎根荒野、献身戈壁、奋战大漠，他们靠着与时俱进的科学理论实践、无比坚强的团队战斗意志、大无畏的牺牲奉献精神，书写出世界石油工业史上的"中国奇迹"。

华北油田勘探开发建设是中国石油工业发展史上浓墨重彩的一笔。1976 年，三万石油大军汇聚华北，实现了当年勘探、当年开发、当年建设、当年收回国家投资的"四个当年",创造了石油工业史上前所未有的高速度。

站在新的历史方位,华北油田锚定"建设千万吨当量综合能源公司、打造世界一流现代化能源企业"战略目标,不忘初心、接续奋斗,聚焦资源勘探开发、绿色低碳转型、技术创新突破、管理效能提升等重点任务,全面建设新时期新华北,中国式现代化华北油田篇章正徐徐展开。

理论是实践的先导,思想是行动的指南。加强企业理论研究与实践,是坚定政治立场、始终沿着正确道路前行的根本保证,是统一思想、凝聚力量的强大思想武器,是破解发展难题、增强发展动力、厚植发展优势的科学实践。

本书共收录34篇文章,内容涵盖思想引领、制度机制、经营管理、党的建设等多个领域,是公司党委全面贯彻习近平新时代中国特色社会主义思想,深入落实中国石油天然气集团有限公司党组、河北省委决策部署,科学研判形势变化,客观分析机遇挑战,在长期实践中对发展建设和历史文化的深刻思考与总结。标志着对经济社会发展规律、能源工业建设规律及油田发展规律的认识上升到一个新的高度,为油田改革进步提供了强有力的理论支撑与实践指导。

这些理论文章,既是思想武器,又是管理方法,是指引华北油田在新时代阔步前行的新方略、新理念、新部署、新举措。这些理论文章,坚持守正创新、问题导向、系统观念,瞄准改革发展建设中的问题与挑战,通过理论研究和阐释,以寻求有效的解决之道。这些理论文章,是油田实践经验和集体智慧的成果,系统回答了新时代推动油田发展这一"石油之问",是观察时代、解读时代、引领时代的思想结晶。这些理论文章,突出好用管用实用的实践本质,具有广泛的指引性和变革性,也推动了企业运行效率实现系统性提升，队伍面貌实现革命性重塑，发展根基得到全面性夯实。

这些理论文章所研究的范围是广泛而深入的，既包括宏观层面的战略规划与决策部署，也涵盖了微观层面的具体工作与实践操作，有许多创新性和前瞻性的理念。比如让问题导向成为干事的风向标，突出发现问题、研究问题、解决问题，讲实话、干实事，在知行合一中担当作为；积极践行"一线工作法"，坚持情况在一线掌握，决策在一线形成，问题在一线解决，作风在一线转变，形象在一线树立；以"倒三角"履责模式压紧压实责任，构建从领导管理层"最初一公里"到基层操作层"最后一公里"的压力传递架构；建立周例会制度，在本部与基层间开启"直通车"，实现了"一会周知、事事直达"，推动各项工作往深里做、实里走；将工程思维引入企业管理，通过项目式管理推进重点任务落实，实现经营管理精细化高效化；坚持战略执行、工程建设、大抓基层"三个导向"，为油田在新形势下实现可持续发展提供了全新的思路与方法；倡导以"五个一"机制深化理论中心组学习，提升领导干部的理论素养与决策能力，为企业发展提供智力支持。

实践是具体的，也是历史的、变化的、发展的。理论实践要树立动态性思维，一切以时间和现实条件为转移，于动态发展中把握实践的具体性和过程性。在时间和空间的双重审视以及历史和现实的互动关照中，更加积极地发挥主观能动性，推动发展理念向实践的高效转化。

将这些理论文章结集出版，有助于了解华北油田近些年理论实践的发展路径，展现油田方方面面的成果，也可以在书中找到破解难题、推动工作的硬招实招，领悟理论建设在企业发展中的重要性，从中汲取智慧与力量，为今后工作提供参考与借鉴。

回顾波澜壮阔的历史，我们党之所以能够完成近代以来各种政治力量不可能完成的艰巨任务，带领人民取得革命、建设、改革的辉煌成就，就在于始终坚持用马克思主义中国化最新成果武装全党，使全党始终保持统一的思想、坚定的意志、协调的行动、强大的战斗力。

华北油田已经站在新的历史起点上，让我们在学思践悟中以更加昂扬的姿态继续奋斗，以更加务实的作风勇往直前，奋力开创千万吨当量综合能源公司建设新局面，在打造世界一流现代化能源企业新征程上创出新业绩、续写新荣光。

2024 年 1 月

目 录

努力做到知行合一	001
让问题导向成为干事的风向标	015
推动油气当量重上千万吨	023
在学习党史中不断提高"政治三力"	040
汲取党的思想道德力量	050
在坚定信仰中信守石油初心	064
在党的历史中感悟真理力量	075
始终秉承笃定力行之心	086
全面践行"一线工作法"	102
为基层减负去虚功重实干	111
以"倒三角"履责模式压紧压实责任	118
推动周例会精准高效落实	128

让批评与自我批评成为常态	136
以思想大解放推动油田大发展	145
提质增效升级赋能高质量发展	156
以精益管理推动价值创造最大化	166
构建新时代全面从严「大党建」体系	176
让「五个一」机制成为理论学习的锐器	187
持续减负让基层轻装力行	197
把讲政治落细落实落具体	207
坚持践行「系统工作法」	217
大抓基层激发内生动力	228
以工程建设导向抓实战略举措	238
以「四个专项行动」引领高质量发展	249

解放思想谋求大发展	259
改进工作推动实干开局	270
开启新时期新华北建设新征程	281
标准执行赋能高质量发展	292
以底线思维构建风险防控体系	303
抓闭环管理推动任务落地	314
坚持「三个导向」推动公司高质量发展	324
以主题教育激发奋进力量	335
强化干部示范和本领养成	346
持之以恒固牢思想根基	357

努力做到知行合一

"知行合一"的哲学思想是由明朝大儒王阳明提出的,他说:"知是行的主意,行是知的功夫;知是行之始,行是知之成。只说一个知,已自有行在;只说一个行,已自有知在""知之真切笃实处即是行,行之明觉精察处即是知。"王阳明一方面强调道德意识的自觉性,要求人在内在精神上下功夫;另一方面也重视道德的实践性,指出人要在事上磨炼,要言行一致、表里如一。质言之,这是一种修身的智慧。

修身与做人、谋事、创业是协调统一的关系,修身是"做人、谋事、创业"的基础和前提,唯有严修身、修好身,方能做人实;唯有做人实,方能谋事实;唯有谋事实,方能创业实。严修身是做人实的基础,做人实是谋事实的前提,谋事实是创业实的保障,逻辑关系上层层递进,构成了认识世界、改造世界的完整链条。

严修身,"重"在立德、修心、践行

"物格而后知至,知至而后意诚,意诚而后心正,心正而后身修,身修而后家齐,家齐而后国治,国治而后天下平。"格物、致知、诚意、正心、修身、齐家、治国、平天下,是研究事物原理而后获得知识,获得知识而后意念诚实,意念诚实而后心志端正,心志端正而后提高自身修养，提高自身修养而后整顿好家庭，整顿好家庭而后治理好国家，治理好国家而后天下太平。在"修身、齐家、治国、平天下"中，修身是前提和基础，只有先学会做人才能做事。

——严修身要以立德为先。老子《道德经》第三十八章中讲："上德不德，是以有德；下德不失德，是以无德。"意思是具有上乘品德的人，从来不追求形式上的"德"，也就是不伪装；而下乘品德的人，从来不放弃在形式上追求"德"，也就是伪装。德，即品德和修养，是根本、是长远，并非应急时就能造就的，它包括为人正直、善良、诚恳，具有强烈的责任心、进取心和事业心。

企业选人用人时"以德为先"主要有三个方面原因。一是"以德为先"是企业选人用人的根本标准。企业兴衰，唯在用人。在选人用人方面，用一贤人则群贤毕至，见贤思齐就蔚然成风。贤人就是有德有才之人，即所谓"德配其位、才配其位，只有德才兼备，才能居正位"。"德才兼备，以德为先"，历来是我们党和国家选人用人的根本标准，同样也是我们企业选人用人的标准。蒙牛老总牛根生在谈企业用人时曾讲过：无德无才，坚决不用；有才无德，限制使用；有德无才，培养重用；有德有才，破格录用。二是"以德为先"是企业发扬团队精神的前提。有了正直、善良、诚恳的人品和强烈的责任心、进取心，才能有良好的"职业道德"，有了良好的"职业道德"，才能心往一处想、劲往一处使，才能树正气，进而产生坚不可摧的团队力量。三是"以德为先"是企业长足发展的保障。如果企业是一棵大树，道德就是树根，若树根开始腐烂，不管这棵树多大、多茂盛，它终将枯萎。从国家、社会到企业，有德之人将会充分发挥其知识与才能，为企业的进步殚精竭虑，相反品德有瑕疵的人在企业中就如同腐烂的树根，终将危及企业发展。

——严修身要以修心为上。《道德经》第三十三章中讲："知人者智，自知者明；胜人者有力，自胜者强；知足者富，强行者有志，不失其所者久，死而不亡者寿。"这四句话的意思是：了解他人的人明智，了解自己的才最聪明。战胜别人的人有力量，战胜自己的人才最强大。知道满足的人能富有，努力不懈的人才最有志向。不丧失根基的人能长久，身虽死而"道"犹存的人才最长寿。老子认为：一个人倘若能省视自己、坚定自己的信念，并且切实推行，就能保持旺盛的生命力和饱满的精神风貌。也就是现在人们所讲的加强精神修养和内心修养，修炼一颗强大的内心。

有一个故事，是说李鸿章带了三个人请曾国藩过目以任命差遣，当时曾国藩刚吃完饭正在散步。之后，李鸿章请他接见那三个人时，曾国藩却说不必了。李鸿章很惊讶，曾国藩说道："在散步时，那三个人我都看过了。第一个低头不敢仰视，是忠厚的人，可以给他保守的工作；第二个喜欢作假，在人面前很恭敬，等我一转身，便左顾右盼，将来必定阳奉阴违，不能任用；第三个人双目注视，始终挺立不动，他的功名，将来不在你我之下，可委以重任。"后来三人的发展，果然不出曾氏所料，而第三个人就是治理台湾有功的刘铭传。

生活不是比赛，无需事事争个对错。做一个和善的人，心态平和，懂得退让与示弱。厚道的人在思维上有十个方面的特点：一是懂得妥协；二是适时调整；三是尊重对方；四是坚持原则；五是持之以恒；六是人情味重；七是重诺守信；八是愈挫愈勇；九是凝聚力强；十是忘却恩怨。不是每个人一出生就是聪明的，聪明需要不断修炼自己的内心，内化于心，才能外化于行。一个人的修养和品行，总是映现在他细微的动作里。因此，领导干部要善为"三个一流"，即用一流的人品影响人，用一流的业务提升人，用一流的作风带动人。

严以修心关键要在修清净之心、赤诚之心、慎独之心上下功夫。一是修心要修清净之心。清静是一种心态、一种情趣，更是一种境界。领导干部要善于用好"三镜"：用"望远镜"看待名利，把名利看得远一点、淡一点、模糊一点；用"放大镜"看待身边的同志，多找别人身上的优点；用"显微镜"审视自己，多查找反思自身的缺点。二是修心要修赤诚之心。忠诚必须绝对，忠诚不绝对等于绝对不忠诚。敢讲真话、敢于斗争就是绝对忠诚。不敢直言，何谈忠诚？不敢斗争，怎样负责？我们需要的是真团结而不是假客气，需要的是真和谐而不是和稀泥。三是修心要修慎独之心。慎独是一种操守、一种品格、一种风骨。历史上最有名的慎独故事是杨震却金。东汉安帝时，杨震去荆州赴任路过昌邑。昌邑县令王密为感谢杨震的提携之恩，怀金十斤以遗震，杨震拒绝接受。王密说："此事暮夜无人知道。"杨震说："天知，神知，我知，子知，何谓无知？"领导干部要做到台上台下一个样，人前人后一个样，尤其是在私底下、无人时、细微处，更要如履薄冰、如临深渊。

——严修身要以践行为重。"严以修身"不是为修而修，而是为了规范自己的言行举止，练好做人的基本功、打好立业的奠基石，修身重在践行。践行首先要解决思想上对工作要求"差不多"的问题。"凡事只要差不多"，其实已谬之千里。如果以"差不多"思想抓工作，凡事马马虎虎、敷衍了事，必将一事无成。再者，要解决行动上"等一等、拖一拖"的问题。舞台再大，自己不上台，永远是观众；平台再好，自己不参与，永远是局外人。人生没有四季，努力就是旺季，不努力就是淡季，不努力，听到的永远是别人的好消息。一个行动胜过一打纲领。千忙万忙，不抓落实就是瞎忙；千招万招，不能落实就是虚招；千条万条，不去落实就是白条。事业不是喊出来的，而是干出来的。

万里长征，践行的是决心与勇气。心有所信，才能致行千里。曾经有人问邓小平同志："长征那么艰险，你是怎样走过来的？"他坚定地说："跟着走。""跟着走"蕴含了"苟利国家生死以"的抱负，彰显了"何须马革裹尸还"的血性，展现了"越是困难越向前"的精神。也正因如此，中国共产党和红军才一次次绝境重生，愈挫愈勇，创造了难以置信的奇迹。

历来成大事者：事不拖，话不多，人不作。全体干部员工能够做到"事不拖，话不多，人不作"，争做共产主义的坚定信仰者、争做干事创业的忠诚担当者、争做实事求是的躬耕示范者、争做清正廉洁的模范践行者、争做石油精神的优秀传承者、争做心系基层的为民服务者。

做人实，"首"在诚实、正气、舍得

《道德经》第十九章中讲："见素抱朴，少私寡欲，绝学无忧"，意思是保持纯洁朴实的本性，减少私欲杂念，抛弃圣智理法的浮文，才能免于祸患。老子认为：事物是复杂的，不顾客观实际，一味循着自己的思路去考虑问题，卖弄点小聪明，是愚人的行为，是招灾引祸的根源，即聪明反被聪明误。他强调人应当遵循大道的规律、顺应自然，揭去虚伪的包装，保持纯洁朴实的本性，就是"做人要实"。

——诚实是做人实的核心。《道德经》第八十一章："信言不美，美言不信。善者不辩，辩者不善"，意思是说真实可信的言语不华美，华美的言语不可信，善良的人忠厚老实不巧言善辩，巧言善辩的人不善良。老子称不善于用花言巧语来争辩的人是完善的，其本质也是忠厚善良老实的。所以说，做人实既要有厚德载物、水利万物而不争的格局，也要有"善者不辩"的境界，做老实人、说老实话、办老实事，做到领导在与不在干工作一个样，说到做到、做不到不说、立说立行。这也正是"老实人"与"老好人"的区别，即老实人坚持实事求是，老好人信奉实用主义；老实人积极进取、奋发有为，老好人庸庸无能、碌碌无为；老实人在坚持原则的基础上加强团结，老好人搞无原则的一团和气。

——正气是做人实的基石。明朝文学家、思想家吕坤在其《呻吟语》中讲道："凡为外所胜者，皆内不足；为邪所夺者，皆正不足也"，意即凡是受外界影响而改变本心的人，都是因为内心修养不够；凡是被邪恶所战胜的人，都是因为自己正气不足。浩然正气能够鼓舞士气，激发活力，增强团结，汇聚奋发向上的正能量。大到一个国家、一个民族，小到一个企业、一个人都需要正气。正气是做人做事的基石，是团结鼓舞人的巨大力量。要把心思和精力全部放在工作上，真正把"干群关系亲情化、人际交往简单化、工作推动高效化"的要求内化于心、外化于行。

弘扬正气就是要带头讲担当。正所谓"大担当大智慧，小担当小智慧，不担当没智慧"。敢于担当的智慧就是要敢扛大事，不畏难事，能干成事，面对急难险重任务要豁得出来、顶得上去，做到在困难面前不回避、问题面前不推脱、挫折面前不退步、逆境面前不悲观。弘扬正气就是要带头弘扬"持之以恒的工作作风"。渔夫出海打鱼前，并不知道鱼群在哪里，但是他坚持出海，因为他心怀梦想，相信一定能够满载而归。在现实生活中，只要坚持了，就一定会有好的效果。不是因为有希望才坚持，而是坚持了才有希望；不是因为有机会才努力，而是努力了才有机会。不拼不搏，人生白活；不苦不累，人生没味。弘扬正气就是要营造"五不"工作氛围，即辛苦不心苦、流汗不流泪、压力不压抑、掉肉不掉队、干事不出事。弘扬正气就是要涵养"五种气质"，即胸怀正气、充满朝气、积蓄才气、善接地气、滋养静气；发扬"四有精神"，即有问题主动对接、有经验主动分享、有批评主动承担、有成就主动推让。

——舍得是做人实的精髓。"舒"为"舍""予"："舍"是舍得，"予"是"我"。舍得给予，心甘情愿舍得，自觉自愿给予，其心情自是十分舒畅。舍得，舍得，有舍才有得，唯有我舍，才有我得；唯有舍我，才能得我。《道德经》在第七章《天长地久》一章中说："天地所以能长且久者，以其不自生，故能长生。是以圣人后其身而身先；外其身而身存。"老子认为：天地所以能够长久，是因为它们一切运作都不为自己。有道的人把自己退在后面，反而能够赢得爱戴；把自己置之度外，反而能保全生命。老子用朴素的辩证法的观点，说明"利他"和"利己"是互相统一的，而且"利他"往往能够转化为"利己"。做人实，要学会舍得，大舍大得，小舍小得，不舍不得。

高尔基说，"给"永远比"拿"愉快。舍弃是一种境界，也是一种智慧，小舍小智慧，大舍大智慧，不舍没智慧。例如：二战后决定在美国纽约成立联合国。在一切准备就绪后，大家才发现这么一个权威的世界组织，竟然难寻立足之地。而此时，洛克菲勒家族买地无偿捐赠给联合国的举动真正体现了舍得智慧。当联合国大厦建成后，周边的土地迅速增值，而这些土地都为洛克菲勒家族所拥有，最终达到名利双收。由此可见，一个将自身与公司融为一体的员工，必然会舍小家、顾大家，甘于奉献、甘于付出，一心扑在工作上，最终必将会赢得公司的回报。

谋事实，"贵"在用心、用情、用智

谋为"言""甘木"。言，是商议、谋划；甘木，传说中的不死树、佳树，比喻美好的事物。因此，谋，就是研究谋划美好的事情。研究谋划美好的事情不用真心、不用真情、不用智慧如何能行？"凡事预则立，不预则废。"要把事情办实办好，光有干劲儿和热情还不够，还必须用心、用情、用智谋事。"谋事"，决定了做事的质量和效果。谋事实，表面上看是工作作风问题，其实却反映了领导干部有没有正确的业绩观，是热衷于搞形象工程，做急功近利的工作，还是真正树立问题意识，深入基层一线搞调查、做研究，充分听取基层员工的实话实情，采取切实可行的办法去推动工作、解决问题。

——用心谋事方能把事谋"实"。老子在《道德经》第五十九章中讲治国的原则和方法时说："治人事天，莫若啬。"意思是治理国家、养护身心，必须要用心早做打算、早做准备，做好铺垫、打牢基础。即不论是治理国家、干工作，还是爱惜、养护自己的身体都要做一个有心人。

对干工作来讲，用心首先要有事业心、责任心、进取心和专注心。只有带着强烈的事业心和责任心，才能凡事早做打算、早做准备，才能把心思和精力全部放在谋划工作、谋划事业上，做到用心谋事；只有带着强烈的进取心和专注心，才能把事情往深处研究、往细处琢磨、往远处谋划，才能把事谋划得更实、更深、更细、更具可操作性。"草帽书记"杨善洲，退休后仍践行"只要生命不结束，服务人民不停止"的诺言，扎根大山义务植树造林二十二年，把不毛之地的荒山变成了金山银山，并把价值三亿多元的林场无偿献给了国家，真正实现了"捧着一颗心来，不带半根草去"的人生诺言。

——用情谋事方能把事谋"好"。用情为员工解难题，才能解除他们的后顾之忧。《管子·牧民》中提到："政之所兴在顺民心，政之所废在逆民心。"要以百姓之心为心，在推进改革发展的同时，一定要把更多心思放在为员工办好事、做实事上，积极争取政策支持，不断提升员工群众的获得感、幸福感。

胡适曾经说过：真正的高贵是心里装着别人。心里装着别人，是一种礼貌，是一种谦逊，是一种善良。心里有别人，就是要设身处地为别人想。胡适曾教育儿子说："合群有一条基本规则，就是时时要替别人想想。时时要想想'假如我做了他，我应该怎样？我受不了的，他受得了吗？我不愿意的，他愿意吗？'"己欲立而立人，己欲达而达人。心里装着别人，自然会有一份谦逊的风度。一个人的高贵，从来不是有多少财富，有多高的地位，心里装着别人是一个人最大的高贵。

农民将军甘祖昌，官至少将，时刻牵挂家乡人民能否吃饱饭，了解到家乡的贫穷后，毅然放弃了城市的优厚待遇，拖家带口离职回乡，以一名农民党员的普通身份带领乡亲开荒、治田、修水库，不仅自己不劳辛苦全心付出，还以榜样的力量带领家人共同参与，让家乡旧貌换新颜。

——用智谋事方能把事谋"深"。"不谋万世者不足谋一时，不谋全局者不足谋一域。"用智首先要蓄智，要加强学习苦练内功、培养大格局，积蓄多谋、善谋的智慧与胸怀，遇事决策才能科学高效。打铁还需自身硬，大智慧、大格局是谋事的底气和根基。格局决定谋事的方向，智慧决定谋事的深度。胸怀大格局，才能把油田公司的事情谋长远。

荀子说："主好要，则百事祥；主好详，则百事荒。"意思是：如果君主（主要领导）善于提纲挈领、善于抓主要矛盾，那么百事都会做得十分周详，就会事业兴盛；如果君主（主要领导）事无巨细，什么事都要抓、都要管，那么什么事情都会荒废。还是有这么一个故事。一个过路人问3个正在凿石的石匠正在做什么。第一个石匠回答说："我在挣钱过日子。"第二个石匠回答说："我在做最好的凿石工作。"第三个石匠仰起头来，眼中充满光芒："我在建筑一座大教堂。"同样一份工作，在不同人眼中有着不同的解读，解读的境界和角度，取决于解读者的胸怀与格局。

理论和方法科学，才能把油田公司的事情谋"深"。《道德经》第三十七章讲"道常无为，而无不为。"老子认为自然界存在着一定的规律，必须尊重自然，按照客观规律去做事，只有这样，一切活动和行为才不会偏差，才不会无价值。比如，解决油气勘探开发工作中的问题和困难，必须尊重客观规律，用科学的理论和方法作为指导。这就要求必须持续提高自身业务能力和水平，不断丰富专业知识、完善工作方法，只有具备科学的理论知识、扎实的专业基础和正确的工作方法，才能把工作谋划得又专又深，推进起来才能又平又稳。

创业实，"基"在创新、实干、细节

创为"仓""刀"。"仓"，暗示着创业必须要有一个仓库储备丰富的知识、储备道德修养；"刀"，则暗示要大刀阔斧地干。因此，创就是在丰富宽广储备的基础上，大刀阔斧地实干。有一副对联，上联是"你开会我开会大家都开会"，下联是"你发文我发文大家都发文"，横批是"谁来落实"，讽刺的就是不抓落实现象。古往今来，凡事兴于实、败于虚。因此，创业实就是要有"功成不必在我，功成必定有我"的胸襟，必须始终坚持创新驱动、坚持实干托底、坚持细节把控。

——坚持创新驱动。创新是引领发展的第一动力。华北油田正处在"两低一高"（低品位储量、低采收率、高含水）矛盾叠加期，在油价持续低迷的条件下，提质增效、深化改革的任务愈加繁重。结合油田公司勘探开发工作的特点，必须持续加强"理念创新、方法创新、技术创新、管理创新、机制创新和系统创新"的六个创新，切实采取超常规的思维和方法，用创新来破解难题，加快突破制约油气增储上产的技术瓶颈。

比如在理念创新方面，要打破条条框框和思维定式，面对困难，要敢于亮剑，以新视角、新方法和新思维模式，不断探索形成勘探开发的新思路和新理念。要实现理念创新就必须解放"八大思想"，即解放"在挑战面前不敢亮剑"的胆怯思想；解放"墨守成规、不敢否定自己、不敢否定前人"的畏惧思想；解放"怀揣顾虑、患得患失、瞻前顾后、决策不果断"的观望思想；解放"不敢勇于创新、勇于探索、勇于实践"的退缩思想；解放"听天由命、顺其自然"的无为思想；解放"只求过得去，不求过得硬"的消极思想；解放"固步自封，闭门造车、不主动学习对标"的麻木思想；解放"工作虎头蛇尾，不能善始善终、善作善成"的懈怠思想。创新，需要领导干部实现"八个转变"，由只认识问题向能解决问题转变，由惯性思维向创新思维转变，由揽功推过向推功揽过转变，由本位意识向换位思考转变，由心有小我向心有大我转变,由墨守成规向改革创新转变,由事事汇报向独当一面转变,由推诿扯皮向主动担当转变。

——坚持实干托底。光荣属于劳动者,幸福属于劳动者。社会主义是干出来的,新时代是奋斗出来的。要大力弘扬劳模精神、劳动精神、工匠精神,为开启全面建设社会主义现代化国家新征程、实现中华民族伟大复兴的中国梦而不懈奋斗。当前,资源接替矛盾带来的挑战、体制机制不能很好满足发展要求带来的挑战、安全环保基础不够牢固带来的挑战、勘探开发技术还不能完全满足增储上产要求带来的挑战等诸多挑战,仍是制约公司高质量发展的瓶颈。

破解这些难题,关键靠实干。当前,"不实干"的主要表现为"八多八少",全体干部员工都应该是实干家,都要对照"不实干"的表现形式,照照镜子,看看自身有没有,有则改之,无则加勉。"八多",即:工作写在纸上和文件里的多,墙上挂的横幅、标语多,对别人要求的多,抓工作泛泛要求的多,工作嘴上喊得多,对工作安排部署的多,对待问题事后剖析的多,简单问责的多。"八少",即把工作真正装在心里的少,在现场和岗位上落实的少,对自己要求的少,抓实质和关键性问题的少,真正去践行的少,亲自到现场确认的少,事前主动研判的少,沟通交流的少。实干必须做到"六个必问",即工作责任是否落实必问,业务能力是否适应必问,担当够不够必问,执行强不强必问,工作标准是否高、要求是否严必问,作风硬不硬必问;发扬"三大精神",即信念坚定、永不言败的乐观精神,攻坚啃硬、舍我其谁的奉献精神,不畏艰险、勇于担当的献身精神;解决"三不问题",即不敢干、不会干、不愿干的问题;提高"三干能力",即想干事、会干事、干成事的能力。

做实干型干部要求必须当好"六个表率",并践行领导干部"八要八不要"。"六个表率",即做攻坚克难的表率,创新力要强;做弘扬正气的表率,正直力要强;做能力提升的表率,学习力要强;做敢于担当的表率,担当力要强;做知行合一的表率,践行力要强;做廉洁从业的表率,自律力要强。"八要八不要",即要低调务实型干部,不要好大喜功型干部;要解决问题型干部,不要只认识问题型干部;要独当一面型干部,不要事事汇报型干部;要果断决策型干部,不要议而不决型干部;要善抓重点型干部,不要泛泛型干部;要推功揽过型干部,不要揽功推过型干部;要担当有为型干部,不要推诿扯皮型干部;要海纳百川型干部,不要斤斤计较型干部。

——坚持细节把控。《道德经》第六十三章讲:"图难于其易,为大于其细。天下难事,必作于易;天下大事,必作于细。是以圣人终不为大,故能成其大。"意思是,谋划大事难事,要从小处和容易处考虑。天下的难事,都是先从容易的地方做起;天下的大事,都是从细微的小事做起。乔布斯说:"上帝存在于细节之中。"老子和乔布斯,虽然他们在时间和空间上没有任何交集,但在思想上却有着共同的交集,那就是注重细节、抓住细节、把控细节。按照老子所讲,治理天下是难事大事,却必须从小事、细节做起。对于油田公司来讲,可能就在如何打好一口井、建好一条管线、保养好一台设备、拧好一个螺丝之中。需要优化顶层设计、谋划长远布局,但绝不是好高骛远。

细节决定成败,认真做好每件小事就是最大的成功。要牢记"四有工作法",坚决做到"六个坚持",即工作有计划、行动有方案、步步有确认、事后有总结,坚持争创一流目标始终不松劲、坚持扣住每个节点始终不脱扣、坚持盯住每个环节始终不放松、坚持攻克每个难关始终不言败、坚持严审每个方案始终不马虎、坚持尊重每个员工始终不懈怠。

"知是行之始,行是知之成"。只有把道理真正弄懂了,行动才能自觉持久;只有行动上落实了,对道理的领悟才能更深入。"知之真切笃实处即是行,行之明觉精察处即是知"。要把"知行合一"的思想融入工作中去,始终保持昂扬的斗志和良好的精神状态,用实际行动去践行信念和理想,完成好新时代新征程上的历史答卷。

2021 年 1 月

让问题导向成为干事的风向标

问题是时代的声音,是实践的起点。强化问题意识、坚持问题导向是党治国理政的鲜明特色。

2021年是中国共产党成立100周年,是"十四五"开局之年,是华北油田全面建设现代化能源企业的关键之年。面对我国发展阶段之变、国际格局调整之变、能源行业转型之变,以及自身面临的"四大挑战"和"四大机遇",华北油田公司上下深入开展"转观念、勇担当、高质量、创一流"主题教育活动。"十二字"主题既是问题所向,又是目标和结果,突出了问题导向、目标导向和结果导向。

导向就是方向。"三个导向"中,最重要、最基础的是问题导向,抓住问题就牵住了发展的"牛鼻子"、抓住了发展的"衣领子",就能以问题导向破解工作中的短板,目标和结果就能靠实。

导向体现的是一种格局。小导向小格局,大导向大格局。不注重问题导向的人是没有格局的人。有格局的人,导出的不仅是问题,更是一种忠诚与担当。敢讲真话、敢于斗争就是绝对忠诚。不敢直言,何谈忠诚?不敢斗争,怎样负责?

成绩不说跑不了,问题不讲不得了。有着百年辉煌历史、曾在世界手机销量排名第三的爱立信公司，只因漠视一款手机送话器质量问题，并一再地辩解手机质量没有问题，自我"护短"，最终被市场所淘汰。这件事告诉我们，讳疾忌医是发展的天敌。无视问题、回避问题，如果不严加防范、及时整治，久而久之，就会积重难返，小问题就会变成大问题、小管涌就会沦为大塌方。

避谈问题怕什么？

爱立信公司因回避问题而破产，他们到底怕什么？由外而内，在勘探开发、工程质量、安全环保等方面，公司上下有没有遮遮掩掩、对问题视而不见、回避躲闪的情况？

毋庸置疑，多数领导干部和机关部门的同志是愿意听取下面意见的，包括自己负责那一部分工作中存在的一些问题，并能以此作为总结经验、改进工作、转变作风、克服不足的动力。但是，从当前公司暴露出的一些问题来看，少数干部长期以来问题意识不强、问题导向氛围不浓，对待问题的态度是"犹抱琵琶半遮面"，遇事"装睡""打盹"，只讲成绩避谈问题，或是多讲成绩少讲问题，甚至只准报喜，不许报忧，对问题层层截留，大事化小，小事化了；个别同志一听到反映本部门和本单位的问题，就认为是有意挑刺，跟自己过不去，便老大不高兴，对报忧的人横加指责，施加压力，即兴反应一是给我抹黑，二是畏难叫苦，三是不敢担当，四是瓦解斗志。于是，大敌当前，以"挥泪斩马谡"之名，让说真话的人成了喂老虎的花刺子模信使，或者，嘴上说鼓励讲实情说真话，实际上一听到实情就拉下脸，一听到真话就白眼以对，更有甚者则是手里拿着封条，兜里揣着小鞋，如此这般，谁还讲实情，谁还敢说真话？这类情况由来已久，或多或少、或大或小。

讲成绩浓墨重彩、极力渲染，谈问题轻描淡写、讳莫如深，我们又在担心什么？究其根源，就是少数领导干部有心理障碍，在自己的一亩三分地内，只爱听"好声音"，听不得"副旋律"，见不得"负能量"，看重小面子，忽视大面子，说话看"天气"、做事看"风向"，将利己奉为圭臬，把沉默当成玉律，突出表现为"五怕"：怕领导批评，怕得罪人，怕被抓住小辫子不放，怕影响对本单位和个人工作的评价，怕影响个人前途。表面是个"怕"字，实质是一个"私"字在作怪。说到底，是党性不纯的表现。作为一个共产党员特别是领导干部，如果连真话都不敢讲，甚至掩盖矛盾和问题，就是对事业不负责任的表现，这是党的纪律所不能允许的。

揭开"盖子"为什么？

发现问题、研究问题、解决问题，始终是推动公司发展的重要动力。"观于明镜，则瑕疵不滞于躯；听于直言，则过行不累于身"。纵观历史，大凡成就大业者，大都勇于接受批评意见。汉高祖刘邦善于听取谋士们的劝谏，留下了"忠言逆耳利于行、良药苦口利于病"的千古名言；明代王阳明主政地方，出巡时让衙役打的牌子是"求通民情""愿闻己过"，一时传为佳话。

粉饰太平，回避矛盾，掩盖问题，只能带来严重后果。历史上，我们曾为此吃了不少苦头，付出过惨痛的代价。一个时期以来，一些地方和单位频繁发生的给国家和人民生命财产造成重大损失的恶性事件，有许多就是在掩盖问题的过程中埋下祸根的，就是在回避矛盾的情况下积累起来的，就是在"形势一片大好"的时候出现的。

只报喜不报忧，掩盖问题，不仅妨碍上级对真实情况的理解和掌握，容易形成误导，造成决策失误，而且贻误解决问题的时机。"盖子"不揭，捂得久了，锅里的"美味"也会变质发酵，小问题演化成大危机，小错终将酿成大祸。同时，也会腐蚀干部队伍，诱发投机心理，助长虚假之风，败坏党风和企业风气。

淡漠问题、讳疾忌医本身就是最大的问题。马克思曾深刻指出："问题就是时代的口号，是它表现自己精神状态的最实际的呼声。"问题其实就是矛盾，而矛盾无时无处不在。哪里存在矛盾，哪里就有问题。问题暴露不出来，真实答案就得不出，问题自然得不到解决，只会画饼充饥、望梅止渴。

反之，发现了问题就等于抓住了事物的矛盾。正如马克思所说："一个问题，只有当它被提出来时，意味着解决问题的条件已经具备了。"问题摸清找准，对症下药解决问题，问题解决了，离目标导向就更近，目标就会越来越清晰，结果自然就会达到既定预期。

"木从绳则正，后从谏则圣"。突出问题导向就是要敢于向自己动刀，只有去掉小面子才能留住大面子；就是要敢于向问题较真，不要向提问题的人"叫板"；就是要敢于坚持实事求是，做到去伪存真。

"貌言华也，至言实也，苦言药也，甘言疾也。"耳中常闻逆耳之言，心中常有拂心之事，唯实不唯上、从道不从上，乐听真言、善听逆言、多听谏言，这样我们的事业就会少走弯路，少犯错误。

直面问题为谁点赞？

坚持问题导向是习近平总书记反复强调的作决策、抓工作的科学方法论。总书记曾说"讲实话、干实事最能检验和锤炼党性"，并多次举战国赵括纸上谈兵、两晋学士虚谈废务的例子,警示各级领导干部,要真刀真枪打拼,在知行合一中担当作为,诠释对党的忠诚、对人民的赤诚。

问题绕不开、躲不过。对待问题不捂不盖,不遮不掩,坚持问题导向,敢于刀刃向内,发扬斗争精神,直面问题、分析问题、解决问题,我们就要给这样的同志点赞。

为实事求是者点赞。实事求是,既是党的思想路线,也是石油工业战线的优良作风。1963年,作为石油战线的一面红旗,由王进喜带领的1205钻井队把一口井打斜了。按照常理,这口井应该填掉。可是,标杆队填井,是多么大的耻辱!说出去不好听,面子上挂不住。有的同志说:"填了这口井,就给标杆队的队史写下了耻辱的一页。"王进喜亲自背水泥带领全队把这口不合格的井填起来。他说:"没有这一页,队史就是假的。这一页不但要记录在队史上,还要刻在每个人的心里,要让后人知道,我们填掉的不单是一口废井,而是填掉了低水平、老毛病和坏作风。"不宝金玉,而忠信以为宝。"干工作要为油田负责一辈子,经得起子孙万代的检验",是石油工业的优良传统。我们的干部员工必须坚持实事求是的思想路线,在工作中尊重事物发展的本来面目,做老实人,说老实话,干老实事,一就是一,二就是二,敢于说真话,如实反映情况,做到有喜报喜,有忧报忧,既不夸大,也不缩小,既能沉下心来查问题,又能成绩问题同晾晒,在公司上下形成"讲问题光荣、查摆问题光荣、解决问题光荣"的浓厚氛围。

为有错就改、有偏就纠者点赞。有些同志担心讲问题给自己带来负面影响,遭到批评甚至遭受打击报复。这种顾虑不可有。说真话、如实反映存在的问题,目的在于让上级能够全面、准确、客观地了解情况，求得工作上的指导，进而采取措施，使问题得到解决，把工作做得更好。这才是公司党委和公司领导班子所要求、所希望的。对于干部员工来说，善于发现问题是工作扎实、作风深入的一种表现；敢于及时反映问题，是党性强，对事业负责的表现。每名共产党员特别是领导干部一定要加强党性锻炼，树立正确的名位观、权力观，摒弃私心杂念，当"战士"不当"绅士"，讲党性不讲私情、讲真理不讲面子，以对事业高度负责的精神，拿出壮士断腕的勇气，不掩饰缺点，不回避问题，勇于讲真话，敢于说实话，不怕"凤凰涅槃"之痛，敢以"自我开刀"之舍，求"剜疮去疾"之得。

还有一些同志担心报忧会给单位和个人脸上抹黑。这种顾虑也是要不得的。说到底还是放不下面子的问题。天津老百姓讲究"有里有面儿"，这个"里"是"里子"，是内涵、实力，"面儿"是"面子"，是外表、颜面。有人为了"面子"牺牲"里子"，甚至不惜制造虚假"面子"而掏空"里子"，这是最大的犯傻，是死要"面子"活受罪。向"里子"要"面子"，才能真的有"面子"。我们重"面子"更要重"里子"，要主动放下面子，不怕领导批评；要撕下面子，敢于讲问题、说真话。要知道，为了直面问题而丢掉一时的"面子"，最终因为问题解决的"里子"而找回"面子"。

有的同志受惯性思维影响，担心讲问题就是"告黑状"，思想上有包袱；有的同志怕讲了问题会影响个人利益，心中有压力；还有的同志担心讲问题表明单位工作没做好，产生"想象中的恐惧"。这也是要不得的。平时问题暴露的多，不代表工作没做好。作为企业的主人翁，要正确看待名利，提高抗压能力，在各种复杂环境中经受得起磨炼和"敲打"；要打消不必要的顾虑，把直面问题做为践行"四个诠释"的重要体现，做到在揭问题盖子的时候不犹豫，处理问题的时候不惧怕，接受批评处分的时候不气馁。作为组织，要做好干部员工的思想政治工作，以包容的心态对待出现问题的单位和个人，帮助犯错误的员工卸下思想包袱，激励他们在岗位上重立新功。

为担当者点赞。"知不足，然后能自反也；知困，然后能自强也。"不管是顺境还是逆境，担当始终是解决问题的最好方式。领导干部有没有信心、敢不敢担当，是检验是否坚持问题导向的重要试金石。越是有含金量的话，可能越难以被接受，能听进去需要胸襟，能讲出来需要担当。各级领导干部要发扬斗争精神，以敢于担当的勇气、善于担当的能力，越是在任务压顶的情况下，就越是讲实情、说真话。如果因为"压力山大"，就说假话、编数据、"捂盖子"，口出言必胜，举拳必胜状，则会贻误时机，耽误大事。

"与人不求备，检身若不及。"不让敢讲真话的同志流汗又流泪，是各级领导应有的担当。领导干部和上级机关的同志要有爱听真话、愿听"忧"处的真诚愿望，有善纳群言、闻过则喜的宽广胸怀，有"敢容"的担当、"真容"的胸怀，注意保护说真话、反映真实情况同志的积极性，为敢讲真话、愿说实话的同志戴上"护身符"，使他们不必再"一手持剑冲锋""一手拿盾自卫"。即使有些情况、问题反映得不够准确、全面、客观，只要他们的出发点是好的，态度是严肃的，对这种精神就要予以肯定。不仅如此，机关和领导同志在检查工作、作讲话时，也要实事求是地讲成绩和问题，敢于对下"报忧"，努力为基层的同志说实话、办实事、求实效创造一个良好的环境。

为容错纠错者点赞。2012年5月16日，习近平在中央党校春季学期第二批入学学员开学典礼上讲过《古文辑要》中的一个典故：初唐名臣裴矩在隋朝做官时，曾经阿谀逢迎，溜须拍马，想方设法满足隋炀帝的要求；可到了唐朝，他却一反故态，敢于当面跟唐太宗争论，成了忠直敢谏的诤臣。司马光就此评论说："君明臣直。裴矩佞于隋而诤于唐，非其性之有变也。君恶闻其过，则诤化为佞；君乐闻其过，则佞化为诤。"这个故事告诉我们，人们只有在那些愿意听真话、能够听真话的人面前，才敢于讲真话，愿意讲真话，乐于讲真话。我们的领导干部一定要本着"言者无罪，闻者足戒"的原则，以"有则改之，无则加勉"的诚恳态度，欢迎和鼓励别人讲真话。

在问题面前的态度，可以测量出思想解放的程度。各级党组织要建立容错纠错机制，始终突出"鼓励成功、宽容失败、允许尝试"，坚持正面激励与反向约束结合，营造"问题导向"的健康环境，为敢于向问题"叫板"的"吹哨人"撑腰打气，让直面问题成为鲜明的工作风向标。要建立问题直通机制，畅通员工发现问题、反映问题的渠道，有什么问题就解决什么问题，什么问题突出就重点解决什么问题，彻底扭转"讲成绩敲锣打鼓，谈问题偃旗息鼓"的不利局面。要通过转变工作作风，改进干部考察方式，使只报喜的不仅无"喜"可得，而且要受到批评；使敢于报忧的不仅无"忧"可虑，而且要得到鼓励。

常打问号是一种清醒，会打问号是一种智慧，解开问号是一种能力。实践证明，哪个企业强化问题意识，坚持问题导向，哪个企业就发展得可持续、发展得有保障。只要我们秉持正视问题的自觉和刀刃向内的勇气，强化目标导向、问题导向、结果导向的有机统一，就一定能够踏平坎坷成大道，谱写推动高质量发展的崭新篇章。

2021 年 3 月

推动油气当量重上千万吨

华北油田近半个世纪的发展史,是一部艰苦创业的发展史,勇攀高峰的奋进史。几代华北人践行石油工业优良传统,四海为家、顽强拼搏、栉风沐雨、无私奉献,创造了彪炳史册的辉煌成就,培育了"艰苦奋斗、精细管理、开放发展"的华北油田精神。历史上,创造过"四个当年""稳产千万吨十年"的辉煌,并保持了30多年的长期稳定。

站在新的历史方位,集团公司擘画了奋进高质量发展、加快建设世界一流企业的发展蓝图,提出了"牢记重大嘱托,当好标杆旗帜,全力奋进高质量发展,加快建成基业长青的世界一流综合性国际能源公司"的中心任务。华北油田着眼于新的战略机遇、新的战略任务、新的战略阶段、新的战略环境,明确了油气当量重上千万吨的发展方向和战略部署。"重上千万"是体现国家意志、保障能源安全的必然要求;是主动担当作为、打造行业一流的必然要求;是全力发展惠民、建设幸福油田的必然要求。我们必须紧跟时代潮流、勇担时代使命,求真务实、踔厉攻坚,以新时期的崭新新面貌,开启油田高质量发展的新篇章。

讲政治，做到始终听党话跟党走

讲政治是国有企业的红色基因，是石油企业的优良传统和重要优势，是我们开展一切工作的根本指导。要把讲政治摆在第一位，始终在政治上思想上行动上同以习近平同志为核心的党中央保持高度一致，不断提升政治判断力、政治领悟力、政治执行力，做到始终听党话跟党走。

讲大局，永葆石油工人心向党。经过几代接力传承，石油工人心向党已经成为石油队伍最鲜明的政治品格。新发展阶段，我们要自觉站在党和国家事业发展建设大局上想问题看问题，把以习近平同志为核心的党中央坚强领导和习近平总书记的领航掌舵作为做好一切工作的"定海神针"，学深悟透习近平新时代中国特色社会主义思想，增强"四个意识"，坚定"四个自信"，做到"两个维护"，确保企业始终沿着正确方向前进。要自觉站在集团公司发展战略大局上想问题看问题，对照集团公司贯彻新发展理念的目标任务，对照国内外同行业的先进水平和一流标准，强优势、补短板、定措施、抓落实，努力推动公司高质量发展。要自觉站在油田公司决策部署上想问题看问题，把思想行动统一到公司"十四五"及中长期总体谋划和年度重点任务上来，干、实干、实效，确保各项目标高效完成。要自觉站在油田矿区和谐发展布局上想问题看问题，牢固树立油田上下"一盘棋"思想，齐心协力推进产业发展和民生工程，努力为油田员工群众办实事解难事，建设美丽和谐矿区。

守初心，牢记我为祖国献石油。不忘初心，方得始终。华北油田始终践行"我为祖国献石油"的核心价值观，矢志不渝奉献能源。20

世纪70年代中期，三万石油铁军挺进冀中，开发建设了我国首个古潜山大油田，以"四个当年"的开发奇迹为国家原油产量上亿吨做出重大贡献；80年代初，接手二连油田，发扬"戴狗皮帽子敢死队"精神，以"三年任务两年完"的卓越业绩，快速建成百万吨塞外油田；九十年代以来，先后征战塔里木，鏖战海外，进军沁水盆地，挥师黄土高原，开疆巴彦戈壁。新发展阶段，我们要始终牢记产业报国的初心，大力实施资源战略，持续加大油气勘探开发力度，寻源扩权、开疆拓土，获取新的战略突破和发现，保障国家能源战略安全。始终牢记艰苦创业的初心，继承发扬石油工业优良传统，发扬"革命"加"拼命"的华北油田会战精神，树雄心、立大志，为祖国石油工业继续书写大写的"华北篇章"。

担使命，勇挑高质量发展重任。新时代赋予华北油田新使命。"十四五"开局之年，集团公司锚定"建设基业长青的世界一流综合性国际能源公司"战略目标，绘制了高质量发展宏伟蓝图。我们要以此为根本要求和长远目标，用科学理念指导发展实践，努力推动业务发展高质量，着力打造油气主业优势突出、生产服务保障有力、多元业务结构合理、更强实力的华北油田；推动发展动力高质量，着力打造自主创新能力强、体制机制活力足、更高素质的华北油田；推动发展基础高质量，着力打造QHSE业绩行业领先、安全清洁生产基础牢固、更具保障的华北油田；推动运营水平高质量，着力打造管理科学高效、风险有效管控、效率效益持续提升、更可信赖的华北油田；推动员工生活高质量，着力打造队伍素质全面提升、矿区整体平安稳定、油田文化繁荣发展、更加和谐的华北油田。担当呼唤使命，担当检验作风。只要我们不畏难、能负重、敢担当，我们的事业就能一往无前、一路凯歌。

观大势，把握大局全局科学识变

"善战者，求之于势"。观大势，就是观得远、观得准，科学预见和把握事物变化、发展方向，做"桅杆上的瞭望者"，特别是对潜在的风险挑战有科学预判，知道风险在哪里，表现形式是什么，发展趋势会怎样，做到系统认知、精准识变。

观国际大势，百年未有之大变局加速演进。当今世界进入动荡变革期，国际经济、科技、文化、安全、政治等格局都在发生深刻调整。首先，新一轮科技革命和产业变革迅猛发展。环顾当今世界，物质科学领域不断取得重大原创性突破；信息技术领域的颠覆性技术不断涌现；人工智能等新兴技术与传统技术相结合，孕育群体性重大技术变革，传统产业得到革命性重塑，产业更新换代不断加快，推动生产方式、社会结构和生活方式发生深刻变化。其次，国际力量对比深刻调整。世界格局进入转型和重塑期，旧的体系和秩序难以为继，新的体系和秩序尚未形成，国际力量分化组合，世界格局深度调整，"东升西降"趋势日益凸显。新兴市场国家和发展中国家整体性崛起，经济总量的全球比重已接近40%，对世界经济增长的贡献率已经达到80%，国际力量对比正在发生近代以来最具革命性的变化。三是新冠肺炎疫情全球大流行加剧大变局演进。在疫情冲击和经济低迷的背景下，"中国之治"和"西方之乱"的对比更加鲜明。意识形态领域斗争更趋激烈，"黑天鹅""灰犀牛"事件发生的概率大大增加。面对国际格局调整之变，我们要善于在更加不稳定不确定的外部环境中积极作为，保持发展定力，坚持办好自己的事情。

观国内大势，中华民族伟大复兴进入关键期。我国经济已由高速增长阶段转向高质量发展阶段，正处在转变发展方式、优化经济结构、转换增长动力的攻关期。发展不平衡不充分问题仍然突出，结构性体制性周期性问题相互交织，创新能力不适应高质量发展要求，生态环保任重道远，民生保障、社会治理等方面还有明显不足。同时也要看到我国经济潜力足、发展韧性强、回旋空间大、社会大局稳，推动发展具有多方面优势。首先，物质基础雄厚。我国具有全球最完整、规模最大的工业体系以及强大的生产能力、完善的配套能力，拥有1亿多市场主体。这是我国继续发展的坚实基础，也是我们应对风险挑战的底气。其次，人力资源丰富。我国拥有庞大的人力资本和人才资源，人口红利仍然存在，人才红利日益显现。三是市场空间广阔。2020年我国人均GDP已经超过1万美元，住户存款81.3万亿人民币。面向未来，一个14亿人口的高收入国家必将成为全球最大的消费市场。尤其是我们有以习近平同志为核心党中央的集中统一领导，有习近平新时代中国特色社会主义思想的科学指引，有中国特色社会主义制度和国家治理体系的显著优势，在面对困难复杂局面时能够万众一心、众志成城，凝聚起攻坚克难的强大力量。

观行业大势，发展机遇与挑战同生并存。党的十九届五中全会和中央经济工作会议首次提出发挥国有经济战略支撑作用、做强做优做大国有资本和国有企业，对推进能源革命、完善能源产供销体系、推动能源清洁低碳安全高效利用等提出明确要求。从发展趋势看，能源行业的电动革命、市场革命、数字革命、绿色革命方兴未艾，化石能源清洁化、清洁能源规模化、多种能源综合化、终端能源再电气化趋势加速演进，能源结构向绿色低碳转型已经成为全球共识。从油气行业发展环境看,不确定性明显增强。第一,国际油价短期内可能震荡上行,但减产联盟政策、主要经济体推出绿色复苏方案、去库存等因素又增加了油价走势的不确定性。第二,我国减碳新目标对企业绿色低碳转型提出了新要求,油气行业是能源消耗大户,碳减排任务十分繁重,在实现我国碳达峰、碳中和目标中肩负着重要责任,必须加大力度调整能源供给结构,在提高天然气占比、加快新能源发展、减少消耗和排放等方面做出更大贡献。第三,油气市场竞争更加激烈,国内成品油市场资源过剩矛盾加剧,各类市场主体抢夺市场份额,LNG和新能源加速车用燃油替代,对企业保市场份额、保产业链供应链平稳运行带来严峻挑战。面对宏观环境深刻变化,集团公司发展也面临着"大而不强"的矛盾更加突出,发展不平衡不充分的问题更加突出,加快科技自立自强十分紧迫,完善公司治理、提升治理能力十分紧迫,提升队伍整体素质十分紧迫等"两个更加突出""三个十分紧迫"的现实问题。我们要充分认识新的发展变化,牢固树立底线思维,增强机遇意识和风险意识,牢牢把握生产经营主动权。

育先机,抢占先手厚植发展优势

"审度时宜,虑定而动,天下无不可为之事。"只有培育先机,才能抓住机遇,抢得先手,掌握主动。先机在公司改革发展的不同层面、不同领域、不同时段广泛存在,需要共同发现和培育,需要独具慧眼和强大的决心、坚定的意志去开发和争取。

深刻认识和把握"四大挑战""四大机遇"。第一个挑战,就是资源不足的挑战。在近几年低油价情况下,华北油田公司 SEC 经济可采储量与油田稳定有效发展还不匹配。储量是油气发展的根,没有资源,企业就失去了发展的基础,所以这方面必须高度重视。第二个挑战,就是低油价的挑战。油田抗风险能力还不强,油价波动对公司效益影响较大。第三个挑战,就是高成本的挑战。高成本始终是制约油田效益发展的一个关键因素。虽然成本居高不下有各个方面原因,但必须要抓好成本管控这个"牛鼻子",坚决把成本降下来,实现油田效益发展和可持续发展,这也是我们应对低油价的关键举措,也是走内涵式发展的一个关键路径。第四个挑战,就是雄安新区建设对老油田安全治理、生态修复提出了新标准新要求。雄安新区将打造推动绿色发展、高质量发展的全国样板,对生态环境建设提出一系列重大举措。同时,油田生产作业区域还处在黄河流域、汾渭平原、内蒙古草原、永定河、滹沱河等环境敏感区,国家制定了更为严格的安全环保标准,出台了更为严厉的环境污染惩处条例。这对提升油田绿色清洁生产水平和污染防治等级,提出了新的更高要求。

第一个机遇,就是国家政策大力支持的机遇。习近平总书记作出大力提升国内勘探开发力度,保障国家能源安全的重要指示批示;党的十九届五中全会对加强国内油气勘探开发、保障能源战略安全作出重要部署;集团公司有序实施七年行动计划,核心是加大勘探开发力度、增储上产力度,这为华北油田提升油气规模提供了政策支持。第二个机遇,就是华北油田新区发展的机遇。华北油田在短短两年多时间就实现了巴彦河套盆地油气重大突破,展示了良好开发前景,这为公司下步加快发展提供了有利阵地,打好了资源基础。第三个机遇,就是国家绿色低碳战略对推动新能源发展的机遇。我国把新能源产业作为"十四五"时期发展壮大的战略性新兴产业,作出提高能源产业中新能源生产比重的重大部署,集团公司首次将绿色低碳纳入企业发展战略，积极布局发展新能源业务。华北油田的地热资源非常丰富，要结合雄安新区建设做好地热能源发展和规划，稳步推进资源开发。第四个机遇，就是新领域发展带来的机遇。集团公司页岩油已经在鄂尔多斯等四大盆地取得了突破，渤海湾地区被列入重点领域。华北油田所在的冀中坳陷已发现的页岩油资源非常丰富，要加快页岩油评价开发，力争在"十五五"时期成为公司发展新的增长极。我们要勇敢面对困难挑战，牢牢把握发展机遇，切实抓好油气增储上产、新能源有效开发、提升发展空间、开辟新领域等工作，推动华北油田在新发展阶段重振雄风。

清醒辨识油田面临的瓶颈和问题。近年来，我们取得了许多开创性成就，实施了许多深层次改革，企业的面貌、矿区的面貌和干部员工队伍的面貌发生了重大而深刻的变化。但从自身状况看，还存诸多制约因素。一是油气规模小。原油商品量、天然气商品量在专业公司中排名第7，人均油气当量排名第10，资源劣质化趋势越发明显，规模增储、效益建产的难度越来越大。二是亏损企业多。2020年，受低油价影响，公司10家子公司中，有6家亏损，扭亏解困的任务艰巨。三是员工队伍老。平均年龄46.6岁，位居16家油气田企业之首，年龄结构老化、人员接替问题突出。四是创新支撑不强。制约油田勘探开发大突破、新发现的"卡脖子"关键技术和瓶颈难题还有相当没有攻破，现有技术创效能力有待提升。五是安全基础不牢。安全生产面临井喷失控、站库管道火灾、承包商管理、组织模式多元、外部市场复杂等"十大挑战"，风险防控任重道远。六是攻坚意志不强。有的干部员工"等靠要""大锅饭"思想仍然严重，作风不严不实，存在"松、慢、散、推"状态，担当作为、干事创业的激情和能力需要进一步增强。七是廉洁风险较多。有的干部员工漠视纪律规矩，守法合规意识不强，个别单位和部门"两个责任"、监管责任落实不到位。这些问题短板，有的是思想层面的，有的是执行层面的，有的是历史遗留的，有的是在发展中新形成的，对此我们要深入研究，整体把握，认真加以解决。

乘势而上快速抢占发展先手。机遇只会眷顾坚定者、奋进者、搏击者。能否在关键时期抢占先机，在"乱云飞渡"中展翅翱翔，在急流险滩中淘得真金，决定着华北油田的生存和未来。一要下好高效勘探开发的先手棋，在实施国内上游业务稳油增气提效的战略举措中抢占先机。华北油田可开发资源量十分丰富，每提高一个百分点，就是一个大大的台阶。要树立"脑海中闹革命""油藏里拼刺刀"的思维模式，聚焦高质量高速度高效益勘探开发，打一个漂亮的大仗、翻身仗。二要下好矿权高效利用的先手棋，在集团公司创新矿权流转的重大部署中抢占先机。华北油田拥有探矿权区块 29 个，最近又争取到雅布赖和民和盆地近五千平方公里的矿权。要举全力做好矿权保护、增列工作，举全力做好新区新领域的勘探开发，以"敢叫日月换新天"的勇气和魄力，努力寻求油气大发现。三要下好深化改革调整的先手棋，在实施国企改革"双百计划"的重大行动中抢占先机。改革过程是艰辛的，但前景是美好的。要坚持"不破不立""立破并举"，敢于在逆境中向困难发起冲锋，勇于在风高浪急中站立潮头，精准推进提质增效、亏损企业治理等重点改革任务，持续提升企业效率效益，以改革的持续深化使各要素活力竞相迸发。四要下好绿色低碳发展的先手棋，在集团公司积极探索低碳商业模式的广阔市场中抢占先机。华北油田绿色低碳发展是有基础的，在一定程度上讲，是走在前面的。我们要融入国家应对气候变化、调整产业和能源结构的大局，在挑战中寻"机"、造"机"，在加快能源转型升级、发展可再生能源、发展油气链条产业、发展新兴产业中，把握"别人贪婪时我恐惧、别人恐惧时我贪婪"的辩证思维，保持思想的敏锐和行动的敏捷，善于捕捉稍纵即逝的机遇窗口，洞察先机、闻机而动，以产业大发展再造一个"新华北"。五要下好雄安新区千年大计的先手棋，在服务国家重大发展战略中抢占先机。1976年，华北油田快速发现，40年后，雄安新区横空出世，这可以说是新中国成立以来，冀中大地上最具震撼的"两件大事"。45年了，华北油田需要"归来"，需要"辉煌"，需要发展更大的产业、拓展更大的空间。相信一个全新的华北油田将依托雄安力量有力崛起，成为能源企业高质量发展的标杆。只要我们有决心有毅力，这一目标就一定能够实现。

明方向，锚定高质量发展目标任务

大鹏之动，非一羽之轻；骐骥之速，非一足之力。"十四五"时期是公司推动高质量发展的重要阶段，要大力实施"创新、资源、市场、多元化"战略，坚持有所为、有所不为、有所大为发展方略，坚定不移地走高质量、内涵式发展道路。

守方略，坚守"三个为"发展方略。"有所为、有所不为、有所大为"，三个关键词相互联系、有机统一、指引全局。"有所为"体现的是把握重点，做出一番大事业。有资源有效益有贡献方能有"为"，才能有"位"。要千方百计地开发油气资源、人力资源、市场资源，以及所有可以利用的资源，把华北油田"稳"字做优、"进"字做实，把我们优势做得更具优势，乃至势不可挡，始终立于不败之地。"有所不为"

体现的是审时度势，科学选择和调整。闻道有先后，术业有专攻。发展路上已知与未知并存，要站位全局，依据形势和环境变化有取有舍，统筹好工作推进的速度、力度和进度，不在非战略非核心业务领域消耗企业竞争力，有序退出低效亏损的业务，坚决退出风险大、成本高、效益差的业务，保持高质量发展的动态平衡。"有所大为"体现的是集中优势力量，实现战略性突破。要抓住主要矛盾和矛盾的主要方面，标定主攻方向，调用一切资源，采取超常规、革命性举措，推动"大作为"。要在油气量级上有大作为，推动冀中产量稳中有进，巴彦油田"十四五"末产量要达到百万吨以上，二连油田重上百万吨，山西煤层气"十四五"中后期建成30亿立方米以上示范区，储气库接续快上，新区新领域实现大突破。沧海横流方显英雄本色，要有大作为，就要有"杀出一条血路"的决心意志，"穿新鞋走老路""踱着四方步""原地踏步走"，只会被时代所淘汰。相信，在大家的共同努力下，华北油田重回"大油田"行列一定能够实现。要在发展空间上有大作为，全力构建"立足冀中、内蒙古，辐射全国，延伸海外"的整体产业布局，在更大区域内优化配置资源的能力更强、手段更多、效果更好，做到"哪里有石油，哪里就有华北油田人在战斗。"要在市场开拓上有大作为，强化开放意识，巩固加强长庆、海南等国内市场，拓展中东、非洲、南美等海外市场，形成国内国际两大油气服务市场，加快构建现代化市场营销体系，做到"哪里有油气市场，哪里就有华北油田的旗帜在飘扬。"

转方式，破解消除发展瓶颈短板。转变发展方式是推动高质量发展的前提和基础，没有发展方式的转变，高质量发展就无从谈起。第一，破解消除单纯依赖投资拉动倾向，从注重要素投入向创新驱动转变。"十三五"时期，华北油田年平均单位投资在12个原油生产企业排名第4；产能建设完成率比股份公司平均水平低5.8%，在14个油气田企业中排名第9；内部收益率、当年产能贡献率整体处于集团上游业务中下水平，单纯靠投资拉动效益的模式已不可持续。我们要强力推进以科技创新为核心的全面创新，围绕产业链部署创新链、依靠创新链提升价值链，以创新推动发展。第二，破解消除重产量轻效益的倾向，从注重速度规模向更加注重质量效益转变。"十三五"时期，公司上市、未上市、集投三大业务净资产平均收益率整体处于集团公司中游水平，创效能力还有很大提升空间。要树牢"一切成本皆可降"的理念，以实现全生命周期综合成本最低为出发点和落脚点，推动油气完全成本硬下降，练就不靠高油价、不怕低油价的真本领。第三，破解消除主要依赖主营业务倾向，从油气生产为主向提供综合性能源服务转变。世界传统能源行业正加速驶入转型轨道，华北油田作为传统能源企业，石油天然气在产业链中整体占比高，但天然气等低碳能源占比偏低，地热、铀矿等清洁能源还处于产业突破阶段，我们要加快向能源结构低碳化转型，大力发展清洁能源，打造绿色发展增长极。第四，破解消除重生产轻市场的倾向，从注重专业化经营向市场化经营转变。要贯彻落实好"二十四字"营销工作方针和"六个坚持"基本遵循，发扬斗争精神、亮剑精神，大力开拓市场，既注重市场占有量又关注市场含金量，实现销量和效益有机统一，确保整体价值最大化，始终把握市场竞争的主动权。

保全局，正确处理好"六个关系"。公司改革发展面临着各种困难挑战，我们要深刻把握形势的发展变化，始终保持发展定力，积极稳妥地处理好各种关系。第一，处理好继承和发展的关系。要继承石油工业优良传统，践行油田文化理念实践体系，推进优良作风与新发展理念相融相促，让干部员工的思想观念和行为习惯与时代发展要求同步，与企业发展目标同步。充分继承油田精细管理、低成本发展的核心精髓，全面推动公司专业化发展、市场化运作、精益化管理、一体化统筹，实现单一管理与科学管理的有机融合，做到继承不丢根，发展不走样。第二，处理好深化改革与员工利益的关系。如果说"三供一业"、社会职能移交改革是"皮外"手术，那么"油公司""三项制度"等改革就是"体内"动刀。我们要深刻认识改革是推动企业发展、保障员工根本利益的关键之举，引导干部员工支持改革、参与改革，主动适应改革大潮。同时，要深入做好改革政策解释和员工思想政治工作，确保改革平稳推进。第三，处理好机关与基层的关系。机关要"马上就办、担当尽责""雷厉风行、分秒必争"，由"办不了"向"怎么能办成"转变。落实"一线工作法"，克服"八个了之"，主动为基层服务；基层要积极对接机关，改变"不说不动、说一说动一动"的消极思想，由"上级要我干"向"我要主动干"转变，做到下面不等上面的文件、上面不等下面的经验，齐心协力、步调一致向前进。第四，处理好上市与未上市的关系。当前公司未上市业务面临着"生存"大考，上市业务面临着"效益"危机，要系统谋划"十四五"路径方向，把未上市业务与油气生产等主营业务整体统筹、一体布局，进一步明确发展定位和思路目标，既"相互取暖"又"自力更生"，推动公司各业务稳健发展。这里需要强调的是，推动高质量发展并不是一刀切、齐步走，一些基础好、具备条件的企业要充分发挥示范作用，率先实现高质量发展。第五，处理好公司与矿区的关系。矿区无论过去、现在和将来，都是我们的石油家园。要充分发挥好协调组长单位的统筹、沟通、联络等职能，只要事关矿区发展建设的事，只要事关职工群众广泛利益的事，我们都责无旁贷，都要坚决做好。第六，处理好油田与地方的关系。保持好与地方良好关系，加强沟通协调和重大事项通报，持续推动油地深度融合、协同并进，实现油地互利共赢、繁荣发展。

创一流，以坚定发展自信再铸辉煌

创一流是油田贯彻新发展理念构建新发展格局的必然要求。我们要对照国内外同行业先进水平和一流标准，聚力打造"五大能源""五大产业""五个一流"，推动华北油田重上千万吨。

致力于打造"五大能源"。即石油（页岩油）、天然气、煤层气、地热、铀矿。原油坚持效益开发，提升储量接替能力，保持产量稳中有进；页岩油努力在束鹿、饶阳等"甜点"区块实现效益开发动用。天然气强化开发效益，优化市场机制，推动产量稳步增长。煤层气优化管控模式，加快成果转化，实现跨越式发展。地热以油气矿权为依托，深化技术与市场合作，实现资源规模化利用。铀矿发挥优质矿权优势，加快开发动用，在内蒙古地区形成大型砂岩铀矿的战略性突破，全面构建以常规低碳能源为核心，以清洁能源为补充的能源供给体系。新发展阶段，我们更要立足"五大能源"，集中力量，试点先行，积极稳妥地布局发展新能源业务，加快构建形成"5+N"能源体系。

致力于打造"五大产业"。即常规油气、新兴能源、工程技术、多元开发、综合服务。常规油气紧紧围绕高效勘探、效益上产稳产，打造规模适度的基础产业。煤层气、地热等新兴能源立足山西沁水、长庆鄂尔多斯、京津冀等区域，优化资源，深化合作；氢能、风能、太

阳能等清洁能源积极寻求效益合作切入点，打造规模效益明显的优势产业。工程技术紧紧围绕油气业务关键核心技术，强化科技攻关，打造自主核心竞争力强的创新产业。多元开发紧紧围绕市场化经营，效益化发展，打造具有一定经营规模和创效实力的增效产业。综合服务紧紧围绕提升价值能力，延伸业务触角，打造生存能力强的升级产业。通过不懈努力，全面构建主营产业优势明显、辅助产业特色突出、整体质量效益显著的产业集群。

致力于打造"五个一流"。即一流的产业市场、一流的管控能力、一流的技术水平、一流的人才队伍、一流的品牌形象。一流的产业市场，就是致力于规模经济效益最大化，公司产业充分遵循发展规律，主营业务市场占比高，在专业领域内的硬核竞争力强；以市场为导向组织生产，激发产业动力的手段灵活多样，按市场化原则建立的内外部规则、价格和运营机制更加科学高效。一流的管控能力，就是致力于实现公司治理体系和治理能力现代化，建成法律管理与经营管理深度融合，合规风险有效防控的法治企业；建成生态文明理念深入践行，安全清洁生产体系更加完善，管控治理措施更加科学高效的绿色企业；建成员工健康工程效果显著，联防联控和重大疫情救治机制更加完善的健康企业。一流的技术水平，就是致力于科技自立自强，在超深潜山油气藏，煤层气高效开发，提高油气采收率，地热、铀矿、煤炭地下气化等技术领域实现战略性突破；在碎屑岩中深层成藏机制、馆陶组砂岩热储层回灌等方面取得实质性突破，建成华北油田区域数据湖，"数字华北智慧油田"建设取得阶段性应用成果。一流的人才队伍，就是致力于人才强企，建设一支年龄结构合理，专业结构科学的管理队伍；建设一支以基础理论研究、关键技术攻关为核心的科技队伍；建设一支以首席技术专家领军挂帅、技术专家冲锋陷阵、青年人才战略储备的技能队伍，锻造形成生才有道、聚才有力、理才有方、用才有效，能够担当现代化能源企业建设重任的石油铁军。一流的品牌形象，就是致力于品牌建设与业务发展相融共进，形成组织有力、层层评选、协调联动的典型和品牌培育机制。石油精神和大庆精神铁人精神深入践行，特色企业文化体系更加完善，打造形成"华北地热""华北燃气""华北工程""华北技术""华北管理""华北文化"等一批彰显企业形象和社会贡献的企业品牌。打造"五大能源""五大产业""五个一流"是华北油田行稳致远，实现可持续高质量发展的根基所在，广大干部员工要切实肩负起历史之责、发展之责，坚定必胜信念、主动作为，团结一心，共铸辉煌。

世界百年未有之大变局加速演进，世界之变、时代之变、历史之变正以前所未有的方式展开，我们必须坚持一切从实际出发，加满油、把稳舵、鼓足劲，勇担使命、锐意进取，更加奋发有为地推进公司高质量发展，全力开创现代化能源企业建设新局面。

2021 年 3 月

在学习党史中不断提高"政治三力"

习近平总书记强调:"我们党要始终做到不忘初心、牢记使命,把党和人民事业长长久久推进下去,必须增强政治意识,善于从政治上看问题,善于把握政治大局,不断提高政治判断力、政治领悟力、政治执行力。"[1] 政治是一切工作的灵魂。在干部干好工作所需的各种能力中,政治能力是第一位的。政治能力与其他能力是"1"和后面的"0"的关系,具有主导性、决定性作用。政治能力这个"1"立得牢,能力建设就有了魂;反之,没有这个"1",或者立得不牢,其他能力建设就会"散光""跑偏"。

"政治三力"三者既在内涵和要求上各有侧重、有所区别,又统一于提高政治能力的具体实践中,是具有深刻内在逻辑的有机整体,政治判断力是前提,政治领悟力是关键,政治执行力是根本。

提高政治判断力,重在判断,做到精准识别、多谋善断

政治判断力居于"三力"首位,是政治能力的基础性要求,决定着行动方向。在当今复杂多变的环境下,对党员领导干部而言,提高

---

[1] 2020 年 12 月,习近平总书记在中央政治局民主生活会上提出。

政治判断力，落实到实践上，就是要切实增强科学把握形势变化、精准识别现象本质、清醒明辨行为是非的能力。惟此，才能做到政治立场不移、政治方向不偏。

增强把握大势的能力。政治判断决定政治生命。从政治上认识和判断形势，辩证认识和科学把握形势变化，是我们党制定一切正确路线方针政策的前提和依据。当前和今后一个时期，我国发展仍然处于重要战略机遇期，但机遇和挑战都有新的发展变化。从国际形势看，当今世界正处于百年未有之大变局，新一轮科技革命和产业革命深入发展，国际力量对比深刻调整，不稳定性不确定性明显增加。从国内形势看，我国正处于近代以来最好的发展时期，具备过去难以想象的良好发展条件，但也面临许多前所未有的困难和挑战。面对"乱花渐欲迷人眼"的复杂形势，要做到"乱云飞渡仍从容"，必须深刻感悟我们党科学把握历史规律和世界大势的宝贵经验，深刻认识我国社会主要矛盾发展变化带来的新特征新要求，深刻认识错综复杂的国际环境带来的新矛盾新挑战，心中始终装着"两个大局"；必须始终保持政治敏锐和政治清醒，遇事多想政治上的要求，谋事多想政治上的影响，认识问题自觉从政治上分析，处理问题主动从政治上考量，从历史长河、时代大潮、全球风云中分析演变机理、探究历史规律、增强历史自觉；必须善于思考涉及公司和本单位工作大局的根本性、全局性、长远性问题，坚定不移走高质量、内涵式发展道路，加强战略性、系统性、前瞻性研究谋划，实施"创新、资源、市场、多元化"战略，准确识变、科学应变、主动求变，有所为、有所不为、有所大为，努力在危机中育先机，于变局中开新局。

增强认清本质的能力。透过现象看本质是马克思主义认识论和方法论，是我们党一贯倡导的科学认识方法，是我们党领导革命、建设和改革事业取得伟大成就的重要经验总结。当前，改革发展稳定任务之重、矛盾风险挑战之多、治国理政考验之大前所未有，特别是各种重大现实问题，现象与本质、主流与支流、特殊与普遍，呈现出复杂而微妙的态势。"十四五"时期，我国发展面临着前所未有的风险挑战：既有国内的也有国外的；既有政治、经济、文化、社会等领域的，也有来自自然界的；既有传统的，也有非传统的。从外部环境看，世界百年未有之大变局进入加速演变期，"东升西降"趋势明显，中美战略博弈长期存在，特别是美国等西方国家将我国作为制度竞争对手，竭力进行遏制打压，更是将央企视为"眼中钉"，在科研攻关、国际油气合作、经济贸易往来上围堵封锁，产业链供应链脱钩断链等风险不容小视。党员领导干部要练就一双政治慧眼，培养草摇叶响知鹿过、松风一起知虎来、一叶易色而知天下秋的见微知著的能力，跳出问题看要害、透过现象看本质，学会在千头万绪中抓住主要矛盾，善于从一般事务中发现政治问题，善于从倾向性、苗头性问题中发现政治端倪，善于从错综复杂的矛盾关系中把握政治逻辑。

　　增强明辨是非的能力。风起于青萍之末，浪成于微澜之间。党员干部要时刻绷紧政治这根弦，善于从政治上看问题，常常拿起政治的"望远镜""显微镜""透视镜"进行观察，有效辨别出忽视政治、淡化政治、不讲政治等错误行为，在大是大非面前不能态度暧昧，不能动摇基本政治立场，不能被错误言论所左右。我们党在内忧外患中诞生，在磨难挫折中成长，在战胜风险挑战中壮大，始终有着强烈的忧患意识、风险意识。党员领导干部要坚决树牢"四个意识"、坚定"四个自信"、做到"两个维护"，站稳政治立场、把准政治方向，始终听党话跟党走，不折不扣执行党的路线方针政策，自觉在思想上政治上行动上同以习近平同志为核心的党中央保持高度一致；增强政治警觉性和政治鉴别力，特别是在大是大非问题上、在重大问题和关键环节上头脑要特别清醒、眼睛要特别明亮，始终做政治上的明白人、老实人；增强风险意识，及时清除各种政治隐患，防范各类政治风险，不断提高有效抵御风险挑战特别是防范政治风险的能力。

提高政治领悟力，重在领悟，做到学深悟透、融会贯通

提高政治领悟力，是增强政治能力的根本性要求，决定着行动的深度。政治上的坚定源于理论上的清醒，政治领悟力的提升离不开科学理论的指引，提高政治领悟力的根本目的，是更好地运用党的创新理论成果和大政方针指导实践、推动工作。习近平总书记多次对党员干部提出"学思践悟"的要求，为我们提高政治领悟力指明了努力方向和实践路径。

坚持以学促悟。学习领会党的创新理论，是提高政治领悟力的基础和核心。我们党依靠学习创造了历史，更依靠学习走向未来。只有加强理论学习，思考才有前提，领悟才有基础。社会主义革命和建设时期，大庆油田靠"两论"起家、"两分法"前进，用辩证唯物主义观点分析、研究、解决工作中的一系列问题，取得了油田开发建设的一个又一个胜利。党员领导干部要把学习领会习近平新时代中国特色社会主义思想作为重中之重，落实"第一议题"和"不忘初心、牢记使命"等制度要求，从高处把握、在实处着力、向纵深推进。要原原本本学，在整体把握的前提下，突出领会重点和创新点，不断在原有基础上取得新进步、达到新高度；要自觉主动学，把学习作为一种追求，成为工作生活的一部分，好学乐学，铢积寸累，日就月将，在常学常新中加强理论修养；要及时跟进学，紧跟党的理论创新步伐，随时随地学习领会，不搞形式主义，不急于求成，保持每次学习都有新体会、新收获；要结合实际学，从习近平新时代中国特色社会主义思想中找指针、找方法、找路径，使思想行动始终与初心相契合、与使命相符合、与油田发展相融合。通过对党的理论创新成果不断深入领会，学出信仰信心、学出忠诚担当、学出视野格局、学出坚定清醒，学出始终从政治上看问题、办事情的立场观点方法，坚定不移地把党的创新理论运用到公司高质量发展实践中。

坚持以思增悟。"学而不思则罔，思而不学则殆。"领导干部只有养成善于思考、勤于钻研的习惯，政治领悟力才能越来越强。具备政治领悟力关键在于：不仅知道"是什么"，还知道"为什么"，从而在贯彻执行党的路线方针政策、决策部署中有见地、有创造；反之，只知道"有什么""是什么"，而不知道"为什么"，执行党的路线方针政策、决策部署就有可能陷入少知而迷、不知而盲、无知而乱的困境。其中原因之一，就在于理论思维的强弱，理论思维能力强，其领悟能力也就越强。锻炼理论思维，要在打牢理论基础的同时，坚持多思多想，知其然又知其所以然，只有领悟了精神实质、核心要义，形成自觉意识，做事才能如身使臂、如臂使指、直中靶心。比如，"反腐败斗争永远在路上"，这就是我们党在新时代、新阶段的"大政治"。这就要求我们必须深刻领悟党中央"全面从严治党首先要从政治上看"的政治考量，深刻领悟反腐败斗争形势依然严峻复杂的重大判断，深刻领悟坚定不移正风肃纪反腐的坚定决心意志，精准把握全面从严治党的重大方针、重大原则、重点任务，坚持态度不变、力度不减、尺度不松，坚决打赢反腐败这场输不起也绝不能输的政治斗争。形成理论思维，往往需要独立思考。独立思考就是把党的创新理论、大政方针、决策部署等与个人所掌握的其他方面知识、工作经验、他人的经验等结合起来进行思考，从而形成自己的更富有创造性的体会和科学的思想方法，实现政治领悟力的不断升华。

坚持以行践悟。自古讲，"实践出真知"，没有实践的悟是假悟，充其量叫知见。提升政治领悟力应在实践中求真知、悟真谛，把解决实际问题成效作为衡量标准，把研究解决问题作为着眼点，运用马克思主义的立场观点方法观察分析问题，指导各项工作开展。坚持把提高政治领悟力与提升履职能力结合起来。及时领会、及时消化，真正弄明白党的创新理论、党中央等上级重大决策部署为什么这么说、理论依据是什么、要达到什么目标效果等问题，做到通盘领悟、精准把控、无缝对接，努力使之成为履行本职的思想指导，使思路、规划、举措符合客观规律、符合科学精神，不断提升驾驭全局能力、科学决策能力、持续创新能力和引领发展能力。坚持把提高政治领悟力与推动工作实践结合起来。政治领悟力强，看问题就会更准、办事效率就会更高，工作就会做得更好。"积之愈厚，发之愈佳"，积累的经验和阅历越多，领悟力提高得就越快。始终坚持"实践第一"的观点，真正沉下身子，走进基层、深入群众，增强看问题的眼力、谋事情的脑力、察民情的听力、走基层的脚力，使实践的过程成为加深对党的创新理论领悟的过程。坚持把提高政治领悟力与勇担急难险重任务结合起来。急难险重任务往往猝不及防、复杂多变、风险叠加，党员干部要在关键时刻冲得上去、危难关头豁得出来，从党的创新理论中汲取智慧和力量，以高度的责任感和使命感，用铁的肩膀负起该负的责任、做好该做的事情，在完成急难险重任务的过程中不断锤炼政治能力，在经受挑战和考验中深刻感悟党的创新理论的真理力量和实践伟力。

提高政治执行力，重在执行，做到知行合一、贯彻落实

提高政治执行力，是增强政治能力的实践性要求，决定着行动的力度。习近平总书记多次强调，领导干部要强化责任意识，知责于心、担责于身、履责于行，敢于直面问题，不回避矛盾，不掩盖问题，出了问题要敢于承担责任。这些都旗帜鲜明地告诫我们要把抓执行摆在突出位置，以"功成不必在我"的境界和"功成必定有我"的担当彰显政治执行力,知责于心想干事、担责于身能干事、履责于行干成事。

始终做到知责于心。知之愈明,则行之愈笃;行之愈笃,则知之益明。知责于心是干事创业的内在动力,集中体现在坚守初心使命,始终保持对党的忠诚心、对国家的报效心、对事业的进取心,把为党为国为企之责念念于心、至死不解。站在"两个一百年"历史交汇点,我们党开启了全面建设社会主义现代化国家新征程,作为党领导下的国有重要骨干企业,我们要深刻感悟当好大国重器"顶梁柱"和"国家队"责任使命,强化政治担当,胸怀报国之志,自觉为党尽责,坚决扛起保障国家能源安全的使命,坚定不移地履行好国有企业的经济责任、政治责任和社会责任。面对我国发展阶段之变、能源行业转型之变、油田内外环境之变,公司党委审时度势,确立了2021年全力打造"六个华北油田"、"十四五"努力实现"六大目标任务"、2035年"全面建成现代化能源企业"的发展目标。一个行动胜过一打纲领。实现宏伟愿景,绝不是轻轻松松、敲锣打鼓就能实现的,要求我们每个党员干部始终做到知责于心,在哪个岗位就把哪个岗位的事情干好,履行什么职责就把这个职责坚决完成好,以更加主动的责任担当、更加奋发有为的精神状态、更加锐意进取的奋斗精神点亮人生、成就事业。

始终做到担责于身。"责重山岳,能者方可当之"。担责于身是干事创业的勇气本领,集中体现在经受严格的思想淬炼、政治历练、实践锻炼,勇于在经风雨、见世面中壮筋骨、长才干,练就担当作为的硬脊梁、铁肩膀、真本事。"十四五"时期,是华北油田开启现代化能源企业建设新征程的第一个五年,进入新发展阶段,贯彻新发展理念、构建新发展格局,实现油气当量新增长、经济效益新提高、科技创新成果新进展、现代化治理新步伐、油田民生福祉新水平、企业软实力新提升，要求我们无论在什么位置上，都要敢于担当、勇于做事，切实担起自己该担的责任。要坚持恪尽职守，把使命放在心上、把责任扛在肩上，心无旁骛干事创业，做到在岗事事谋工作、在家时时想工作、在外处处挂工作。要坚持勇于担当，始终以"明知山有虎，偏向虎山行"的勇气魄力，直面问题、敢于碰硬，敢闯敢试、敢为人先，大事难事面前勇挑重担、急事险事面前挺身而出、名利地位面前淡然处之，在解决一个个实际问题中推动工作落实和事业发展，真正做到守土有责、守土负责、守土尽责。

始终做到履责于行。恩格斯说："有所作为是生活中的最高境界。"履责于行是干事创业的担当作为，集中体现在在其位、谋其政、履其责，做起而行之的行动者、不做坐而论道的"清谈客"，当埋头苦干的实干家、不当避事逃责的"太平官"，在履行使命任务中冲锋在前、建功立业。要坚持真抓实干，老老实实做人、实实在在干事，落实"一线工作法"，俯下身沉下心，把嘴上说的、纸上写的、会上定的变成实际行动，知企情、察民意、接地气，做到工人身上有多少泥、自己身上也有多少泥，知群众冷暖、解群众疑惑。要坚持敢于斗争，聚焦改革发展稳定中的突出矛盾问题、急难险重任务，以越是艰险越向前的斗争精神、只争朝夕的奋斗姿态、攻城拔寨的勇气决心，发扬"我先上"的作风、汇集"跟我上"的力量，不达目标不罢休、不获全胜不收兵，在斗争中检验和提升政治执行力。要坚持久久为功，发扬钉钉子精神，保持"咬定青山不放松"的韧劲和"抓铁有痕、踏石留印"的干劲，讲究科学方法，在精准施策上下实招、在精准推进上下实功、在精准落地上见实效，一锤接着一锤敲、一茬接着一茬干，坚决把党中央和集团公司党组、河北省委的各项决策部署不折不扣地贯彻执行好。

"知者行之始,行者知之成"。我们每名党员干部都要切实提高政治站位,强化政治能力,不断增强政治判断力、政治领悟力、政治执行力,始终唱响"我为祖国献石油"的主旋律,为国争光、为民族争气,以昂扬姿态奋力开启全面建设现代化能源企业新征程,以优异成绩献礼建党一百周年!

2021 年 5 月

▶ 汲取党的思想道德力量

天下至德,莫大乎忠。对党忠诚,是共产党人首要的政治品质。回顾百年党史,正是千千万万共产党人始终做到绝对的、永远的、纯粹的忠诚,才使党不断从胜利走向胜利。忠诚不绝对,那就是不忠诚。明"忠诚"之德、守"为民"之德、严"清正"之德、行"宽仁"之德,是对共产党员党性锻炼和修养的最基本要求。

德的表现形式多样,渗透到各个领域。政治领域有政治品德,忠诚干净担当是衡量党员领导干部是否合格、是否过硬的基本标准;社会领域有社会公德,规定了公民应当遵守的基本道德规范,维系着社会的公序良俗;不同的职业有特定的职业道德,社会主义职业道德以爱岗敬业、诚实守信、办事公道、服务群众、奉献社会等为主要内容。

古人说立德、立功、立言三不朽,以德为先。高德之人称为圣人,大德之人称为君子,小德之人称为凡人,无德之人称为庸人,缺德之人称为小人。《道德经》中讲:"上德不德,是以有德;下德不失德,是以无德"。"德"是人们的生活及行为准则、规范、品行、信念。国无德不兴,人无德不立,党的百年是一部德耀光辉的历史,一代代共产党人立德立功立仁,树立了高耸的道德标杆。学史崇德,就是要兴德、修为、守真,用道德和精神的力量凝聚起奋勇出发的信念和豪情。

明"忠诚"之德,对党绝对忠诚

"忠诚",是共产党人的"大德",是首要的政治标准和实践要求。我们党经历了艰险磨难基业常青,靠的就是千千万万共产党员对党的无限忠诚。

对党绝对忠诚,要害在"绝对"两个字,就是唯一的、彻底的、无条件的、不掺任何杂质的、没有任何水分的忠诚。向警予是中国共产党唯一的女创始人。由于叛徒告密,向警予被捕。"共产党人只为人民幸福作盘算,救国救民是我的心愿!"在严刑拷打和凶残逼供面前,向警予始终咬紧牙关,没有吐露丝毫党的秘密。"要杀就杀,革命者不会在你们的屠刀下求生!"长征过雪山途中,有个同志穿着单薄的旧衣服被冻死,指挥员让把军需处长叫来,想问问他为什么不给这个被冻死的同志发棉衣,队伍里的同志含泪告诉他,被冻死的这个同志就是军需处长。管被装的宁可自己冻死,也没有自己先穿暖和一点,这是多么崇高的思想境界,何等的忠诚。

新中国成立后,广大共产党员在各条战线上埋头苦干、牺牲奉献、赤诚报国,书写了"为有牺牲多壮志,敢教日月换新天"的伟大篇章。郭永怀,是"两弹一星"元勋中唯一被授予"革命烈士"称号的科学家。他和钱学森都是美国著名物理学家冯·卡门的弟子。钱学森回国以后又写信动员他回来报效祖国。1968年12月5日,郭永怀连夜从兰州坐飞机回北京汇报工作,不幸飞机失事。工作人员在清理现场的时候看到有两具烧焦的尸体紧紧抱在一起,使劲掰开后,中间夹了一个完整的公文包,里面是绝密的实验数据,他和他的警卫用生命保存了这些无比珍贵的资料。周恩来总理得到消息后，失声痛哭。在"两弹一星"研制中，大批优秀的科技工作者，包括许多在国外已经有杰出成就的科学家，怀着对新中国的满腔热爱，响应党和国家的召唤，义无反顾地投身其中。

"我恨不能一拳头砸出一口油井来，赶快拿下大油田，把石油落后的帽子甩到太平洋里去，给我们党争光，给中国人民争气。"这就是王进喜。1205钻井队打的一口井超过规定斜度0.6度，并不影响使用，但王进喜还是组织工人们背水泥把它填掉了。他说："这件事不仅要记在队史上，更要记在每个人的心里。"这也是王进喜。他以忠诚的爱党爱国情怀、朴素的感恩报恩思想和极大的劳动热情，投身石油事业。铁人在临终前，将治病的补助还给了组织，"把它花到需要的地方去"是王进喜对世界的最后一句嘱托。这一年，王进喜四十七岁。侯祥麟把自己毕生的心血贡献给了祖国的科技进步事业，把所有的时间和精力都投入到工作上，也正如他所说的，"每天工作8小时，当不了科学家"。我们的全国劳动模范黄京生，几十年如一日，像给自己当家理财一样管理这个站，勤勤恳恳、质朴忠厚、甘于奉献，近二十年没有休过年（工）假，十多年没在家里过春节。他们用自己的实际行动诠释了什么是爱岗敬业，什么是忠诚尽责。

学史鉴今，我们要把对党忠诚刻在灵魂深处，以对党忠诚之心做对党忠诚之事，"宁把心血熬干，也要让油田稳产再高产"，主动将保障国家能源安全的使命扛在肩上，跑出加速度、干出精气神，让每一个奋斗的人生都了不起。

守"为民"之德,始终矢志为民

从"全心全意为人民服务"到"立党为公、执政为民",从"权为民所用、情为民所系、利为民所谋"到"江山就是人民,人民就是江山",党始终牢记与人民群众的血肉联系,始终生死相依。

在中国人民革命军事博物馆解放战争展厅,有5个烫金大字"人民的胜利"。太行山拥军小唱"最后一碗米送去做军粮,最后一尺布送去做军装,最后一件老棉袄盖在担架上,最后一个亲骨肉送去上战场",这是党紧紧依靠人民群众的生动写照。习近平总书记在讲到"抗击新冠肺炎疫情"时指出,"战胜这次疫情,给我们力量和信心的是中国人民"。不计报酬、无论生死,闻令而动、日夜兼程,白衣执甲、逆行出征。党员干部冲锋在前,亿万人民自觉防护,四面八方的力量凝聚起钢铁般的意志和力量,以排山倒海之势、雷霆万钧之力同病魔较量。这是家国情怀、民族精神,有了人民这座靠山,才能拥有无坚不摧的强大力量。周总理这一生,把国家和人民放在心里,把个人置之度外,把奉献当做信条,把回报抛到脑后,生时鞠躬尽瘁,死后不留麻烦,逝世前,他交代说:"把我的骨灰撒到江河大地做肥料,这也是为人民服务。"

长征途中,三名女红军战士在湖南汝城修整,借宿在徐解秀老人家,主人家里一贫如洗,只有一张用楠竹钉成的床架,床上垫着稻草、铺着破席,盖的是一堆烂棉絮。几天后队伍开拔,她们把自己仅有的一床被子剪下一半给老人留下了。老人说,什么是共产党?共产党就是自己有一条被子,也要剪下半条给老百姓的人。解放后,也没能找到三名女红军的消息,她们很可能牺牲在长征途中。一条棉被,永远相连，这是共产党和人民群众须臾不可分离的鱼水深情。

"心中装着人民、唯独没有自己"是焦裕禄身上最鲜明的品质。"感谢党把我派到最困难的地方，越是困难越能锻炼人，请组织放心，不改变兰考面貌，我决不离开那里。"这是焦裕禄的坚决态度。在兰考的短短400多天里，靠着一辆自行车和一双铁脚板，对全县149个生产大队中的120多个走访、蹲点调研。"苦战三五年，改变兰考的面貌，不达目的，死不瞑目。""现在我们面临只有两个选择：一是苦熬，一是苦干。苦熬，我们被'三害'给吃了；苦干，我们就把'三害'给吃了。""共产党员就是要在群众最困难的时候，出现在群众面前，在群众最需要帮助的时候，去关心群众，帮助群众。"在人们的记忆中，焦裕禄除了开会，大部分时间都在乡下。

祖国终将选择那些忠诚于祖国的人，终将记住那些奉献于祖国的人，人民也终将怀念那些一心为民的人。"共和国勋章"获得者、"杂交水稻之父"袁隆平逝世后，亿万中国人发自内心的哀伤、追悼。这位深受爱戴的老人，到90岁高龄依然奋斗在科研第一线，坚守着"把饭碗牢牢地掌握在我们中国人自己手上"，一生为了这片土地和土地上生存的人民鞠躬尽瘁。中央电视台《感动中国》给袁隆平的颁奖词曾写道，"他是一位真正的耕耘者。当他还是一个乡村教师的时候，已经具有颠覆世界权威的胆识；当他名满天下的时候，却仍然只是专注于田畴，淡泊名利，一介农夫，播撒智慧，收获富足。他毕生的梦想，就是让所有的人远离饥饿。"

学史鉴今，要牢记"江山"使命、践行"奋斗"责任，每个人出一份力就能汇聚成无穷力量，每个人做成一件事、干好一件工作，我们的事业就能向前推进一大步。开启油田新发展征程，每个人都是主角,每个人都有责任,每个人都不能缺席。

严"清正"之德,永葆廉洁正气

早在延安时期,毛泽东同志就强调,"共产党员要做一个高尚的人,一个纯粹的人,一个有道德的人,一个脱离低级趣味的人,一个有益于人民的人。"严"清正"之德,就是要严格约束自己的操守和行为,守住做人做事用权交友的底线,守住自己的政治生命线。

律己,时刻要慎行。"自律"像一把尺子,可以量出一个党员干部的思想纯洁度、政治成熟度。严握戒尺,升华"内无妄思、外无妄动"的觉悟。第五次反"围剿"失利后,江西省苏维埃政府主席刘启耀背着金条乞讨数年,历尽千辛万苦寻找党组织继续干革命,不动用分毫党的经费。周恩来亲自为家属制定了十条家规,其中有"晚辈不准丢下工作专程看望他;来者一律住招待所;一律到食堂排队买饭;看戏以家属身份买票入场;不许动用公家的汽车"等。一个人自律的程度,决定人生的高度。党员干部要心存戒尺、把好底线,找到自己行为的准星,在公和私、义和利、是和非面前不能糊涂。彭德怀同志没有亲生子女,新中国成立后,他把两个烈士弟弟的孩子接到北京,供养他们上学读书。他还把黄公略烈士的女儿黄岁新、左权烈士的女儿左太北视如己出,资助她们读书、生活。

严以用权,历练"不随物流、不为境转"的定力。心中有定力、百毒永不沾。领导干部位高权重,信念不坚定就会心态膨胀,也易成为被拢、围猎的对象。反观近年来一些被处理的干部,一个突出的表现就是用权任性、以权谋私,"朋友圈"出问题。领导干部要时刻牢记公权属性,不能有"一朝权在手、便把令来行"的胆大妄为,决不能把权力变成自我服务的领地、谋取私利的工具,自觉纯净交往圈、树立好家风、过好面子关。勤于自省,涵养"吾日三省吾身"的自觉。只有经常对话自己、发现自己、认清自己,才能始终做到避"外疾"、治"内疾"。领导干部要时刻"反躬自省",从一件件具体的事情抓起、一个个具体的毛病改起,养成勤正衣冠的习惯,避免"积羽沉舟,群轻折轴"之患。要用好"三面镜子",用"望远镜"看待名利,用"放大镜"看待身边的同志,用"显微镜"审视自己,做到"以责人之心责己,以恕己之心恕人"。

敬畏,时刻要谦卑。凡是有所畏惧的人,就不敢放肆任行;如果无所畏惧为所欲为,必定招致灾祸。敬畏组织。组织之于干部,犹如阳光、雨露、沃土于草木;没有了组织,纵有天大本事也毫无用武之地;背离了组织,怎样的荣耀也会化为乌有。有的干部谈成绩都是自己的功劳,挫折失败却与己无关,不检讨不反思,而是责怪同事、怪罪组织。领导干部和组织是一个命运共同体,要严格遵守党章规定的"四个服从",坚决做到"五个必须"、严防"七个有之",自觉抵御歪风与邪气,不搞"小圈子"、远离"小兄弟",在是非面前分得清,在关键时刻靠得住。敬畏法纪。心有敬畏,行有依归。法律面前没有特殊,谁都不要幻想有什么"保险箱",谁都不能指望什么法外开恩。"让执行标准成为习惯""让依法合规成为自觉",是立身立本的"硬任务",必须时刻做到法定职责必须为、制度规章不能违。敬畏舆论。有的领导干部总以为舆论就是"捅娄子"、惹麻烦,抵制正当的批评;或是"敬而不畏",装聋作哑、油盐不进,你说你的、我做我的。习近平总书记强调:"过不了互联网这一关,就过不了长期执政这一关。"领导干部要时刻绷紧"互联网"这根弦,防微杜渐、如履薄冰,弘扬主旋律、汇集正能量，营造良好舆论环境。静心，时刻要养气。"不能胜寸心，安能胜苍穹。"一个人有什么样的内心，就有什么样的思想境界和行为举止。有锐气，不可有惰气。有锐气，就是有蓬勃朝气、浩然正气、昂扬士气，有拒绝理由的实干意识、自我加压的主动意识、较真碰硬的进取意识。领导干部要有顶着寒风不畏寒、迎着困难不畏难的"硬核"和"硬力"，锐气沁于心、利刃掌于手，心之所向、剑之所指、锐不可当，把一切困难和挑战都斩于剑下。有正气，不可有俗气。"正气内存，邪不可干"。有的干部口气很大、脾气很大，目空一切、傲气十足，一般人不放在心里，一般事不放在眼里。这是做人做事的大忌。领导干部要正气充盈、正直坦荡，践行作风"八要八不要"，切忌好大喜功、独断专行、以权谋私、低级趣味。要清气满怀、尽心尽责，对自己管辖范围内的党风廉政问题，要切实负起责任，绝不能视而不见、充耳不闻、不管不问、听之任之，不能失之于软、失之于宽。下属锒铛入狱，领导难辞其咎，责任岂可推卸？聚人气，放下官气。有的干部人气不高，同级不亲，下级不敬，虽有领导身份，却发挥不了领导作用。一个单位的人气、氛围很重要，领导干部起关键作用。要密切党群干群关系，做到人际关系简单化、上下关系亲情化、工作推动高效化，以平和的心态和简约的方式待人处事，营造一个专心谋事、人人干事、风清气正的良好氛围。

学史鉴今，要心底坦荡无私，内心正气凛然，让流淌在血脉中的红色基因，转化成披荆斩棘、砥砺前行的不竭动力。以一种舍我其谁的责任意识，努力干出一番新业绩。

行"宽仁"之德,注重自身修为

让人民群众心悦诚服地拥护你跟你走,不但要有强大的真理力量,还要有强大的人格力量。行"宽仁"之德,就是以崇高的道德境界、宽厚的心性与品德、强大的道德感召力育人利物、干事创业。

讲格局。我们常讲:心有多大,舞台就有多大;大境界才能有大胸怀,大格局才会有大作为。胸怀大局。首先,要心系"国之大者"。"国之大者",就是党中央关心和强调的大局大势大事,就是党和国家最重要的利益、最需要坚定维护的立场。习近平总书记在多个重要场合反复强调"国之大者",彰显了大国领袖观大势、谋全局的战略眼光,饱含着对各级领导干部的谆谆告诫和殷殷嘱托。公司广大党员领导干部要进一步提高政治站位和政治能力,想问题、做决策,办事情、干工作都要时刻胸怀"国之大者",对中央在关心什么、强调什么,对群众期待什么想得透、做得实;对重大原则、重大立场和重大利益把得牢、守得住;对大局、大势和大事看得清、辨得明。学会"仰望星空",懂得看"桅杆",善于从现象看本质、从苗头倾向看发展走向,"不畏浮云遮望眼,登高望远最高层"。其次,要抓住主要矛盾。荀子说:"主好要,则百事祥;主好祥,则百事荒。"领导干部如果善于抓要领、抓主要矛盾,那么各种事情就会周详,事业就会兴盛;如果事无巨细,那么什么事情都会荒废。第三,要心胸宽广大度。"宰相肚里能撑船",心里容得下多少人、就能成就多少事,心有多宽、事业就有多大。没有海一样的胸怀,就没有海一样的事业。修炼大智。高明的干部,不仅能率领与自己意见一致的人一起干,而且能把不同意见的人,甚至是反对自己的人聚集到一块儿朝着共同的目标迈进；愚蠢的干部喜欢拉山头、搞小圈子，喜欢找官感、扬官气、过官瘾。高明的干部，宽厚坦荡，想的是正路、走的是正途，深为组织信任、深得同事喜欢、深受群众爱戴；愚蠢的干部，见好处争先恐后、见困难退避三舍，张嘴就是"路边社报道"，聊天就是"坊间传言"，蜚短流长，吹牛浮夸。习近平总书记多次警告党员干部："不要任何小聪明，不搞任何小动作，干这种事，最后都会搬起石头砸自己的脚。"涵养大气。厚道的人，一般心胸宽广、待人真诚、知恩图报、与人为善、守诺践诺。领导干部要善用一流的人品影响人，用一流的业务提升人，用一流的作风带动人，用"大品味"去学习，用"大气度"去思考，善于超前研究前沿问题，善于洞彻历史现实，看到本质、守住本来，不问前程、只问耕耘，以大气魄成就大事业。

讲规矩。"人不以规矩则废，党不以规矩则乱。"我们党始终注重明规矩、立规矩、守规矩。特别是党的十八以来，修订和制定了一批重要党内法规，为党员干部划出制度红线。"硬"规矩必须坚决遵守。党的政治纪律和政治规矩是刚性约束，任何时候任何情况下，都必须坚决做到"两个维护"，严格遵守组织程序，重大问题该请示的请示、该汇报的汇报，不允许超越权限办事；必须服从组织决定，决不允许搞非组织活动，任何时候任何情况下都决不做有损党形象的事；必须严肃党内政治生活，反对好人主义，摒弃庸俗关系学。"软"规矩必须坚决执行。党纪国法等"硬规矩"犹如带电的"高压线"，碰不得，一碰就"跳闸"；而工作和生活的"软规矩"犹如带电的"低压线"，也碰不得，若经常去碰，久而久之，就会变得"麻木不仁"。"大节不可失，小节不可纵"。就拿"礼仪"来讲，如何对待上级、对待同事、对待下级？如何对待群众、对待客户？还比如行政公务、重要接待、社会活动，社会公德、职业道德、家庭美德、言行举止、公众形象、公序良俗等。领导干部要善于学规矩、懂规则、明规范，既要以上率下、以正率下，又要强化约束意识，做到八小时内外一个样、有无监督一个样。通过好作风带出好风气，通过高标准成就好形象，实现依法治企、依礼兴企的同向发力。

讲团结。团结问题事关事成事败，检验党员干部的党性和品行。"集众智者、事无不成，聚合力者、业无不兴。""合"才能"和"。习近平总书记讲过，"在一个班子里就像是在同一条船上，开展工作就好

比一起划船。同舟共济、相互配合，则舟行水上、劈波斩浪；各自为战、相互拆台，则原地打转，寸步难行，还会有倾覆的危险。"一班人要合拍合力、各司其职，主调、副调相互协作，心往一处想、劲往一处使，不能各唱各的调、各吹各的号。要行动一致、求同存异，既民主又集中，既知无不言又言无不尽，做肝胆相照的真团结。"补"才能"聚"。讲协作、善补台，才能聚合力。2016年，习近平总书记就学习67年前的经典文献《党委会的工作方法》作出重要批示。"如果'一班人'动作不整齐，就休想带领千百万人去作战，去建设。"领导班子是一个命运共同体，"相互搭台、好戏连台，相互拆台、必定垮台"，工作上要相互提醒、相互帮衬，下去一把抓、回来再分家，党内政治生活中相互提醒、相互督促，不利于团结的话不说，不利于团结的事不做。"诚"才能"顺"。真诚待人、坦荡处事，是一种高尚的情操，也是班子和顺致祥的保证。要有闻过则喜、从善如流的气度，善于听取不同意见，对于批评的话，有则改之、无则加勉。要有宽宏包容、实事求是的作风，对于那些革新性、首创性的工作，要允许出错，宽容失败；因经验不足、条件不够而出现的失误，要及时总结，迎头赶上，真正把"三个区分开来"用好。要大兴"三团"风气，懂团结是大智慧，会团结是真本领，讲团结是好风格，涵养"五种气质"，提升"三事"境界，以主动姿态倍加顾全大局、倍加珍视团结。

讲美德。美德是做人的基本，"百行以德为首"，就是这个道理。在弘扬美德问题上，党员、干部无疑要比普通员工群众有更高的标准和要求。践行"中华上下五千年传统美德"。"仁义礼智信"，中国古代儒家的最基本的五个道德范畴，贯穿于中华传统文化美德的发展历程，是中国道德的核心价值。"仁"是以人为本，富有爱心，坚持把全心全意为人民服务作为毕生的价值追求;"义"是公平正义,敢于担当,坚持把公司高质量发展目标落实到兢兢业业、扎扎实实做好本职工作上。"礼"是注重礼仪,尊重他人,坚持培养高尚道德情操、砥砺优良道德品质、树立崇高道德形象。"智"是提高素质,推进发展,坚持爱岗敬业、锐意进取,在公司现代化能源建设实践中冲锋在前。"信",就是诚信守法,一诺千金,坚持以诚处世,以信待人,让工作生活环境和谐美好。践行"社会主义核心价值观美德"。"富强、民主、文明、和谐,自由、平等、公正、法治,爱国、敬业、诚信、友善"的社会主义核心价值观,与中国特色社会主义发展要求相契合,与中华优秀传统文化和人类文明优秀成果相承接。党员干部必须带头学习和弘扬社会主义核心价值观,用自己的模范行为和高尚人格感召、带动员工群众。"坐而论道,不如起而行之",要从日常工作生活中下功夫,见面打声招呼、进出电梯谦让、爱护工作环境,这都是举手之劳。如果没做好,就应该感到如芒在背。金无足赤、人无完人,党员干部也不可能不犯错,但要善于在接受批评和纠正错误中进步提高。要经常对照社会主义核心价值观要求,时刻反省自己,经常打扫思想上的灰尘,以自身行动树立新风正气。践行"石油前辈优良美德"。石油工业前辈们怀着为中华民族争气的雄心壮志,忘我拼搏、矢志奋斗,形成了"三老四严""四个一样""三个面向、五到现场","三基"工作、岗位责任制、思想政治工作"两抓"等优良传统。华北油田的石油前辈们在艰苦创业中,形成了"革命加拼命""饭可以少吃,觉可以少睡,干不好工作不行""谁说会战苦,我说最幸福。天天捷报传,越干劲越足""四两馒头半两沙,华北油田把根扎"等优良作风,我们必须大力弘扬、积极践行,以实际行动推动华北油田"十四五"开新局。

学史鉴今,贵在益智、正心、修身,要牢记"为官避事平生耻""道虽迩,不行不至;事虽小,不为不成"的道理,严守纪律规矩,集聚向上向善的巨大力量,形成良好的道德风尚,凝聚团结合力,在挑战中冲锋向前攻关夺隘。

2021 年 5 月

在坚定信仰中信守石油初心

开展党史学习教育是一次大洗脑、大储能、大提升。学党史，在于学出高站位；悟思想，在于悟出新境界；办实事，在于办出真成效；开新局，在于开出大局面。在推进党史学习教育中，要大兴调查研究之风、大兴求真务实之风、大兴雷厉风行之风，进一步增强理论指引、创新思维的能力，增强忠诚履职、善于斗争的能力，增强推动发展、争创一流的能力，筑牢思想之魂，强化信仰之基，增进力量之源，努力开创公司高质量发展新局面。

孔子说过："人而无信，不知其可也"；清代学者金缨讲："志之所向，无坚不入，锐兵精甲，不能御也"，就是说，人若志存高远，就没有攻不破的堡垒，即使是精兵坚甲，也无法抵御坚定的信念。人无信不立，国无信不强。信念是生命之魂，能够催生钢铁意志；自信是精神之核，能够永葆奋进活力；信守是前行之光，能够集聚发展合力。人民有信仰，国家就有力量，民族就有希望。

坚定"革命必胜"的信仰信念

心中有信仰，脚下就有力量。一代代共产党人胸怀主义、心定信仰，不畏艰难险阻，不惧流血牺牲，为实现心中理想浴血战斗。共产党人对信仰的坚守，是根植于内心、触及到灵魂的政治品质。入党为什么？为党做什么？身后留什么？是每一名共产党员都要深深思考的问题。

"星星之火，可以燎原"，点燃了中国革命理想信念的火炬。1930年，毛泽东针对红四军内"红旗到底能扛多久"等疑问，批判了夸大革命主观力量的盲动主义和看不到革命力量发展的悲观思想，指出"各种矛盾都向前发展了，全国布满了干柴，很快就会燃成烈火。"推动了中国革命事业一路向前。战争年代，入党意味着奉献一切，甚至是生命。1922年朱德辗转几个国家，历经数次被拒，终于加入共产党。南昌起义部队南下潮汕失败后，朱德接受任务，带领两千多人在广东三河坝殿后三天三夜，付出伤亡五六百人的代价完成任务。没想到，主力军却全军覆没，本来是殿后的部队成为仅存的力量，朱德带领大家回到井冈山的时候，绝大多数人都跑了。关键时刻，朱德斩钉截铁："黑暗是暂时的，要革命的跟我走，最后的胜利一定是我们的！"陈毅后来讲，朱总司令在最黑暗的日子里，在群众情绪低落灰心丧气的时候指出光明前途，这就叫力挽狂澜。

1936年初，红军处于分割状态，陕北红军和红一方面军的一部分在陕北，红四方面军和红一方面军的一部分在川西，红二、红六军团还在湘鄂西一带。朱德坚持一定要带着红二、红六军团共同长征北上，最终与红四方面军甘孜会师。长征到达陕北之后，毛泽东在为抗大题词中，号召全党全军向朱总司令学习："度量大如海，意志坚如钢"。朱德同志逝世后，康克清在给中办信中写道："遵照朱德同志生前嘱咐，现将他自发工资以来存放于中办特别会计室的存款（20306.16元）全部上交组织，另外他一件比较珍贵的白虎皮大衣也一并上交；组织上为了照顾朱德同志为他特制的一张新床和一辆手推车,现均退还给组织;原来朱德同志坐的红旗轿车,仍存放在六所,如何处理请组织安排。"

方志敏被捕入狱后,写下《清贫》《可爱的中国》等不朽篇章。面对敌人的屠刀,他大义凛然:"我们信仰的主义,乃是宇宙的真理!为着共产主义牺牲,为着苏维埃流血,那是我们十分情愿的啊!"畅想革命成功后的情景,他充满喜悦:"到那时,到处都是活跃的创造,到处都是日新月异的进步,欢歌将代替了悲叹,笑脸将代替了哭脸,富裕将代替了贫穷,康健将代替了疾病,智慧将代替了愚昧,友爱将代替了仇恨,生之快乐将代替了死之忧伤,明媚的花园将代替了暗淡的荒地!这时,我们民族就可以无愧色的立在人类的面前,而生育我们的母亲,也会最美丽地装饰起来,与世界上各位母亲平等的携手了。"这些真挚话语,今天读来依然令人热血沸腾。

"砍头不要紧,只要主义真""敌人只能砍下我的头颅,绝不能动摇我的信仰",这是硝烟战火的淬炼。邓中夏在狱中写道:"一个人能为了最多数中国民众的利益,为了勤劳大众的利益而死,这是虽死犹生,比泰山还重。""放心吧,我就是骨头烧成灰,也是一名革命到底的共产党员。"1933年9月21日,邓中夏在南京雨花台被国民党秘密杀害。在监狱的墙壁上,他留下诗句:"伫看十年后,红花开满地。"陈延年面对敌人的屠刀誓死不跪,被敌人乱刀杀害。一年后,他弟弟陈乔年,也踏着哥哥的步伐,在上海英勇就义。"中山舰事件"后,陈延年和周恩来都支持毛泽东反击蒋介石的正确主张,尖锐批评陈独秀"不相信工农群众力量"。毛泽东曾深有感触地说:陈延年,的确是不可多得的人才。"只要还有一口气,就要将革命进行到底",这是万里长征的丈量。湘江，见证过一场真实而悲壮的史诗。前不久，习近平总书记广西考察第一站，就来到位于桂林全州县才湾镇的红军长征湘江战役纪念园。为掩护红军主力渡江，师长陈树湘身负重伤、不幸被俘，苏醒后用手从腹部伤口处绞断肠子，壮烈牺牲，年仅29岁。他率领红34师同于己数十倍的敌人激战四天四夜，全师六千名将士几乎全部阵亡，为苏维埃流尽了最后一滴血。湘江水都被红军战士的鲜血染红，当地有一首歌谣："英雄血染湘江渡，江底尽埋英雄骨；三年不饮湘江水，十年不食湘江鱼"。

1934年10月，中央红军从江西瑞金出发，突破四道封锁线，强渡乌江，血战湘江，四渡赤水，巧渡金沙江，强渡大渡河，飞夺泸定桥，鏖战独树镇，勇克包座，转战乌蒙，长驱二万五千里。在历时373天的长征中，红军行军速度平均每天70里；经过14个省，翻越18座大山，跨越24条大河；进行重要战役380多次，占领了60多座大小城镇，创造了人类历史上的伟大奇迹。在红一方面军二万五千里的征途上，平均每300米就有一名红军牺牲。曾经有人问邓小平同志："长征那么艰险，你是怎样走过来的"，他坚定地说，"跟着走"。跟着党走就能得胜利，走过去革命一定会成功。正因如此，红军才一次次绝境重生，创造了难以置信的人间奇迹。毛主席一家为革命牺牲6位亲人，徐海东大将家族牺牲70多人，贺龙元帅的宗亲中有名有姓的烈士有2050人。据不完全统计，从1921年至1949年，牺牲的全国有名可查的革命烈士达370多万人，平均每天牺牲370多人。

理想信念问题本质上是政治问题，一个政党的衰退，往往从理想信念的丧失开始。苏共拥有二十万党员时夺取了政权，拥有二百万党员时打败了希特勒，而拥有近两千万党员时却失去了政权。其根本原因就是，苏共全盘否定苏联历史、苏共历史，否定列宁，否定斯大林，搞历史虚无主义，理想信念已经荡然无存了，偌大的一个社会主义国家就分崩离析了。我们党对自己失误和错误历来采取郑重的态度，在起草《关于建国以来党的若干历史问题的决议》过程中，邓小平强调：要确立毛泽东同志的历史地位，坚持和发展毛泽东思想，这是最核心的一条。毛泽东思想这个旗帜丢不得，丢掉了这个旗帜，实际上就是否定了我们党的光辉历史。毛主席多次从危机中把党和国家挽救过来。没有毛主席，至少我们中国人民还要在黑暗中探索更长的时间。

回望百年征程，为的是品悟信仰之真纯、忠诚之可贵，为的是传承红色基因、坚守初心使命，为的是以坚定的理想信念筑牢干事创业之基，在新的历史起点上，凝聚起创业路上坚实力量。

坚定道路自信、理论自信、制度自信、文化自信

党的历史是一部唤起自信凝聚自信、升华自信的发展史。坚定自信是战胜困难、披荆斩棘的重要力量。有自信就有勇气，有自信就有力量，有自信才能做到不忘初心，牢记使命。中国经历了从站起来到富起来、从富起来到强起来的历史飞跃。为什么能站起来？是因为得民心；为什么能富起来？是因为顺潮流；为什么能强起来？是因为谋复兴。我们要树牢"四个意识"，坚定"四个自信"，坚决做到"两个维护"，始终听党话跟党走。

道路自信，源于艰苦卓绝的道路实践。方向决定道路，道路决定命运。中国特色社会主义道路引领中国取得了举世瞩目的成就，创造了世所罕见的经济快速发展奇迹和社会长期稳定奇迹，用几十年时间走完了发达国家几百年走过的工业化进程。1956年，我国经济总量1

千亿元，1982年突破5千亿元，2000年迈上10万亿元台阶，2012年成功达到了50万亿元，2020年突破了100万亿元大关，经济规模占世界经济的比重从1978年的2.3%提升至15%以上。这么高的速度持续这么长时间的增长，人类历史上不曾有过。日前，美国HBO电视台主持人把中国和美国的现状"调侃"了一番："中国仅用两代人的时间就建起500座城市，几乎垄断全球5G和制药业，'一带一路'合作遍布几大洲。而美国，一个项目往往经历撒谎、争吵、诉讼、搁置等冗长过程，最后不了了之"。

理论自信，源于与时俱进的思想理论。中国共产党能够在内忧外患中诞生、磨难挫折中壮大，一条重要经验就是"善于总结，以理明世"。以毛泽东同志为核心的中国共产党人将马克思主义理论与中国革命实践相结合，开辟了中国革命道路新征程，取得了新民主主义革命和社会主义革命胜利。以邓小平同志为核心的中国共产党人将马克思主义理论与中国建设实践相结合，开启了中国改革开放的道路，取得了中国特色社会主义建设事业新成就。以习近平同志为核心的党中央将马克思主义理论与中国发展实践相结合，谱写了中国改革开放新篇章，取得了中国特色社会主义发展事业新辉煌。党的十八大以来，以习近平同志为核心的党中央，提出一系列新理念新思想新战略，解决了许多长期想解决而没有解决的难题，办成了许多过去想办而没有办成的大事，国家经济实力、科技实力、国防实力、综合国力、国际影响力和人民获得感显著提升。作为驻冀最大的油气综合能源公司，如果没有科学、强大的思想理论引领，就不会有华北油田今天的发展成就，更不会有幸福的美好生活。我们必须不忘初心、牢记使命，切实增强理论自信的思想自觉和行动自觉。

制度自信，源自于昭明卓著的制度成就。"中国之治"与"西方之乱"，展现出中国特色社会主义制度无可比拟的优越性。反观美国等西方国家乱象丛生，国家制度和国家治理陷入前所未有的困境。面对新冠肺炎疫情冲击，我们用最短时间控制住了疫情，反观一些西方国家疫情仍在蔓延，美国累计死亡人数已经远远超过美国在第二次世界大战期间战斗和非战斗死亡人数，党派斗争加剧，社会动荡撕裂。还有正处在疫情核心地带的印度，防疫阵线早已全面崩溃，一位印度医生说："我在查房时，看到的都是但丁地狱中的景象。"

我们的党是人民的党，为了人民所有的付出都值得。抗击疫情中，无论是出生仅30多个小时的婴儿，还是百十岁的老人，都全力救治；优秀的人员、急需的资源、先进的设备，都全力保障；所有的救治费用全部由国家承担，为挽救每个生命倾尽全力。如果没有党的坚强领导，抗击疫情战斗不可能胜利。还有脱贫攻坚，经过8年努力，现行标准下近1亿农村贫困人口全部脱贫，832个贫困县全部摘帽，12.8万个贫困村全部出列，创造了中国减贫史乃至人类减贫史上的奇迹。累计300多万名驻村干部、第一书记和数百万名基层工作者奋战在脱贫战场，1800多人牺牲在脱贫攻坚一线。如果没有党的坚强领导，脱贫攻坚战斗也不可能胜利。

文化自信，源自于时代精神的文化塑造。党百年非凡奋斗历程中构建起了共产党人的精神谱系，锤炼了不畏强敌、不惧风险、敢于斗争、勇于胜利的风骨和品质。在中华民族内忧外患风雨飘摇之际，锤炼出了红船精神、井冈山精神、长征精神、延安精神、西柏坡精神、红岩精神等。新中国成立后，形成了抗美援朝精神、"两弹一星"精神，以及大庆精神铁人精神等。改革开放以来，铸就了改革开放精神、载人航天精神、探月精神、抗洪精神、抗疫精神、脱贫攻坚精神等。我们党在各个时期、各个地方、各个领域提出总结提炼的各种精神，有90多种，习近平总书记提到过的有40多种。这些宝贵的精神财富深深融入灵魂，是我们党不断从胜利走向胜利的传家宝。

回望百年征程，自信是前进的底气，必须学会看清大局、明晰大势，于严峻挑战中看到光明前景，于乐观精神中保持理性，这才是历经风雨、取得胜利时的正确姿态和坚定意志。

坚定"我为祖国献石油"的信守

根牢则荣，根松则衰。信守石油初心、赓续石油血脉，就是要从历史中汲取力量，从现实中总结经验，从发展中创造未来。

新中国的石油工业史是一部不忘初心、牢记使命，为国找油、为民尽责的奋斗史。中国石油始终忠心向党。1952年，"石油师"将军魂与油魂融为一体，铸就了"石油工人心向党"的红色基因，忠诚向党成为石油人最鲜明的政治品格。石油工业管理体制经历了从石油工业部、总公司到集团公司的历史演变，企业性质经历了从国营企业、国有企业到逐步建立现代企业制度的不同阶段，但坚持党的领导重大政治原则没有变，依靠党的建设推动改革发展的独特优势没有变，石油工业的优良传统作风没有变。中国石油始终思想高昂。大庆会战时期，石油大军在党工委的领导下，坚持"两论"起家、"两分法"前进，培育形成了"三老四严""四个一样"优良作风。重组改制以来，充分发挥党的政治优势，严格落实管党治党责任，中国石油发展步入崭新阶段。中国石油始终矢志报国。石油人抱着"石油救国"信念，在"一滴血一滴油"感召下，打出了石油抗战"老一井"。为了新中国壮大，石油人胸怀"为祖国找油找气"的雄心壮志，征战戈壁荒滩。在国民经济发展的关键时刻，石油人掀起了轰轰烈烈的石油大会战，彻底把"贫油国"的帽子甩进了太平洋。改革开放以来，石油人征战国内、进军深海、走出国门，主动融入国家发展战略，创造了世所瞩目的辉煌业绩。2020年，集团公司历史上首次实现国内年产油、气当量和海外油气权益产量当量3个"1亿吨"。

中国石油发展的每一步，都饱含着石油人敢为天下先、敢于攻坚克难的大无畏英雄气概。王进喜，发出了"宁肯少活20年，拼命也要拿下大油田"的豪迈誓言。"为革命挑更重的担子，能在最复杂的环境里做艰苦工作，能在困难的时候顶上去，能在最危险的情况下不怕牺牲，能做别人不愿干、不敢干的革命工作。""铁人"形象，被永远定格在中国石油工业发展的史册上。杨拯陆，著名爱国将领杨虎城将军的女儿，新疆石油局地质调查处106地质勘探队队长。西北大学毕业后，她毅然选择到一线。1958年9月26日，她和队友在地质调查时遇寒流突袭不幸遇难，年仅22岁。人们找到她的遗体时，她俯卧在冰封雪盖的斜坡上，两臂前伸，十指深深地插在泥土里，怀里揣着一张新绘的地质图。伟大的事业孕育伟大的精神，"冷湖精神""塔里木精神""磨刀石精神""八三管道精神"；"安下心、扎下根，不出油、不死心""缺氧不缺精神、艰苦不怕吃苦""只有荒凉的沙漠，没有荒凉的人生"等精神风貌，成为推进石油工业发展的强大动力。

华北油田勘探开发建设是中国石油工业发展史上浓墨重彩的一笔。1976年，三万石油大军汇聚华北，实现了当年勘探、当年建设、当年开发、当年收回国家投资的"四个当年"，创造了石油工业史上前所未有的高速度。为什么能创造"四个当年"？是因为把石油看得比命都重要，有条件要上、没有条件创造条件也要上；是革命加拼命、苦干加实干，快摆硬上、敢打敢拼，多打井、快打井、打好井；是甩开膀子大干、开足马力快上，野战为乐、艰苦为荣、四海为家，不计时间、不讲报酬、无私奉献。1977年到1986年，实现十年原油稳产千万吨，原油最高年产量在1979年达到1733万吨，为全国原油上亿吨做出了重要贡献。为什么能连续稳产十年千万？是因为多重的担子也要挑、再难的路也要闯，上下一条心、拧成一股绳，宁掉十斤肉、不掉一斤油；是搭起帐篷搞实验、现场就是工作间，饭可以少吃、觉可以少睡、干不好工作不行、耽误生产一秒也不行。为什么能在如此艰难情况下实现稳定发展？是因为敢于战胜困难、战胜挑战，百折不挠、不达目的绝不罢休；是不等不靠、思变图强，脚踏实地、滚石上山、负重登攀；是敢为人先、硬拼勇闯。困难、困难、困在家里就难，出路、出路、走出去就有路，以钻井为龙头的系列服务走出国门进军南美、非洲等20多个国家和地区；油建队伍参与西气东输等国家重点工程建设，成为我国长输管道和炼化工程建设的铁军。我们既要铭记过去、自奋自强、坚定前行，又要正视现实、自我反省、克己修己，革惰性、革庸为、革低标准、革低水平，让"干、实干、实效"成为最强音。

华北油田发展中所孕育积淀的精神品格，是我们这个时代所欠缺的、所提倡的，是留给我们的最宝贵财富。"一不怕苦、二不怕死英雄钻井队"上演了一曲舍生忘死的英雄壮歌。1976年6月，赵1井发生井喷，3222钻井队百余名职工将生死置之度外，前赴后继，制止井喷。队长李仁杰、司钻梁通荣、地质工陈禄明献出了生命。面对生死抉择，他们用自己的牺牲换来了职工和群众的安全，被授予"一不怕苦、二不怕死英雄钻井队"。"狗皮帽子的敢死队"是一支闪耀时代的精神坐标。抢险突击队在零下三十几度的冰天雪地里仍然坚持作业。中国石油天然气总公司王涛总经理见后感慨道:"你们真是石油工业建设的英雄,堪称戴狗皮帽子的敢死队!"正是这种"戴狗皮帽子敢死队"精神,锻造了一支"特别能吃苦、特别能忍耐、特别讲大局、特别讲奉献"干部职工队伍。还有"打开古潜山"的3269钻井队、"科学打井不断创新"的32142钻井队、与盗油分子搏斗英勇牺牲的革命烈士刘小忠、征战苏丹壮烈牺牲的五名油建职工。我们要永远铭记他们,传承他们的精神。

  自信就是要有坚定的理想、目标,执着的追求,并在任何情况下都不动摇,使之成为自己的精神支柱。用自信充实人生,支撑人生,头脑才能清晰,视野才能广阔,胸怀才能坦荡,前进的道路上就会充满无限光明和希望。信守与赓续,是开创发展历史的虔诚态度,实现发展目标基于顽强不懈的追求。不要忘记来路,更不能放慢脚步,没有超乎寻常的跨越,就不可能有意想不到的突破和结果。

2021 年 5 月

在党的历史中感悟真理力量

中国共产党的历史镌刻着中华民族的精神追求、精神特质和精神脉络，蕴含着生生不息的思想伟力。开展党史学习教育，就是要在以史为鉴中坚定理想信念，明"哲理"、明"工理"、明"事理"，在资政育人中坚定使命担当。

朱熹讲："万物皆有此理，理皆出自一原"。"理"是事物运动的一种固有法则，支配着事物的运动、变化和发展。百年党史，思想的光芒熠熠生辉，理论的内涵博大精深，发展的规律顺应大势，历史的经验弥足珍贵。学史在前、明理在先，我们要把中国共产党不懈奋斗史、思想探索史、石油工业建设史，刻进筋脉里，深入骨髓里。

《道德经》第四十一章中有："上士闻道，勤而行之；中士闻道，若存若亡；下士闻道大笑之；不笑不足以为道。"黄帝《阴符经》中有："观天之道，执天之行，尽矣。故天有五贼，见之者昌；五贼在心，施行于天；宇宙在乎手，万化生乎身。天性，人也；人心，机也；立天之道，以定人也。"《圣武记》中有："大天时决兴亡，小天时决利钝，中天时决成败。"明理的前提是知理、行理、达理。知理容易，明理难；明理容易，行理难；行理容易，达理难。这是一个由浅入深、拾阶而上的过程。

——明"哲理"。思想就是力量。中国共产党能够在内忧外患中诞生、磨难挫折中壮大，在革命建设中构建了博大精深的思想宝库。明"哲理"，就是"明"马克思主义哲理和党在革命、建设、改革的伟大实践中形成的光辉的思想理论哲理。

170多年前，《共产党宣言》一经问世就震动了世界。国际工人组织相继创立和发展，马克思主义政党在世界范围内如雨后春笋般建立和发展起来。鸦片战争以后，我国逐渐成为半殖民地半封建社会，处在列强入侵、战火频仍、山河破碎、生灵涂炭的悲惨境地。无数仁人志士前赴后继，努力探寻救亡图存的出路。太平天国运动、洋务运动、戊戌变法、义和团运动、辛亥革命接连而起，但都以失败而告终。十月革命一声炮响，为中国送来了马克思列宁主义，给苦苦探寻救亡图存出路的中国人民指明了前进方向、提供了全新选择。马克思、恩格斯高度肯定中华文明对人类文明进步的贡献，科学预见了"中国社会主义"的出现，还为他们心中的新中国取名："中华共和国"。马克思主义深刻改变了中国，中国也极大丰富了马克思主义。在党的百年发展进程中，党坚持运用马克思主义的立场、观点、分析中国革命、建设和改革的重大形势和任务，探索形成一个又一个符合中国实情的科学方案。

我们党始终坚持解放思想、实事求是，不断推进马克思主义中国化，新民主主义革命时期，形成了内涵丰富的毛泽东思想。"枪杆子里面出政权"，是我们党在革命生死存亡时刻提出的。1927年8月7日，毛泽东同志在"八七"会议上强调："没有自己的武装力量，就无法取得革命的胜利，政权是从枪杆子中取得的"。中国共产党紧紧握住为人民打仗的枪杆子,最终用人民的枪杆子缔造了新中国。"支部建在连上"凝结了中国共产党建军治军的政治智慧。1927年9月,毛泽东同志在江西永新三湾村改编部队,实行"支部建在连上",在连队设党支部,在优秀士兵中发展党员,在班排设党小组,在连以上设党代表并担任党组织书记。由此奠定了党对军队绝对领导的组织基础,铸就了人民军队坚不可摧的战斗堡垒。"没有调查研究就没有发言权",被称作毛泽东思想活的灵魂。1930年,毛泽东专门写了《反对本本主义》,提出"没有调查,没有发言权"的著名论断。随后又在《实践论》《矛盾论》中进一步阐明:"你对某个问题没有调查,就停止你对某个问题的发言权""反对瞎说"。"艰苦奋斗"是我们党长期倡导和培育的优良作风。在延安,毛泽东穿的是补丁衣服;周恩来睡在土炕上;彭德怀穿的背心是用缴获敌人的降落伞做的;红军大学学员把敌人的传单作笔记本用。毛泽东同志一生生活极为简朴,一件睡衣补了73次,穿了20多年。七届二中全会是在食堂里召开的,没有鲜花、茶水,没有会标、条幅,更没有任何录音扩音设备,没有固定的席位,简朴的会场描绘的却是新中国的伟大蓝图。"两个务必"是毛泽东同志在党的七届二中全会上提出的。"夺取全国胜利,这只是万里长征走完了第一步。""中国的革命是伟大的,但革命以后的路程更长,工作更伟大,更艰苦。这一点现在就必须向党内讲明白,务必使同志们继续地保持谦虚、谨慎、不骄、不躁的作风,务必使同志们继续地保持艰苦奋斗的作风。""实事求是"是党的思想路线和思想作风的重要内容。只有实事求是,才能完成确定的任务。在西柏坡纪念馆有一块展板,全文展示了中共中央发出的《关于召开七届二中全会的通知》,非常具体、非常明确。这就是真正的实事求是,一切从实际出发,一切从需要出发。反观我们呢？基本是一条路子、一个模子，上下一般粗，个性化、人性化考虑的少之又少，形式主义大于实际意义。"全心全意为人民服务"是党的宗旨的高度概括。1944年9月8日，毛泽东出席了张思德的追悼会。"我们都是来自五湖四海，为了一个共同的革命目标，走到一起来了。这个共同目标就是全心全意为人民服务。""在'为人民服务'和'为人民利益而死'这个根本目标之下，革命队伍里没有高低贵贱之分，只有工作分工不同。""一切反动派都是纸老虎"是毛泽东革命思想的精华。1946年8月，美国记者斯特朗来到延安采访。当提到原子弹时，毛泽东非常轻蔑答道："这是美国反动派用来吓人的一只纸老虎，看样子可怕，实际上并不可怕。决定战争胜败的是人民。""一切反动派都是纸老虎"成为中国人民向全世界发出的最强音。1950年，中国人民志愿军跨过鸭绿江，首战两水洞、会战清川江、鏖战长津湖、血战上甘岭，取得了百年来对外战争从未有过的伟大胜利。

改革开放时期，我们党坚持解放思想，实事求是，把党的中心工作放到经济建设上来，围绕什么是社会主义，怎样建设社会主义形成了邓小平理论，全面推动了社会主义经济和社会发展。"实践是检验真理的唯一标准"是围绕什么是社会主义，怎样建设社会主义提出的时代课题。粉碎"四人帮"，举国欢腾，但这一进程受到"两个凡是"错误方针的严重阻碍。邓小平多次旗帜鲜明地提出，"两个凡是"不符合马克思主义，要把毛泽东思想作为一个科学的理论体系看待，而不是搞断章取义和"句句是真理"。这场讨论推动了全国性的马克思主义思想解放运动，是一次具有深远意义伟大转折的思想先导。"发展才是硬道理"是邓小平"南巡讲话"中提出的一个重大理论问题。邓小平以敏锐的洞察力指出："发展才是硬道理，如果不敢解放思想，不敢放开手脚，结果是丧失时机，犹如逆水行舟，不进则退。"发展是解决中国所有问题的关键，延伸到华北油田，发展同样也是解决一切问题的"金钥匙"。"十四五"华北油田发展的每一步都很关键、很较劲，必须大胆地闯、务实地干，敢碰硬、动真格，万众一心把我们的目标变为现实。我们党坚持从严治党，积极探索在新形势下加强党的建设的有效途径和办法，形成了"三个代表"重要思想，保证了我们党的先进性纯洁性，确保党始终走在时代发展前列。在推进改革开放进程中，我们党把以人为本观、全面发展观、协调发展观、可持续发展观作为指导经济社会发展的根本指导思想，形成了"科学发展观"，标志着我们党对于社会主义建设规律、社会发展规律、共产党执政规律的认识达到了新的高度。

党的十八大以来，以习近平同志为核心的党中央应时代之变迁、立时代之潮头、发时代之先声，创立了习近平新时代中国特色社会主义思想，开辟了马克思主义发展新境界。"人民对美好生活的向往，就是我们的奋斗目标"，是党的十八大最响亮的政治宣言。习近平总书记指出："中国共产党成立就是为了让老百姓过上好日子，而不是为了自己的私利。人民就是江山。我们共产党打江山、守江山，都是为了人民幸福，守的是人民的心。"让人民生活幸福是"国之大者"。"我将无我，不负人民"，表达了总书记对人民的无限担当，这是中国共产党人的最高境界。总书记指出："衡量党性强弱的根本尺子是公、私二字。""公私分明"就是要不踩红线、不越底线，这是第一重境界；"先公后私"就是要吃苦在前、享受在后，这是第二重境界；"公而忘私"就是毫不利己、专门利人，这是第三重境界；"大公无私"就是要鞠躬尽瘁、死而后已，这是最高境界。"打铁必须自身硬"，是党做出的庄严承诺。从"打铁还需自身硬"到"打铁必须自身硬",指明了管党治党的发展路径和现实需要。我们党勇于刀刃向内、自我革命,"不得罪成百上千的腐败分子,就会得罪13亿人民""老虎、苍蝇一起打""监督无禁区、零容忍、全覆盖"扶正祛邪、革故鼎新,开辟了管党治党新境界,取得了全面从严治党历史性成就。"作风建设永远在路上",是我们党以彻底的革命精神推进持之以恒抓作风的时代强音。西柏坡纪念馆内,一块展板写着:"根据毛泽东的提议,全会作出六条规定:一、不做寿;二、不送礼;三、少敬酒;四、少拍掌;五、不以人名作地名;六、不要把中国同志同马恩列斯平列。"党中央出台的"八项规定"与"六条规定"一脉相承,都是长期有效的金规铁律。"绿水青山就是金山银山",是习近平生态文明思想的核心。党的十八大把生态文明建设纳入中国特色社会主义事业"五位一体"总体布局,党的十九大将"必须树立和践行绿水青山就是金山银山的理念"写进大会报告。"两山"理论蕴含着以人为本、和谐共生、责任担当的价值理念。"推进中国特色社会治理现代化",是习近平法治思想的核心,强调坚持依法治国、依法执政、依法行政共同推进,法治国家、法治政府、法治社会一体建设;强调创新社会治理体制,实现系统治理、依法治理、综合治理、源头治理的有机结合;强调建立健全多元化纠纷解决机制、依法维权和化解纠纷机制;提出维护国家主权、安全、发展利益,实现建设网络强国战略目标。"建设人类命运共同体",是习近平外交思想的精髓,主要体现为坚持以维护党中央权威为统领加强党对对外工作的集中统一领导;以维护世界和平、促进共同发展为宗旨推动构建人类命运共同体;坚持以中国特色社会主义为根本增强战略自信;坚持以共商共建共享为原则推动"一带一路"建设;坚持以国家核心利益为底线维护国家主权、安全、发展利益。习近平新时代中国特色社会主义思想是博大缜密的大逻辑,"五位一体""四个全面""五大发展理念"等四梁八柱,"四个意识""两个维护"等信仰信念,"美丽中国""平安中国""乡村振兴"等生活愿景,"一带一路""合作共赢"等全球视野,既体现了对人类社会和客观事物发展规律性必然性的深刻认识,又深切感受到习近平新时代中国特色社会主义思想展现出强大的真理力量,焕发出耀眼的真理光芒。

——明"工理"。"工理",是推动工作之理,是攻坚克难之理。习近平总书记对石油工业十分关心关爱,先后多次做出重要指示批示,赋予了我们锐利思想武器,指明了前进方向。明"圣人无常心,以百姓之心为心"之理。老子讲,圣贤之人没有固定不变的意志,而是以百姓的意志为意志;圣人之心就是治国之法,要随着时代的发展而不断变革,依据就是"百姓之心"。人善者向善。要与人为善,善对上级、同事、下级、朋友、家人,分得清是非曲直,做到既坚持法度原则,又富有人情味道。人诚者诚人,要诚实做人,说老实话,办老实事;诚实待人,以真诚感动人,以诚信团结人,以真心留住人。行天下事,收摄己心,与天下同心,这是我们每个党员干部的精神追求、干事境界。明"传承石油精神和大庆精神铁人精神"之理。石油精神和大庆精神铁人精神是我们的传家宝,石油精神的核心是"苦干实干""三老四严",是指导我们砥砺前行的强大动力。大庆精神主要包括:为国争光、为民族争气的爱国主义精神;独立自主、自力更生的艰苦创业精神;讲求科学、"三老四严"的科学求实精神;胸怀全局、为国分忧的奉献精神。铁人精神主要包括:"为国分忧、为民族争气"的爱国主义精神;"宁可少活20年,拼命也要拿下大油田"的忘我拼搏精神;"有条件要上,没有条件创造条件也要上"的艰苦奋斗精神;"干工作要经得起子孙万代检查""为革命练一身硬功夫、真本事"的科学求实精神,"甘愿为党和人民当一辈子老黄牛",埋头苦干的奉献精神等。以及"三个面向、五到现场""四个一样""十不"(不怕苦;不怕死;不为名;不为利;不计较工作条件好坏;不计较工作时间长短;不计较报酬多少;不分职务高低;不讲分内分外;不分前方后方,一心为会战,一心为革命)"宁要一个过得硬,不要九十九个过得去"

等石油精神财富，无论在过去、现在和将来都有着不朽的价值和永恒的生命力。明"大道至简"之理。《道德经》中讲："万物之始，大道至简，衍化至繁。"意思是，万物最开始的时候，一切都是最简单的，经过衍化后变得复杂。不能把简单问题复杂化，能一步到位的，绝不分两次做；能自己完成的，绝不依赖别人。那些不懂装懂、不会装会、混淆视听的做法是慢作为的表现，都是要不得的。也不能把复杂问题简单化，事关公司生产经营、改革发展等重大问题，事关公司长远利益、群众切实利益的重要工作，必须严格依法依规行事，每一道程序都不能少，每一环节都不能越，坚决杜绝会议一开了之，文件一发了之，责任书一签了之，负面清单一定了之，工作一部署了之，现场一走了之，检查一问了之，督办一挂了之。

——明"事理"。"事理"，就是做人之理、修身之理，处事之理、干事之理。《道德经》中讲，"知人者智，自知者明；胜人者有力，自胜者强。""千学万学，学做真人。"明事理，就是要学习社会人文知识、懂得做人做事的道理。明"己欲立而立人，己欲达而达人"之理。一个可以称之为仁的人一定是自己要站得稳，才能够去扶起摔倒的人，自己要腾达，有足够的实力，才能够更好地周济众人，方能博施济众。《荀子》有言，"君子贤而能容罢，知而能容愚，博而能容浅，粹而能容杂。"意思是，君子贤能而能容纳无能的人，聪明而能容纳愚昧的人，知识渊博而能容纳孤陋寡闻的人，道德纯洁而能容纳品行驳杂的人。要能容他人之长，学会发现别人身上的闪光点，客观的判断人、评价人，用他们的优点武装自己，这才是最聪明的人；能容他人之短，要帮助别人弥补不足，而不是一味的指责和抱怨，只有你能容人，别人才能容你，这是生活的辩证法；能容他人个性，能够接纳各种不同性格的人,这不仅是一种道德修养,也是一门艺术;能容他人之过,"人非圣贤,孰能无过",面对过错,鼓励往往比远离更有效;要能容他人之功,为别人的成功鼓掌,为别人的进步感到高兴。其实,有些竞争并不是你与他人之间的较量,更多的是和你自己的对抗,只要赢了自己就是胜利者。明"揽过推功"之理。《道德经》讲,"万物作而弗始也,为而弗志也,功成而弗居。夫唯弗居,是以不去。"意思是,谁有功劳,大家看在眼里,不用自己说什么,也是抹不掉的。推功揽过的人有着博大的胸怀,又有过人的智慧,这是一种高尚的品格。各级领导干部要放下贪念,舍弃私利,以自己的"不争",真心实意地为同事办实事、解难事,只有你对同事好,他们才会感恩你、敬佩你、拥戴你;要时常体察同事,想同事所想,急同事所急,不居功,不诿过,敢担当;要明白"无私才是大私"的道理,无私实则是大私,自私实则是害私,只要有一颗无私之心,就能够在干事创业中团结一切可以团结的力量,争取一切可以凝聚的力量,整合成推动事业发展的强大动力;要有为了事业献出一切的忘我之心,在其位、尽其责,无私利、讲奉献,抱着一颗为了公司高质量发展赤诚奋斗的"红心",艰苦创业、埋头苦干,以实际行动推进公司"十四五"开新局。明"名必有实,事必有功"之理。这句话的原意就是不谋取浮华的名声,不做虚伪的事。名声必须与事实相符,做事必须有结果来证实。托之空言,莫如见之实行。古往今来,凡事兴于实,败于虚。我们党百年辉煌成就不是写出来的,也不是讲出来的,而是实实在在干出来的。实干精神既是共产党人的实践品质和先进本色,更是党的优良传统和宝贵财富。空谈误国、实干兴邦。当前,华北油田已经踏上了建设现代化能源企业的新征途,广大党员干部要以"踏石留印、抓铁有痕"的劲头，不受虚言、不听浮术、不采华名，争做"实干兴企"的"践行者"、闯关夺隘的"开路人"。广大党员干部要围绕最现实、最直接的短板问题，多出新招、实招、硬招，从实处着眼、用实干考量、靠实绩说话，不计"功成"之名，但出"功成"之力，一步一个脚印把公司各项决策部署落到实处、取得实效。

我们党的历史，就是一部不断推进马克思主义中国化的历史，就是一部不断推进理论创新、进行理论创造的历史。我们要从党的辉煌成就、艰辛历程、历史经验、优良传统中深刻领悟中国共产党为什么能、马克思主义为什么行、中国特色社会主义为什么好，弄清楚其中的道理，不断增强砥砺前行的信心和力量。

2021 年 5 月

明理集

▶ 始终秉承笃定力行之心

春秋时期晏子说:"为者常成,行者常至",意思是努力去做的人常常可以成功,不倦前行的人常常可以达到目的。荀子说:"善学者尽其理,善行者究其难",讲的就是一种攻坚克难、不达目标不罢休的进取态度。学史力行,就是把学党史同总结经验、提升能力结合起来,同应对风险、化解矛盾结合起来,以果断的决策、正确的方法、高效的行动,开创公司高质量、高标准、高效率发展新局面。

知重负重,才能砥砺前行

党的百年历程,是一部磨难多艰而励精图治、饱经风雨而斗志昂扬的辉煌史。华北油田45年发展历程,也是一部不畏艰辛而攻坚克难、知重负重而思变图强的奋斗史。面对创业辉煌后原油产量的踌躇不前,面对人多油少包袱重的艰难困境,面对矿区职工群众的热情期盼,面对新的发展阶段异乎寻常的艰巨任务,油田上下必须万众一心奋发图强,积聚起砥砺前行的强大能量。

——挺起"硬脊梁"。脊梁之于事业,是"支撑梁",是骨气、硬气,一个人有了硬脊梁,才能站得直、立得住,顶天立地,敢挑重担。对于领导干部来讲,理想信念要坚定,精神上不能缺"钙",缺钙就得"软骨症";骨骼力量要强劲,身板上不能缺"钙",缺钙也会得"脊椎病";作风意志要过硬,行动上不能缺"钙",缺钙也会得"肌无力"。当前,面对公司发展建设艰巨任务,有的领导干部也不同程度地少"油"缺"钙",思想上不硬气、工作上无士气、落实上没力气,有的做"老好人""太平官""墙头草",顾虑"洗碗越多,摔碗越多",信奉"多栽花少种刺""为了不出事,宁可不干事"。我们的石油队伍是一支由革命作风、部队作风、工业作风锤炼起来的"石油铁军",一代又一代石油人不畏艰险、战天斗地、傲雪迎风,书写出世界石油工业史上的"中国奇迹"。惟其艰难,方显勇毅。我们的发展目标,不是"水中明月",随便定一定、摆一摆;我们的发展目标是记刻在华北大地上的,是用"铁水浇灌的"铮铮誓言,必须要实现。任何想着"走一步看一步""你定你的,我干我的""遇到困难打退堂鼓",都是万万要不得的。如果把目标当"摆设"当"空谈",不了了之,就会挫伤大家的积极性,就会失去群众的信任。各级领导干部要挺起"硬脊梁"、树起"硬形象",始终做到政治本色不变、优良传统不丢、奋斗精神不减,在各个攻坚啃硬的战场上,强筋骨、练肌肉,带领广大员工群众冲锋上阵。我们的目标一定要实现,我们的目标也一定能够实现。

——磨砺"铁肩膀"。有铁的肩膀才能有铁的担当。华北油田正处在转型期、拐点期,到了滚石上山、爬坡过坎的关键阶段。越到紧要关头越不能有丝毫松懈,铆一铆劲儿就上去了,松一松就可能前功尽弃,歇一歇有可能一泻千里。"疾风知劲草,板荡识诚臣"。关键时候,有多少人能站出来?急难险重,有多少人能顶上去?大事难事,有多少人能担起来?当下,我们需要有彭老总那样"谁敢横刀立马,唯我彭大将军"的勇敢刚正、顶天之士;需要有王震将军那样"赤胆卫国戍轮台"的忠贞不渝、担当之士；需要有李云龙那样"狭路相逢勇者胜"的所向披靡、亮剑之士。影片《金刚川》，反映了志愿军战士们在敌我力量悬殊的情况下，以血肉之躯搭建起一座"打不断、炸不烂、冲不垮"的钢铁桥梁的英勇事迹。无论是革命战争年代冲锋陷阵，还是建设、改革各个时期恪尽职守，无论是经受血与火的洗礼、生与死的考验，还是进行具有许多新的历史特点的伟大斗争，知重负重、攻坚克难才是对党员干部忠诚使命最生动的诠释。

"不担当就是不作为"。有的领导干部"只想当官不想干事，只想揽权不想担责，只想出彩不想出力"，时时"空转"、层层"甩锅"，大部分精力都虚耗在精心算计、左右摇摆上。很多工作这也干不了、那也干不了，不该干的事想法挺多、该干的事无动于衷，问题不愿面对、不想解决，或者虎头蛇尾，留下许多烂摊子。"软肩膀"挑不起"硬担子"。练就铁肩膀，就是要有"泰山压顶不弯腰"的意志，"赴百仞之谷而不惧"的勇气，"热锅上的蚂蚁"的急迫，不达目的决不罢休。

——练就"真功夫"。绳短不能汲深井，浅水难以负大舟。要努力克服本领不足、本领恐慌，提高内在素质，锤炼真功夫。"真功夫"来自于专业精神，要干一行爱一行，钻一行精一行，做到专心专注专一。险阻挡在前，不逢山开路、遇河架桥，就可能"过不去"；难题置于前，不鼓足干劲、铆足拼劲，就可能"攻不破"。要起而行之、磨砺心智，持之以恒加强思想淬炼、政治历练、实践锻炼、专业训练，锤炼过硬的敬业精神和执著意识。"真功夫"来自专业能力，要有解决问题、破解难题的专业思维、专业知识和专业方法，持续提高政治能力、调查研究能力、科学决策能力、改革攻坚能力、应急处突能力、群众工作能力、抓落实能力，能够驾驭复杂局面。"真功夫"来自专业作风，要发扬"一双铁脚板、一副铁肩膀、一步一个脚印"的奋斗精神和求实作风，把矛盾和困难摸清摸透，关键时刻、危急关头站得出来豁得出去，冲锋上阵、攻城拔寨。

新阶段开新局，唯有事不避难、挺身而出，知难而进、知重负重、奋楫中流，当闯将不当看客，让奋进的力量永不消退、奋发的精神永不懈怠、奋斗的步伐永不停歇，努力寻求油气大突破，干出一番大事业，闯出一片新天地。

洞见大势，才能审势而行

面对百年未有之大变局，我们要准确辨析在危机中育先机、于变局中开新局的深刻内涵，准确把握发展区位、政策机遇、资源基础等自身优势，拿出"一万年太久，只争朝夕"的劲头，审时度势，因势利导，强势健行。

——审势而行，必须提升政治能力。讲能力，政治是第一位的，政治能力是否跟得上，关系事业成败、关乎发展全局。提高政治判断力。政治上的主动是最有利的主动，政治上的被动是最危险的被动。长征时期，红一方面军和红四方面军分裂，毛泽东率领中央红军到达陕北后，物资资金保障匮尽，便向隶属红四方面军的红十五军团徐海东借钱。接到2500元的借条后，徐海东立即从并不富裕的七千元家当中拿出五千元送交中央。毛泽东后来称赞徐海东是"对中国革命有大功的人"。各级党组织和领导干部要善于从讲政治的角度思考和分析问题、把握和研究形势，深刻领会什么是党和国家最重要的利益、什么是最需要坚定维护的立场。在重大问题和关键环节上头脑清醒，在重大政治原则上毫不动摇。提高政治领悟力。理论上的追随是最内在的追随,思想上的看齐是最根本的看齐。过硬的政治领悟力要求对党的创新理论能够正确认识、准确把握和科学运用。各级党组织和领导干部要把学习贯彻落实习近平新时代中国特色社会主义思想作为首要政治任务,在跟进学习中准确理解,在深入领悟中强化认识,确保企业始终沿着正确方向前进。要准确理解把握集团公司党组各项重大决策部署,吃透政策,全面落实。提高政治执行力。习近平总书记多次讲述一个发人深省的故事:"红军过草地的时候,伙夫同志一起床,不问今天有没有米煮饭,却先问向南走还是向北走。""南""北"的不同,代表的是政治路线的不同。党的十八大以来,总书记反复告诫全党不能在根本性问题上犯颠覆性错误。各级党组织和领导干部要把学习习近平新时代中国特色社会主义思想的成果转化为提升党性觉悟、提升思想境界、提升政治执行力的精神营养,做到中央提倡的坚决响应、决定的坚决执行、禁止的坚决不做。

——审势而行,必须坚持问题导向。成绩不说跑不了,问题不讲不得了。存在问题不可怕,可怕的是无视问题、回避问题,对问题不严加防范、及时整治,久而久之,就会积重难返,小问题就会变成大问题、小管涌就会沦为大塌方。当前,我们有的单位、有的领导干部依旧把"守成"的旧思想看成理所当然,观念陈旧、思想落后、思路狭窄,固守老经验、老办法、老习惯;习惯了照搬照抄,满足于表态画圈,安于现状、不思进取、固步自封、墨守成规。依旧把"吃老"的旧观念看成理所当然,"大锅饭""等靠要"等倾向依然严重,只知道要政策、要投资、要系数,不去练内功、搞盘活、闯市场,简单粗放,铺张浪费;不去革新、不去提升,习惯于"低老坏"。依旧把"低效"的旧习惯看成理所当然,四平八稳,慢慢腾腾,求稳怕乱;心思和精力没用在干事上，身居要职不谋发展、重任在肩无所作为；工作标准不高、质量不高，出血点"一抓一把"，安全隐患"铺天盖地"，违纪问题依然屡禁不止。

问题解决得越好越彻底，目标就会越近越清晰。要敢于向自己动刀，直面问题、分析问题、解决问题。坚持说老实话、干老实事、做老实人，有什么问题就解决什么问题，什么问题突出就重点解决什么问题。要做实"举一反三"，以坚决的态度、迅速的行动，落实谁来举？举什么？举到什么效果？切实解决责任问题、方式方法问题、效果问题，做到真正彻底根除，跳出"改了再犯、犯了再改"的恶性循环。要善于"解剖麻雀"，通过科学剖析和深入研究具体问题、个别典型，深挖问题的成因，以"猛药去疴、重典治乱"的决心、"刮骨疗毒、壮士断腕"的勇气整改解决。要树立"成绩归零导向"，多看问题、少言成绩，总盯着了不起的过去，就不可能有了不起的将来，惟有把成绩"归零"，才能不断超越自我。

——审势而行，必须要注重效果导向。没有效率的效果是要打折扣的，我们永远有时间做事，高效地做事、正确地做事。要坚持为员工群众办实事、做好事、解难事。在开新局的实践中，要将宝贵经验和成效应用到高质量发展实践，强化大安全理念、构建大安全格局，在 QHSE 上见到新成效；坚持事业发展科技先行，在科技自立自强上见到新成效；突出油气和新能源业务发展，在转型升级上见到新成效；落实改革三年行动计划，在深化改革上见到新成效；强化从严管理、深化精细管理、推动精益管理，在管理提升上见到新成效；压紧压实党建工作责任，在党的建设上见到新成效，牢牢掌握油田发展的历史主动。

　　华北油田"重上千万、再铸辉煌",我们比历史上任何时期都更接近、更有信心、有能力实现这个目标。我们的油气业务,巴彦油田"十四五"末原油产量要实现 200 万吨、二连油田重上百万吨、山西煤层气"十四五"中后期建成 30 亿方示范区。开发页岩油对我们来说是一件"开天辟地"的大事,很有可能带来"翻天覆地"的变化,必须以革命性举措推动页岩油战略性突破。我们的新能源业务,地热市场要做大做强,技术上要有敢于超越、敢于引领的实力,标准上要有敢于制定、敢于举旗的魄力。要积极推进和探索铀矿和太阳能、风能、氢能等合作项目，争取关键性突破。从发展趋势看，能源结构向绿色低碳转型已经成为全球共识。市场对于企业来说是公平的，我们有些"专业"距离市场的"前沿"、消费的"前沿"、能源的"前沿"越来越远。我们的核心竞争力在哪里？如何创造和拯救自己的未来？"新老接替""多元发展"是历史的必然，新能源会给华北油田带来第二次生命。我们要向当年会战一样，"千军万马"上一线，只要事关油田生存与发展的重大战略就要科学谋划大胆干，只要有前途有效益有成长的业务就要排除万难坚决干，推动华北油田能源产业与各板块业务"百花齐放、百业争鸣"。

新阶段开新局，要科学把握大势，提升政治站位，突出问题导向和效果导向，在复杂严峻的环境中练胆魄、磨意志、长才干，以"功成不必在我、功成必定有我"的精神状态，把油田各项事业持续推向前进。

迅速果断，才能雷厉风行

雷厉风行，是领导干部的一种精神状态。对于明确的大政方针、既定目标、各项任务，要严如雷霆、快如迅风，振奋精神、高效落实。

——惯性思维是"绊脚石"，必须清除。能够把人限制住的，只有自己；没有哪一种成功是通过千篇一律、墨守陈规地应付就能取得的。惯性思维是一种惰性思维、依赖思维，把所有"惯例"都当玉律，奉所有"经验"都为圭臬，习惯于"照猫画虎""依葫芦画瓢"，习惯于吃昨天的剩饭、啃别人剩下的骨头。过于依赖惯性思维，就会导致思想上的不求甚解和行动上的路径依赖。尤其当环境改变时，就会陷入

"老办法不顶用，新办法不会用"的尴尬境地，被现实淘汰也就在所难免。公司正处在大发展大跨越的新阶段，能否打破格式化、套路化的惯性思维，决定我们事业成败。面向未来，要一切从实际出发，敏于知变、善于应变、主动求变，不唯上、不唯书、只唯实，抢着机会布局、盯着苗头施策；要一切从问题出发，做到跟着变化走、奔着问题去、冲着问题改，走出"自留地""舒适区"，从不可为中寻得可为；要一切从革新出发，拿出自我否定的勇气、敢为人先的锐气，主动来一场思想上的革命，像鹰一样换羽振翅、像蝶一样破茧成长。

——拖泥带水是"拦路虎"，必须铲除。时机总是稍纵即逝，瞻前顾后、优柔寡断，往往会错失良机，甚至贻害无穷。遵义会议是我们党历史上一次极端重要的会议，中央决策之果断、精准超乎想象，电报联络、下达指令风驰电掣，平均间隔不到十秒钟，效率之高超乎想象。就是这样快决策高效率，在生死存亡之际，挽救了党、挽救了红军。新冠肺炎疫情是百年来全球发生的最严重的传染病大流行。以习近平同志为核心的党中央统筹全局、果断决策，用 1 个多月的时间初步遏制疫情蔓延势头，用 2 个月左右的时间将本土每日新增病例控制在个位数以内，用 3 个月左右的时间取得武汉保卫战、湖北保卫战的决定性成果。

当前，公司正处在改革发展的攻坚阶段和关键时期，大事多、难事多、急事多，而且是一环扣一环，每一环都关系全局，影响上下左右。一处受阻，处处受牵连；一步难行，步步走不动。不管是发展空间问题、经营管理问题、深化改革问题、资源调整问题，还是涉及民生保障问题，都事关油田长远发展和群众切身利益，我们必须登高望远、审时而谋、坚决果断。要善于正确决策，注重调查研究，讲大局谋全局，通盘考量，科学决断；要勇于及时决策，既要保持敏锐的洞察力和透彻的分析力，又要干净利落及时决策施策；要敢于果断决策，尤其是涉及企业重大利益、事关是非曲直、面临突发状况时，领导干部更要以责无旁贷的魄力、无私无畏的勇气，权衡利弊，果断拍板。

——慢慢腾腾是"眼中刺"，必须拔除。"多少事，从来急；天地转，光阴迫"。"快"与"慢"是一个态度问题、能力问题，也是一个政治问题。革命战争时期，时间就是生命、就是胜利。长征途中，为抢占先机过大渡河，红四团不惜一切代价急行军，20个小时行进240里山路，飞夺泸定桥，取得具有战略意义的重大胜利。1960年，王进喜带领1205钻井队奔赴松辽石油战场。一下火车，他不关心食宿问题、生活条件，而是问工作设备到了没有、井位在哪里、这里的钻井纪录是多少。华北石油会战，三万石油大军争分夺秒日夜奋战，不等不靠、大干快上、科学实干，不惜一切代价抢速度，创造了彪炳史册的"四个当年"，133公里的任沧输油管线仅用三个月就竣工投产，任一联仅用28天就建成两座万方储油大罐。

"想干就有千万条路，不想干总有千万个理由"。事实证明，凡是雷厉风行的单位和部门，就能打开局面；凡是疲疲沓沓、拖拖拉拉的单位和部门，总是愈拖愈慢，愈拖愈懒，直至拖垮。要"以早为早"，树立强烈的抢点意识、站位意识，凡事早谋划、早部署、早行动，马上行动、马上就办，以超前的思维和举措争取工作的主动权。要落实"四个第一时间"，做到问题在第一时间发现、方案在第一时间研究、实施在第一时间启动、问题在第一时间解决，出现问题、即刻应对、迅速处理、及时解决。要"以快为快"，牢固树立"开局就是决战，起步就是冲刺""今天再晚也是早,明天再早也是晚"的理念,多问一问"速度可不可以再快一点?质量可不可以再好一点?潜力可不可以再挖一点?机制可不可以再活一点?"要优化工作环节和节奏,属于职权范围内的工作,就不要请示来、研究去,要立马执行;属于上级部署要求,就不要研究来、讨论去,要闻风而动;属于单位、部门间协调配合的事,就不要你推我让、相互推脱,要果断拍板,决不能嘴巴行千里、屁股在屋里、行动在云里。要"以效为效",把实事求是的灵魂注入体内,杜绝一切的"装模作样""装腔作势",把"心"放正、把步子迈实,一锤一锤把钉子钉结实。要学会反思,文件、制度定了"一大摞",环环相套、滴水不漏,可到底有多少是奔着解决问题去的?有多少是奔着提高效率去的?有多少是奔着主动担责去的?要去除"阻拦锁""摩擦器",把责任留给自己,把方便给予基层。

新阶段开新局,必须争时间、争速度、争效果、争效益,做到思想转得快、节奏跟得上、工作干得好。要发扬大会战时期革命加拼命精神、艰苦奋斗精神,不怕千难万险,胜不骄败不馁,大干快干、苦干实干、干就干好。

崇尚实干,才能身体力行

身体力行就是实干,就是勇于担当、率先垂范。历史从不等待一切犹豫者、观望者、懈怠者、软弱者,机遇总是垂青有理想、有担当、敢于拼搏、乐于奉献的人。要继续保持"赶考"的清醒和奋进的姿态,把握历史脉搏,与时代共命运。惟其如此,才能赢得现在、赢得未来。

——"打头阵",勇于冲锋上阵。事实证明,越是重大关头、关键时刻,越能锻炼党员干部、考验党员干部,也越能识别党员干部。革命战争年代,共产党员带队冲锋,喊的是"同志们,跟我上!""我前进你们跟着我,我后退你们枪毙我!"正是靠着千千万万高喊"跟我上"的共产党员英勇战斗,我们党才能领导人民取得一个又一个胜利。华北石油大会战时期,挑最重担子的是党员干部,在危险和困难关头,冲在最前面的也是党员干部。在扑灭霸33井大火过程中,我们的干部危急时刻冲在第一线,在最紧要的压井关头,站在井口操作的都是我们的"一把手",他们冒着冲天的油气,把生死置之度外,铸就了"冲锋在前、不畏生死、敢于胜利"的"霸33精神"。

华北油田已经走上新时代的"赶考路",也踏上一往无前的"长征路",我们需要攻克一个个"娄山关""腊子口",需要一个个吹着"冲锋号""集结号"的领导干部冲锋在最前线、战斗在最前沿,真正做到哪里最危险、哪里群众最需要,哪里就有干部在战斗。如果把党员等同于群众,干部等同于普通职工,那我们的先进性从何而来?凝聚力从何而来?这样是带不好队伍的,没有战斗力的,人心会散的,是要出大问题的。

比如QHSE。安全是天大的事,人命关天。我们现在好比坐在一座冒着浓烟的"火山口",什么时候大爆发不知道,但爆发是肯定的。能把企业毁掉的最快的方式就是"安全出问题",能把家庭拉向深渊的最快的方式就是"安全出问题",能把帽子摘得最快的方式就是"安全出问题"。戴厚良董事长多次指出:"安全不是孤立的,是一个系统工程,安全工作是一个单位综合管理能力和水平的体现。"我们现在最大的问题是:认识上存在误区,思想上存在麻痹,责任上没有压实,管理上没有重实。说安全的多,抓安全的少、实抓安全的少、抓住实效的少,缺乏抓手、缺乏实功、缺乏钉钉子精神、缺乏闭环管理。"上"没有真正的热,"中"更没有温度,"下"也就可有可无了,到头来只能是凭侥幸、凭运气。"安全"如同抗击疫情,也是一场歼灭战,需要责无旁贷的政治担当,毅然决然的果断出击,广泛深入的组织动员,多方联动的行动合力,统筹协调的治理提升。"安全"这个"关"必须要过,而且要快过、过好。

——"深扎根",坚持基层立根。没有基层,就没机关;没有群众,就没有干部;没有基层的生产劳动,没有群众的支持帮助,我们就一无所有。做到"身"要深入基层、"心"要贴近基层、"情"要撒在基层、"实"要留在基层。要发扬"两脚泥"作风。"身上有土、脚下有泥,才是一名有担当有人情味的合格干部"。基层是反映所有显性或隐性问题的所在,实现现场解决是做到高效准确处理问题的最佳途径。只有深入基层、深入现场,才能了解真实情况,掌握做决策、定思路、抓落实的第一手资料。要发扬"三个面向、五到现场"作风,多走"土路"、不跑"线路",干部常驻一线、靠前指挥,情况在一线掌握,决策在一线形成,问题在一线解决,作风在一线转变,把"一线工作法"真正靠"实"。下基层一定要重"实",板凳还没坐热、拍屁股就走人,是彻头彻尾的形式主义;隔着车窗、带着隔阂下基层,是地地道道官僚主义,群众最厌烦这种行为。发扬"白加黑"精神。把事情干漂亮,需要下大力气、花大时间,需要有恒心、有毅力。大会战时期,各级领导干部深入一线,服务一线,把矛盾化解在一线,把问题解决在一线,"白天一片空,晚上一片亮"是当时油田机关忘我工作的真实写照。会战指挥部提出推进机关革命化,局和各二级单位机关干部实行"三三制",经常保持三分之一人员在基层蹲点和调查研究,"局领导干部,除老弱病残者外,每月要有三分之一的时间到二级单位和基层了解情况，调查研究，每月参加一天集体生产劳动；二级单位领导干部除老弱病残者外，每月要有一半的时间到基层调查研究，解决问题，每月参加一到两天集体生产劳动；基层干部驻队，二线、后勤单位基层干部轮流驻队，实行值班和顶岗制度"。事业不是喊出来的，而是干出来的。千忙万忙，不抓落实就是瞎忙；千招万招，不能落实就是虚招；千条万条，不去落实就是白条。机关干部要坚持深入基层、服务群众，实地调研、现场办公，以"关键少数"的自我革命，推动作风建设革命性转变、彻底性扭转；要发扬"拼命三郎"精神，增强食不甘味、寝不安席的高度自觉，问题一刻不解决就一刻不放手。发扬"孺子牛"品格。"只有把百姓放在心上，百姓才会把你留在心底"。干部干得怎么样，分量有多重，不是靠自己说出来的，而是在群众心里称出来的。人民群众为什么没有忘记焦裕禄、谷文昌？因为他们心里始终装着群众，为群众办了实事。要解决好群众的切身利益问题，早在革命战争年代，毛泽东同志就把"群众的穿衣问题、吃饭问题、住房问题、柴米油盐问题、疾病问题、卫生问题、婚姻问题"等一切群众的实际生活问题，作为我们党"应注意的问题"明确提了出来。只有把群众安危冷暖时刻放在心头，党员干部与群众才能心连心，才能交出一份满意答卷。

——"敏于行"，矢志勠力笃行。华北油田处于深化改革再出发的历史当口，置身剧烈变化的全球能源发展坐标之中，必须时刻保持奋斗姿态，振奋精神、勇于斗争。做到"马上就办、担当尽责"。戴厚良董事长多次要求，要倡导"担当尽责、马上就办、办就办好"的工作作风。"担当尽责"体现的是态度，是政治力和战斗力；"马上就办"体现的是效率，是行动力和执行力，"办就办好"体现的是效果，是生产力和落实力。各级领导干部和机关部门要由"慢慢办"向"马上办"转变、由"办不了"向"办得成"转变，不做"留痕无绩"的事，不开不解决问题的会，不发不解决问题的文，千方百计把麻烦揽过来、把方便送下去。基层要改变"不说不动，说一说动一动""文件不到不干，文件到了看着干"等消极思想，由"上级要我干"向"我要主动干"转变。做到"令行禁止、使命必达"。在谈到西柏坡时，周恩来曾经有过这样精辟的分析：在这里，我们一不发人、二不发枪、三不发粮，只发电报。在驻扎西柏坡不到一年的时间中，毛泽东和中央军委，发出了408封电报，平均每个月收发电报的总字数达到140万，组织指挥了三大战役在内的24次重大战役，谱写了人类战争史上的奇迹。党中央和毛主席用电台指挥千军万马，全军将士一切行动听指挥，力克艰难险阻，赢得了最终的胜利。人民军队军令如山，党旗指引，所向披靡。战争年代是这样，和平时期同样如此，企业生产建设更是如此。做到"心怀担当、奋斗不止"。领导干部要把问题意识、斗争意识常怀心中，经常问一问：工作责任是否落实？业务能力是否提升？担当意识是否够足？执行能力是否够强？工作标准是否够高？自我要求是否够严？工作作风是否够硬？群众基础是否够好？经常问一问：我们富油凹陷的剩余油在哪里？老区新层、新区新带认识到哪里？破解页岩油规模开发的办法在哪里？突破关键核心技术的措施在哪里？人力资源开发的出路在哪里？行胜于言始于思，成起于实作于细。各级领导干部要胸怀正气、充满朝气、积蓄才气、善接地气、滋养静气，把心思集中在"想干事"上，把能力展现在"会干事"上，把目标落实在"干成事"上，万众一心誓夺开局目标新胜利。

唯有记得来时路，记得一路走来的艰难困苦与宝贵经验，记得为什么出发、从哪里出发，才能够使初心永不褪色、永不干涸。华北油田已经走上了新时代新阶段的宽广大道，要用"行胜于言和质胜于华"矢志担当作为，秉承笃定力行之心，看准的事就定，定下的事就办，不推诿扯皮，无半点马虎，以坚如磐石的信心、只争朝夕的劲头、坚忍不拔的毅力，在建设现代化能源企业征程中迈出崭新的步伐。

2021 年 5 月

全面践行"一线工作法"

基层一线是企业的根基，是生产建设的主战场，是我们一切工作的落脚点。领导干部深入一线抓生产、搞建设、破难题，是践行党的群众路线的必然要求，是稳固基础、畅通血脉、推动发展的必然要求。

基层是我们党力量源泉和胜利之本，党的百年伟业就是扎根人民、依靠人民创造出来的。无论是革命、建设时期，还是改革开放时期，我们党能够战胜一切强敌、一切困难最终取得胜利，靠的就是干部与群众一起出生入死、同甘共苦；靠的就是全党上下同心同德、不懈奋斗。

习近平总书记多次强调，基层是领导干部了解实际、向广大群众学习的好课堂，也是领导干部磨炼作风、提高素质的大考场。脚下沾有多少泥土，心中就沉淀多少真情。就企业自身而言，不管是增进与员工群众的深厚感情，还是推动油田事业的发展，领导干部一线指挥、一线工作，在基层摸爬滚打，与群众并肩作战，既是考验也是必须。

华北油田是一座没有围墙的工厂，分散式工作、大跨度施工，点位多、范围广、战线长，成百上千个项目在一线铺开，成千上万名员工在基层奋战，领导靠前指挥、靠前工作尤为重要。实现公司发展战略目标、推动各项生产建设，各级领导干部要全面践行"一线工作法"，把重心沉下去、落到底，把步子迈下去、走到底，与基层面对面、心贴心、零距离，把阻碍改革发展的瓶颈解决掉，把影响基层生产的问题解决掉，把员工群众心里的疙瘩解决掉，以全新的工作作风和精神面貌勇开新局。

"一线工作法"，是领导干部履行职责、推动落实的工作方式、方法和作风，既是价值观也是方法论。"一线工作法"贯穿执政为民、基层为先的思想理念，贯穿一切从实际出发、一切从基层出发的工作主线，强调思考工作要从实情出发，部署工作要从实际出发，落实工作要从实效出发，切实解决形式主义、官僚主义，脱离群众、脱离实际，"八个了之""五重五轻"，不务实不重实、不履职不担责等问题和倾向，增强基层意识、群众意识、实干意识，使之成为各级干部开展工作的方法指引和行为习惯，成为推动油田高质量发展的风向标和助推器。

"一线工作法"的基本内容是："二线变一线、一线变前线、饭桌变会桌、现场变会场"。"一线工作法"是在长期工作中总结提炼形成的。"一线工作法"打破一线、二线"界限"，甚至是干部、员工"界限"，一切围着工作干、一切围着基层干，处处都是工作场、人人都是战斗员、时时都是进行时。干部走出机关、走出办公室，走向一线、常驻一线，身先士卒、靠前指挥，饭桌上照样做决策定思路，现场上照样做研究破难题。通过"一线工作法"，推动和解决长期想解决而没有有效解决的工作作风、系统效率、干群关系等难题，企业运行效率实现系统性提升，队伍面貌实现革命性重塑，发展根基得到全面性夯实。

"一线工作法"的内涵可概括为:"一个中心,五个方位,八个坚持"。这也是基本内容的系统解读和方法指引,体现了干部深入基层一线调查研究、检视问题、整改落实、高效推动、破解难题、指导基层、总结提升等任务和方法。

"一个中心":以员工群众为中心。把群众观点和群众路线根植于思想中、落实到行动上,厚植为民情怀、坚守为民初心,一切为了员工群众,一切依靠员工群众,从员工群众中来,到员工群众中去。这是油田取得成就的坚强依靠,也是落实"一线工作法"的基点。

"五个方位":以思想为引领,以问题为导向,以实干为途径,以员工为动力,以作风为保障。思想是行动的先导,践行"一线工作法",就是要破除惯性思维和"只唯上、不唯下"的观念,眼睛向下、重心向下,阵地前移、触角前移,以落实"八破八立"和"五转五立"推动思想大解放,以"观念的破冰"引领"行动的突围",变被动应对为主动担当,变各自为战为协同作战。问题是实践的起点,践行"一线工作法",就是要坚持问题导向和效果目标,围绕短板和瓶颈制约,把力量倾向一线、问题解决在前沿、矛盾化解在萌芽,直面问题因症施策,主动亮剑创新施策,在破解难题中检验忠诚、体现担当、践行初心。实干是落实的保证,践行"一线工作法",就是要做有担当、有责任,懂基层、懂员工,善管理、善创新,能干事、能成事的实干型干部,主动站在政治高度和全局角度想问题、做决策,出实招、办实事。员工是基层的主体,践行"一线工作法",就是要充分调动起广大员工群众的积极性、主动性和创造性,为员工施展才华搭建平台,想员工所想、急员工所急,凝聚起厚实、稳固、可靠、持久的发展力量。作风建设是长期性任务,践行"一线工作法",就是要坚持作风建设永远在路上的理念,抓作风一刻不能放松,力戒形式主义、官僚主义,发扬钉钉子精神,以抓铁有痕、踏石留印的干劲,推动形成求真务实、苦干实干、攻坚克难、服务基层的浓厚氛围。

"八个坚持":坚持情况在一线掌握、决策在一线形成、问题在一线解决、作风在一线转变、感情在一线培养、能力在一线锤炼、业绩在一线检验、形象在一线树立。情况在一线掌握,坚持深入基层一线,与员工群众面对面,第一时间掌握最真实情况,掌握第一手资料,实事求是分析研究,精准制定对策,精准推动落实。决策在一线形成,坚持在一线决策、为一线决策,把决策的出发点放在基层一线,充分把脉和找寻规律,形成最符合发展实际和企业需要的有力决策。问题在一线解决,坚持围绕基层一线,落实四个"第一时间",问题在第一时间发现、方案在第一时间研究、实施在第一时间启动、问题在第一时间解决。作风在一线转变,坚持在一线历练作风,转变一线作风,与基层心心相印,与群众打成一片,强化责任心、细心和耐心,既"身入"更要"心入",问计于群众、问需于群众。感情在一线培养,坚持与基层一线心贴心零距离,培养与员工群众的感情、增进与基层工作的感情,密切党群干群关系,以实际行动赢得员工群众的尊敬与拥护。能力在一线锤炼,坚持用好基层这个大实战课堂,向实践学习、向群众学习,增强基层工作能力、群众工作能力、抓基层打基础的能力,练就过硬本领。业绩在一线检验,坚持一切工作实效通过基层实践来检验,以工作推进质量效率、以员工群众的满意度作为评判工作成绩效果的标准。形象在一线树立,坚持以高度的政治责任,良好的精神状态,扎实的工作作风,冲在前做表率,不断强化一线意识,追求一线作为,扛起责任担当,以自己的实际行动树立起良好形象。

全面践行"一线工作法"具有重大的现实意义，不仅是力戒形式主义、官僚主义、"浮在上"、"沉不下"等不良习气，培养求真务实、真抓实干、坚决执行等工作作风和工作方式的现实需要，更是弘扬石油精神和大庆精神铁人精神，继承华北油田优良传统，推动企业高质量发展的现实需要。

深刻理解和准确把握"一线工作法"，要从历史和现实的角度去思考，充分认识"一线工作法"是一种历史继承。中国石油工业披荆斩棘、奋进前行的发展历程中，无数的石油先辈扎根荒野、献身戈壁、奋战大漠，他们靠着无比坚强的团队战斗意志和大无畏的牺牲奉献精神，书写出世界石油工业史上的"中国奇迹"。"一线工作法"正是这种精神和作风的传承，饱含着艰苦创业、科学求实、忘我拼搏、埋头苦干等精神品格，是石油精神和大庆精神铁人精神的生动体现和践行。可以说，"一线工作法"的形成和发展，以及在华北油田的深度实践，是历史赓续传承的必然，也是时代发展要求的必然。"一线工作法"是一种求是精神。求是，是我们党思想路线的核心内容，也是我们做决策、出思路、谋发展的基本要求。"纸上得来终觉浅，绝知此事要躬行"。在工作中要"求"客观规律之"是"，到生动的基层实践中去做细致的调查研究，发现问题才能具体，思考问题才能深刻，解决问题才有办法，从而使我们的决策和措施更好地把握规律性、增强主动性、减少盲目性、克服片面性。如果不深入基层一线，决策搞主观主义，凭经验、想当然，把主观愿望当作客观现实，即使有好的动机，也会因脱离实际而失败。"一线工作法"是一种实践武器。基层是根，一线是本，根抓得牢靠，发展才能稳健；本固得坚实，发展才能持续。基层一线是最基础、也往往是最薄弱的地方，如果解决不好或处理不当，一些矛盾和问题就会在日积月累中发生质变。通过"一线工作法"把问题发现在前、把问题解决在先，将基层一线的矛盾化解在萌芽，把各类问题转化为推动油田发展的突破口和着力点，这就是我们重塑信心合力、凝聚实干推力、汇集发展动力的强大武器。领导干部冲在第一线，站在最前沿，就是无声命令，就会不言自威，员工群众就会不令而行，奋勇向前，这样就没有克服不了的困难，没有解决不了的问题。"一线工作法"是一种为民情怀。习近平总书记强调，"中国共产党要把为民办事、为民造福作为最重要的政绩，把为老百姓做了多少好事实事作为检验政绩的重要标准"。❶在新形势下，我们有的党员干部素质能力提高了，却越来越不会做群众工作了；交通条件改善了，与员工群众的距离却越来越远了；信息手段先进了，与员工的沟通却越来越少了。"心系群众鱼得水，背离群众树断根"。只有对员工充满真情，真正把员工当亲人、当老师，深入基层、体察甘苦、了解需求，切实帮助解决实际困难和问题，才能赢得员工群众的信任、支持和拥护，从而汇聚起干事创业的强大力量。"一线工作法"是一种强企之道。"求木之长者必固其根本，欲流之远者必浚其源泉"。基层工作千头万绪，任务繁重，直接面对群众，直接面对各种矛盾和问题。基层也是一切工作的依托，是企业开展工作的第一线，各项工作由基层落实，工作成果由基层体现。本强则茂，基壮则安。基层强则企业强，一线兴则企业兴。通过"一线工作法"，打造坚强团队，打牢基层基础，提升系统效率，抢抓发展机遇，提升发展质量，把握发展的主动权，企业就会迈入健康发展、高质量发展的快车道。

---

❶ 2020年5月14日，习近平总书记在山西考察调研时的讲话。

"一线工作法"的实践主体是干部,干部的责任能力、作风形象是关键。"有什么样的干部作风,就有什么样的发展局面"。当前,油田发展已进入突破性的历史关键时期,也是广大干部干事创业的黄金时期,更加迫切需要一大批沉在一线、干在一线、敢于担当、实干作为的干部,大家心往一处想、劲往一处使,合心合智合力成就油田"重上千万"的宏伟大业。一要加强思想淬炼,练就过硬的思想力。"知者行之始,行者知之成。"思想的高度决定行动的宽度和广度,"心有多大,舞台就有多大""心有多真,力就多大"。思想"闸门"不紧,行为做派就会"漏风",思想上松动一寸,行动上可能就会相差一尺。要筑牢信仰之基、补足精神之钙、把稳思想之舵,解决好世界观、人生观、价值观"总开关"问题,始终用党性原则修身律己,切实以坚强党性取信于民、引领群众。要强化持续学习能力,将基层一线作为重要平台,学习实践方法,提升资源统筹能力,锤炼过硬作风。要提升政策理论水平,准确理解把握公司各项重大决策部署,善于观大势、顾大局、算大账,吃透政策,全面落实。二要加强政治历练,练就过硬的政治力。政治是第一位的,政治能力是否跟得上,关系事业成败、关乎发展全局。政治上的主动是最有利的主动,政治上的被动是最危险的被动。要不断提高政治判断力、政治领悟力、政治执行力,胸怀"国之大者",时刻关注中央和上级关心什么、强调什么,深刻领会什么是党和国家最重要的利益、什么是最需要坚定维护的立场。特别是在重大问题和关键环节上要确保头脑特别清醒、眼睛特别明亮,确保在重大政治原则上毫不动摇、在大是大非问题上毫不含糊。要善于从政治的角度思考和分析问题,既要保持敏锐的洞察力和透彻的分析力,又要敢于果断决策,尤其是涉及企业重大利益、面临突发状况时,领导干部更要以责无旁贷的魄力、无私无畏的勇气担当决策。三是加强实践锻炼，练就过硬的实践力。实践出真知，实践也出干部。实践是锻造干部意志品质、能力素质的有效途径，也是发现干部、选拔干部的重要渠道。要主动挑重担子，积极主动到艰苦地区、边远地区和复杂的工作环境中经受淬炼、磨炼品格，在处理各种危机中增强担当精神，在解决问题中提升处理复杂问题能力。在考验干部意志、衡量干部水平、体现干部作风的一线，干部既不是"做客"，更不是"作秀"，要把全部心思和精力用到真抓实干上。对事关全局的重大决策靠前调研，对事关发展的重点任务靠前调度，对事关民生的重要实事靠前办理，对事关稳定的重大矛盾靠前协调，坚持求真务实，做到抓铁有痕，确保公司各项决策部署落地生根。四是加强专业训练，练就过硬的专业力。专业能力是干部干成事、有作为的前提。没有金刚钻揽不了瓷器活，没有过硬的专业能力，走一线只能是走过场。要全面增强专业知识、提升专业能力、形成专业作风、追求专业精神，把工作作为一门科学来潜心钻研、作为一门艺术来追求，保持一钻到底和专注做事的韧劲，激发最大潜能，把工作做到极致。现场在哪里，哪里就是一线；问题在哪里，哪里就是一线。基层关系复杂，矛盾相对突出，有的问题也相对比较尖锐，尤其是针对生产运行慢、建设周期长、协调环节冗余等制约，风险隐患多、基层负担重、基础水平低等问题，要切实加强专业研究，增强驾驭工作、化解矛盾和应对复杂局面的能力，不断充实自己的阅历、锻炼自己的胆识、提升自己的素养，担当起时代赋予的重任。

迈上"十四五"发展新征程，我们要全面践行"一线工作法"，坚持"身"入基层、"心"贴基层、"情"撒基层、"实"留基层，发扬为民服务孺子牛、创新发展拓荒牛、艰苦奋斗老黄牛的精神，永远保持慎终如始、戒骄戒躁的清醒头脑，永远保持不畏艰险、锐意进取的奋斗韧劲，公司上下齐心、齐力、齐步，以思想高度统一，步调高度一致，形成推动油田跨越发展的强大力量。

2021 年 6 月

为基层减负去虚功重实干

党的根基在基层，力量在基层，血脉在基层，基层工作不仅关乎群众的切身利益，也关系党的形象和执政基础的巩固。党的十八大以来，以习近平同志为核心的党中央高度重视为基层减负，从制定和执行中央八项规定，到持续发力反"四风"，再到连续下发解决形式主义问题为基层减负的通知，一系列重大举措就是让基层摆脱形式主义束缚、放开干事创业手脚，筑牢夯实基层这个"根"。

时值建党百年，党中央部署开展党史学习教育，强调要深刻汲取党在不同历史时期反对形式主义、官僚主义的历史经验，贯彻党的群众路线，把为基层减负纳入为群众办实事活动中。集团公司党组为推进基层松绑减负，下发了进一步解决形式主义问题切实为基层减负主要措施及分工方案的通知，为基层减负提出了硬措施、硬要求。当前，华北油田迎来了转型升级的关键时期，实现"十四五"期间确定的各项生产经营目标，全面建设现代化能源企业，必须彻底有效地为基层卸下不必要的重荷、解下形式主义的绳索，让基层有更多时间和精力抓生产干工作。

"上面千条线，下面一根针"。近年来，基层工作普遍存在会议多、文件多、报表多、材料多、迎检多、汇报多、问责多等问题，让基层疲于应付。基层作为任务落实的最前沿，矛盾问题的第一线，有压力是正常的，但如果压力过大，就难以有条不紊地开展工作，就会影响全局，制约企业发展。基层负担过重，原因是深层次的、系统性的，根子还是在形式主义、官僚主义。主要原因有以下三个方面。

原因一："顶负"，公司顶层设计层面给基层造成的负担。顶层设计本身是从全局的角度，对任务的各方面、各层次、各要素进行统筹规划，以集中有效资源，高效快捷地实现目标。基层作为承接顶层设计的"最后一公里"，由于有的工作顶层设计缺乏科学性，在执行落实环节给基层造成了先天性的矛盾和压力。主要表现为：一是闭门造车，脱离实际。顶层设计缺乏足够的基层调研和科学的系统分析，不掌握实际情况，不吸纳群众意见，不懂基层的人搞设计、不精专业的人搞规划，习惯于"拍脑袋"、照葫芦画瓢，造成政策方案"水土不服"，脱离企业和基层实际，既不易操作又不合时宜，让基层无所适从。二是形式空洞，缺乏精准。顶层设计不重实，为了设计而设计，不进行战略性、前瞻性、超前性研究，"艺术创作"式的堆砌文字，重形式、轻设计，重要求、轻落实，听起来很美、干起来没用。缺乏直面问题、发现问题、研究问题、解决问题的导向，缺乏破解难题的针对性和有效性，提不出科学的工作指导和精准的措施对策，让基层束手无策。三是不讲效益，不讲效率。顶层设计过于"高大上"，超越了基层实际的支持能力、消化能力，不能有效控制运行成本，甚至超越了心理承受力，直接阻碍了顶层设计的落地。环节、流程的设计繁琐，老习惯老套路，设计思维高高在上、回避责任，不担当不作为，给基层添加了过多的"阻拦锁""摩擦器"，影响了运行效率和效益。四是生搬硬套，无章无法。政策设计的科学性、适应性不够，照搬上级、照抄同级，在体制运行上造成职能集中度不高，分工过细，管理统筹性不强，多头领导，有的基层工作人员对应几路甚至十几路上级部门。机关与基层、系统业务与基层业务在管理界面和管理权限上不够清晰明确，存在有权利都有"份"，有责任都回避，有问题都躲闪的问题。

原因二："添负"，机关层面给基层增添的负担。基层的"累点""痛点"，病症表现在基层，症结要害在机关。"四风"问题禁而不绝是给基层带来"重负"的主要原因，只重视表现、只追求形式，脱离实际、脱离群众，是产生问题的根源。主要表现为：一是形式主义的"重扰"。形式主义是基层工作的"大害"，作决策抓工作"上下一般粗"，个性化、人性化考虑得少之又少。形式化的要求、检查、考核层出不穷，多头部署、相互撞车，片面注重痕迹资料、纠缠细枝末节、忽视工作实绩。指尖上的形式主义也开始出现，有些工作群逐渐沦为线上"秀场"，上级布置任务动动指尖即可传达，预留给基层完成任务的时间层层递减。二是检查考核的"重压"。基层繁重任务与过频的检查考核交织，考核指标宽化、虚化、模糊化，多头考核、搭车考核现象也是时有发生。机械性地要求基层填表报数报材料，一刀切地将开会发文、台账记录、工作笔记等作为工作是否落实的标准，没有真正花时间、沉下身去检查基层工作实效。基层也把很多的时间和精力用在建台账、补记录、凑数据上，弄虚作假在所难免。三是问责追责的"重虑"。"一顶帽子刚戴上，一顶帽子在路上"的追责泛化越来越重，"三个区分开来"导向没有真正建立，使基层干部陷入"不敢为""不愿为"的状态。存在处理恶意举报办法不多、对失实检举控告澄清不够及时、查处诬告陷害行为机制有待完善等方面问题，不能从源头上减少恶意举报、无实质内容举报的影响。四是官僚主义的"重忧"。习惯发号施令，一有想法就要发个通知、一有事情就要开个会议，"上面动动嘴，下面跑断腿"。对基层缺乏真情实感，对基层反映的困难久拖不决。正向激励少，惩戒问责多，导致人心不稳，留人困难，对那些长期在基层勤勤恳恳、老老实实的同志关心支持不够，对下到基层的干部跟踪关注、精准培养不够。五是任务加码的"重荷"。通过层层加码，将任务转移给下级，签"责任书"、立"军令状"，基层变成了一个"无限责任"承担者，难以承受巨大压力，造成了下级对上级层层掺水。工作任务应接不暇、疲于应付，高负荷、高强度不可避免地成为基层干部的工作常态。

原因三："自负"，基层本身给自己造成的负担。基层是科学统一的有机体，需要系统协调、高效布置、落地执行。受形式主义、自身能力、体制机制、内部环境等多重因素，以及"顶负""添负"的影响，基层也在一定程度上自我加"负"加"责"加"压"，给工作带来一定阻力和负担。主要表现为：一是组织功能不强。基层组织力量弱化虚化，缺思路、缺实招，缺方法、缺力度、缺人气、缺士气，集体的智慧和力量难以凝聚，形不成攻坚克难的强大战斗力和向心力。在引领发展、推动建设、解决问题等方面，精准施策能力、狠抓落实能力、统筹协调能力、群众工作能力、破解难题的能力不足，造成工作进展缓慢，任务越积越多，负担越聚越多。二是履职能力不强。基层领导班子责任没有压紧压实，不担当、不履责，站位不高、大局意识不强，能岗不匹配、作风不扎实，经验不足、措施不多，"多一事不如少一事""没事正好、有事就多"，把规定性工作、规范性动作看成"负担"，一些自己解决的问题依赖上级，工作打折扣、质量打折扣。"三基"工作弱化，基础不扎实，"低老坏"现象普遍，制约基层工作高水平推进。三是实干意识不强。不从实际出发,搞"形象工程",做表面文章,爱"涂脂抹粉",好装饰门面,摆花架子、好大喜功,为了让别人知道,非弄出些声势,习惯用资料台账来"显绩",本来台账资料就多,自己更是主动"加码",不惜"台账作假""台账作秀""台账比拼",只做给"上级"看,不问员工群众感受,浪费大量时间和精力,增加不少负担。

"基础不牢,地动山摇"。解决困扰基层负担过重问题,要坚持标本兼治、综合施策,全面检视、重拳出击,靶向治疗、精准出招,以上率下、上下联动,打一场为基层减负的攻坚战,让基层可以把更多的时间和精力投入到干事创业中去。

第一,坚持刀刃向内为基层"清除痼疾"。基层重负的根源在上级、在机关、在干部,为"下"减负必须对"上"用药。减的是"负",加的是"责",破的是积弊,改的是习惯,核心整治的是"四风",尤其是形式主义和官僚主义。两级机关和各级领导干部要勇于刀刃向内、自我革命,以壮士断腕、刮骨疗毒的勇气向"机关病""官僚病"开刀,向顽瘴痼疾开刀。要以党史学习教育为契机,深处悟思想、悟出真思想,来一场思想上的大变革、作风上的大转变、官僚习气的大扫除,坚决革掉"慵懒散漫""推诿扯皮""虚情假意""好大喜功"等顽症。

第二,突出基层至上为基层"担当作为"。要树立起"基层至上"理念,解决党性不纯、政绩观错位的问题,一切为了基层、一切从基层出发,深化模范机关创建,发挥"头雁效应",让"马上就办、担当尽责"理念落地靠实。落实"一线工作法",推行会战时期"三三制"做法,两级机关经常保持三分之一人员在基层蹲点和调查研究,领导干部每月要有三分之一的时间到基层了解情况、劳动调研、解决问题;

发扬"三个面向，五到现场""白天一片空，晚上一片亮"的作风，深入基层、服务基层，把矛盾化解在基层、把问题解决在基层。

第三，抓实精文减会为基层"松绑减压"。文风会风是基层减负的"风向标"。要精准高效落实公司周例会制度，坚决整治文件穿靴戴帽、冗长空洞、避实就虚，会议议而不决、决而不行、行而不实，既要压缩数量，更要提高质量，把精文减会的效果转变为贯彻落实的动能。严格控制文、函、通知数量，研究建立文件落实推进机制，彻底解决不跟踪、不落实、不评价、不考核问题。严格控制层层开会发文，严格控制随意要求基层填表造数，提倡发短文、开短会，能不发的文件不发，能不开的会议不开，让基层从繁文缛节、文山会海、迎来送往中解脱出来。

第四，规范检查考核为基层"排难解忧"。为基层减负不是减担当，而是为担当者担当，为负责者负责。要严控检查总量，强化统筹，改进方式方法，明确检查清单，多看"后院""角落"、少看"门面""窗口"，注重结果导向和群众评价。力戒检查考核"痕迹主义"，严控索要材料报表总量和频次，不搞机械式对照检查，不搞变换花样的报表督查，让基层从纷繁复杂的各类材料、表格、账目中解放出来。明晰各层级权力和责任清单，理清责任边界，建立重实绩、重实干、科学有效的考核评价体系，发挥基层主观能动性，用心用情用力为基层减负赋能。

第五，强化基层建设为基层"助力鼓劲"。为基层松绑减负的目的，就是把基层从形式主义和官僚主义的桎梏、"套路"中解脱出来，把更多时间和精力投入抓工作落实上来。要推进基层党建"三基本"建设与"三基"工作有机融合，建强组织、规范制度、高效管理，让基层组织和基础工作真正强起来。完善考核评价机制，树立正确用人导向，把真正能干事干实事、有觉悟有使命的干部选出来用起来，激励干部担当作为。加大正向激励力度，健全"让有为者有位"的激励机制，建立"让吃苦者吃香"的保障机制，让更多立志扎根基层、服务基层的中坚力量唱主角、挑大梁，让更多想作为、敢作为、善作为的干部大显身手，营造真抓实干的基层风气。

"破冰之功，非一春之暖"。真减负减真负要驰而不息、一抓到底，"顶负""添负""自负"要一体化松绑，导向、方法、机制要一体化推进，大刀阔斧"做减法"，严格落实"硬杠杠"，切实让干部担当作为、真抓实干，让基层轻装上阵、充满活力，在新会战、新阶段树立起基层减负的崭新风气，激发起上下同心乘势而上的前进力量。

2021 年 7 月

明理集

以"倒三角"履责模式压紧压实责任

管理是企业永恒的主题。在现代企业管理中,金字塔式(正三角)模式作为固有传统模式,在组织运行、管理保障等方面发挥了流程严谨性、领导权威性等重要作用,但随着企业的发展和形势的变化,也带来不可避免的负面效应,在压实领导责任、减轻基层负担等方面形成瓶颈,掣肘了企业高效管理、高质量发展。

习近平总书记强调,责任重于泰山,事业任重道远。干部干部,干是当头的,有多大担当才能干多大事业,尽多大责任才会有多大成绩,既要想干愿干积极干,又要能干会干善于干。习近平总书记又强调,工作作风绝对不是小事,要切实解决突出问题,改进工作作风,让基层有更多的时间和精力抓落实。

2021年以来,华北油田公司党委认真贯彻落实集团公司党组解决形式主义问题、为基层减负等部署要求,坚持问题导向,大胆解放思想,锐意创新实践,探索实施了"倒三角"履责模式,通过层层压实责任、逐级落实责任,从上至下打通了领导管理层"最初一公里"和基层操作层"最后一公里",一级带着一级干、一级做给一级看,有效破解工作落实"上热中温下冷"的难题、责任层层"甩锅"的问题,公司各项工作焕发新气象、实现新发展。

在"倒三角"模式中，管理层不仅是"权力者"，更是"担责者""履责者"，该担的责任担起来，该扛的压力扛起来，责任不让基层"背锅"，压力不向基层"甩锅"，确保基层真正把精力时间集中到干事创业中。

客观审视油田管理现状，责任不实、习惯推责等问题仍在一些单位不同程度存在，甚至个别单位管理层因无视责任、推脱责任、权责脱节，习惯当"权力者"，发号施令，将本应承担的责任和压力凭借行政手段向下转移，使原本琐事多、任务重的基层员工，身上的担子更重、压力更大。在实际工作中，主要表现是：责任层层甩锅。因为管理层责任不清、执行不力、任务不担，遇到难题不主动解决，习惯性地一层推一层、一级压一级，层层"甩锅""甩责"；更有甚者，有了麻烦往下找，出了问题往下追，原本属于管理层的责任被推到基层。问题层层堆积。由于管理机制不畅、考核问责不严、形式主义滋生，以口号替代重视，以汇报替代检查，以文件落实文件，以会议落实会议，不落实责任、不推动工作、不解决问题的现象比较严重，最终造成问题越来越多、矛盾越积越多。压力层层加大。因为责任和压力没有形成自上而下的"分责""减压"体系，什么责任都往下冲、什么问题都往下推，基层员工长期处于工作压力大、心理负担重的环境中，队伍思想不稳定，基层根基不牢固。质效层层降低。也正是因责任不落实、工作不务实，滋生了"事不关己，高高挂起""议而不决、决而不行、行而不果""八个了之""五重五轻"等不良问题和倾向，导致隐患问题不断、基础管理薄弱、队伍士气不高、工作效率低下。追根溯源，主要原因有三个：一是责任淡漠"不作为"。有的领导干部只想当"太平官""混事官""享乐官",干工作"得过且过"、"当一天和尚撞一天钟",喜欢层层批办转办,"只在岸上空喊号子,不到水中用力划船",对职责范围内的事不是不负责任就是怕担责,能推则推、能绕则绕、能躲就躲。二是观念陈旧"不善为"。有的领导干部缺乏"归零意识""空杯心态",不能与时俱进地改进工作方式方法,仍沿袭老理念老思路、采用老办法老方式,不是"新办法不会用,老办法不管用",就是"虚有其表,图有虚名",甚至"有勇无谋、蛮干盲干"。三是能力有限"不能为"。有的领导干部工作能力不足,既不懂工作规律、不懂门道、缺乏知识、缺乏本领,又不注重学习积累,理论素养储备不足,视野不够开阔长远,格局不够宽广远大,工作缺乏执行力、创造力,难以用大思路应对大挑战、大智慧实现大发展。

当前,公司正处在改革发展的攻坚阶段和关键时期,大事多、难事多、急事多,都又事关油田长远发展和群众切身利益,如果一处受阻,则处处受牵连,一步难行、则步步走不动,必须以"倒三角"模式为标尺,履职尽责,担当作为。

"倒三角"履责模式,是以担当尽责为核心,以基层管理为靶点,以高效运行为目的,责任层层分解、层层细化、层层认领、层层落实,从高层的冲锋在前,到中层的严格执行,再到基层的专心落实,真正让"担当履责"成为解决问题、消除瓶颈的"破壁机",理顺管理的气血,疏通执行的脉络,压实各级责任,人人明白"管的知道怎么管,干的知道怎么干"。系统梳理"倒三角"履责模式其功能和效应,集中体现为"四倒四立"。

倒的是被动,立的是主动。是否具有担当精神,是否能够忠诚履职、尽心尽责,是检验每一个领导干部的重要方面。领导干部在其位,谋其政,敢于担当负责,这不仅是我们党的优良作风,而且是领导干部想干事、能干事、干大事的精神品质。做大事就要担大责,要把担当责任作为一种生活方式、一种工作态度、一种价值追求,勇于担责、高效履责。

责任不是空洞的、抽象的,而是具体的、实在的。"倒三角"履责模式强调的是有岗必有责、守岗必担责。各级领导干部要自觉担责践责,把责任"层层下压、推往基层"变为"主动认领、层层解决",让责任压力在自上而下解决的过程中,以"倒三角"趋势逐步"瘦身",当到达最底端时,基层所承担的责任压力是其本应承担的、也能承受起的,方此之时,充分唤发基层工作热情,上标准岗、做标准事、干标准活,全员奋力争创一流业绩。

倒的是缺失,立的是归位。"权力就是责任,权力越大责任也越大。"权力和责任两者是相互依存的统一整体,从来没有无权力的责任,也没有无责任的权力。大量的反面典型已告诫我们,那种只要权力不担责任的人,只想当官不想干事的人,只想出彩不想出力的人,是没有资格做领导管理工作的,这种人迟早要栽跟头。党组织把权力交给我们,是对我们的信任,就要时刻牢记党的宗旨、企业的使命,珍惜所处的岗位,敬畏肩上的责任,殚精竭虑、一心为公,把权力作为保障、责任作为归宿,脚踏实地、身体力行,尽其责而不失责。

集团公司党组多次强调,只有落实主体责任,理清责任链条,拧紧责任螺丝,提高履责效能,才能打通关节、疏通堵点、激活全盘。按照"倒三角"履责模式权责对等原则,各级领导干部以对党负责、对企业负责、对员工负责的精神,牢固树立敢于作为、敢于承担的责任意识,守土有责、守土负责、守土尽责,把本应该是自己的责任和任务百分之百地修正归位,把本不应该是基层一线的责任和任务百分之百地坚决剔除,通过一层层的责任分解,使各级管理责任正确归位,谁的任务谁认领,谁的责任谁来担,真正做到责任明确、各负其责,使各层级管理活力得到充分释放,样样工作有人抓、推动落实高效高质。

倒的是消极,立的是积极。晚清名臣曾国藩《治心经》有言:"以苟活为羞,以避事为耻。"古人尚且有如此认识和境界,何况今日,在实现中华民族伟大复兴、全面建设现代化能源企业的宏伟事业中,我们更应担当负责,牢记初心使命,以更高的要求、更高的标准、更敬业的精神,履职担当,奋发作为,不因事大而难为、不因事小而不为、不因事多而忘为、不因事杂而错为,把本职工作干好干出彩,把责任担好尽到位。

领导干部作为一个单位一个部门的"关键少数",是主心骨、带头人,尤其是在责任与担当方面起着示范引领作用。在"倒三角"履责模式中,各级领导干部始终把责任与担当作为工作的基本准则,直面问题、担当尽责、攻坚克难,有效发挥以上率下、导向引领的作用,充分激发了广大干部员工的工作积极性和主动性,全员责任意识、问题意识进一步增强,一级带着一级干、一级做给一级看,打通了"上热中温下冷"的"肠梗阻",消极怠慢、拖拉懒散、推脱"甩锅"等"低老坏"问题得到有效整治,主动担责、奋勇争先在油田上下蔚然成风。

倒的是问题,立的是破题。习近平总书记强调,对领导干部要求严一点,是党和人民事业发展的必然要求,也是我们改进作风、管理队伍的基本着眼点。发展越到关键时刻,改革越到紧要关头,问题就会越来越多、越来越难,也越需要领导干部在位有责、挺身发力。有没有解决问题的责任担当是对领导干部的最好检验。面对问题和困难,领导干部必须要有大责任大担当的魄力、大问题大斗争的精神,知难而进不言难、迎难而上不怕难、克难而成不留难,顶着压力冲,放开手脚干,积极应对风险挑战,有效化解矛盾困难,全力破解问题瓶颈。

企业管理的本质就是解决问题。如果人们碰到矛盾问题怕费心力、怕担责任,问题就会越攒越大、越积越深。而"倒三角"却把问题的"大头"倒过来,明确了每个管理层级解决问题的职责,落实了主体、细化了责任、界定了职能,形成高层领导着力抓、中层环节推进抓、基层管理落实抓的工作格局,真正在"倒三角"推进体系过程中,实现了问题矛盾自上而下逐级化解。

事业不是喊出来的,而是实打实干出来的。在实现公司"十四五"发展目标、"重上千万、再铸辉煌"的奋进历程中,每个人都是主角、每个人都有责任、每个人都不能缺席。只要每个人都出一份力、做成一件事、干好一件工作、解决一个问题,我们的事业就能向前推进一大步。"倒三角"履责模式已得到广大干部员工的广泛认同和积极践行,并取得实实在在的成效。但管理永无止境,没有最好、只有更好,我们还需要在持续巩固和深化"倒三角"履责模式上下足功夫,把握关键、精准施策,久久为功、务求实效,不断实现"倒三角"履责模式效能的最大化。

其一,严格责任落实,这是持续深化"倒三角"履责模式的前提基础。基础不牢,地动山摇。责任是"倒三角"履责模式的精髓实质,也是根本基础。不明确责任、不落实责任的"倒三角"履责模式是没有生命力的,没有责任作为支撑的"倒三角"履责模式也是不稳固的,终将要颠回到传统管理模式状态。要把责任分解到位，像抓安全环保责任、从严治党责任、党风廉政责任那样，全面落实"主体责任""一岗双责""属地管理"等制度规定，按照不留一处死角、不存一点缺位、不打一丝折扣的要求，理清楚、弄明白自己分内所承担的工作领导责任、生产经营责任、党建工作责任等各项责任，真正在知责明责中深刻感悟"责任重于泰山"，守责、负责、尽责，不敢无视责任、不敢掉以轻心、不敢被动应付。要把责任落地靠实，作为持续深化"倒三角"履责模式的"牛鼻子"，坚定"负责到底"的信念，担当尽责、真抓实干，以责任层层有效落实、层层无缝传递，汇聚"全员心力"，形成"五指成拳"，干出勇气和力气，干出智慧和水平，推动工作有效开展。

其二，做好基层减负，这是持续深化"倒三角"履责模式的根本目的。企业的根基在基层，力量也在基层。为基层削减不必要负担，更好地轻装上阵，这是实施"倒三角"履责模式的根本目的。在持续深化"倒三角"履责模式中，聚焦为基层减负这个根本不偏离不松劲，要始终坚持基层至上，紧扣解决好"顶负"问题，全力践行"一线工作法"，大力弘扬"三个面向、五到现场"等优良作风，把问题揽在上面，把负担揽在上面，把精准之策送下去，把方便之法送下去，真心实意地为基层办实事解难事。要始终坚持自我革命，紧扣解决好"添负"问题，以党史学习教育和模范机关创建为契机，向"机关病""官僚病"开刀，严格落实八项规定精神实施细则，拿出有效管用的"良方""妙方"，靶向治疗、精准出招，根除基层负担过重的"源点""累点""痛点"，使基层释放出更多干事创业的热情活力。要始终坚持刀刃向内，紧扣解决好"自负"问题，走出"超标的严要求""过度的抓落实"等自我加码、自我展示的误区,坚持从实际和实效出发,以推进基层党建"三基本"建设与"三基"工作有机融合为抓手,全面落实岗位责任制,树立正确用人导向,健全完善激励机制,全力营造真落实、强执行、重实效的氛围。

其三,加大绩效考核,这是持续深化"倒三角"履责模式的制度保障。无规矩不成方圆,无制度不成体系。没有绩效考核的管理就是空谈。绩效考核是工作的指挥棒和风向标,是有效落实"倒三角"履

责模式的制度保障，必须引起高度重视，突出实绩导向，构筑全员、全链条、全方位考核体系。要完善考核机制，把各管理层级的责任界定清晰，任务目标细化到人，建立起全面细致、责权明确、归属清晰、界定有序的工作制度、岗责制度、考核制度。要突出多元考核，坚持以问题为导向，将考核与日常工作结合起来，采取督查督办、"四不两直"和"第三方"考核等形式，发挥好"周例会"平台作用，变一次考核为多次考核，变年终考核为过程考核，挤掉考核水分，让考核实打实，经得起方方面面的检验。要加强结果运用，充分发挥考核指挥棒作用，将考核结果直接与绩效工资挂钩，并作为干部选拔任用、能上能下和评先选优的重要考量，严厉治庸治懒、促进担当作为。

其四，强化作风建设，这是持续深化"倒三角"履责模式的关键所在。习近平总书记指出，好干部必须坚持党的事业第一、人民利益第一，敢于旗帜鲜明，敢于较真碰硬，自觉担当领导责任和示范责任，对工作任劳任怨、尽心竭力、善始善终、善作善成。实施"倒三角"履责模式，是全员、全系统的一项系统工程，要求公司上下作风都强起来，打出作风过硬的"组合拳"，展示新状态，焕发新气象，实现新作为。机关作风要强起来，积极践行"马上就办、办就办好"的理念，一切工作都要往实里做、做出实效，不提不切实际的目标、不做"留痕无绩"的事，落实首问首办负责制、限时办结制等制度，不开不解决问题的会、不发不解决问题的文，提高办事效率、提升服务质量，减轻基层负担。领导干部作风要强起来，充分发挥"头雁效应"，把使命放在心上、把责任紧握手中，以干部"八要八不要"为做人做事准绳，脚踏实地、细照笃行，发扬"我先上"的精神，汇集"跟我上"的力量，不断开创各项工作新局面。基层作风要强起来，始终把

"忠诚、守纪、实干、友善"行为准则作为立身之本、干事之基，知岗情、思岗责、务岗事、创岗优，让执行标准成为习惯，严守劳动纪律，提升素质能力，培育职业操守，发扬敬业精神，立足岗位，拼搏奉献，在平凡的岗位上干出不平凡的业绩。

事业发展绝非易事，使命担当需要付出。"倒三角"履责模式为有效增强整体运行效率、充分发挥干部员工潜能、推动公司高质量发展提供了又一管企之路、发展之道。只要我们人人在"倒三角"履责模式中不失位、勇担责，胸怀"功成不必在我，功成必定有我"的精神境界，就一定会在"倒三角"履责模式中展示新作为、作出新贡献、创造新业绩。

2021 年 7 月

▶ 推动周例会精准高效落实

会议是有组织、有领导、有目的的议事活动,也是一种普遍的社会现象,几乎有组织的地方都会有会议。开会既是我们党领导体制的内在要求,也是实行民主集中制的必然要求,还是现阶段各级组织传达上级指示精神、统一思想认识、明确工作举措、研究解决问题的重要手段。

在石油工业发展历程中,各类会议在不同时期、不同阶段都发挥着重要作用。每当开发建设一个新油田时召开会战誓师大会,取得重大突破时召开祝捷大会,完成重大项目时召开庆功大会,油气上产攻关时召开地下调查大会等,特别是诸多伴随我们日常工作的各类会议,在某种程度上,体现和决定了石油事业发展的方方面面。

会议是一种活动、一种形式,更是一项内容,不可或缺。因其独特性和关键性作用,在被广泛运用的同时,也常常被推向消极的一面,大量时间被过多过滥、质量低劣会议占用,一些人被"文山会海"缠得脱不开身,会风不实、会纪不严。突出表现为:短会长开、小会大开。本来一天或更短时间可以开完的会,硬把"百米赛"拖成"马拉松";会议小事大办,把谁来参会、来多少人作为是否重视的标准,参会多、列席多、陪会多,表面轰轰烈烈、热热闹闹,实质华而不实、怨声载道。作风不实、以会代干。热衷于搞形式,摆花架子,把时间和精力用在做 PPT、搞空洞的材料上，不真正去谋划问题、解决问题；时时开会、事事开会，天天泡会场、跑会场，文山会海严重；不论大事小事统统都在会上研究，一律都用开会解决，借发扬民主之名，行官僚主义之实。内容空泛、有花无果。会议名不副实，为了开会而开会，只"会"不"议"，流于形式；会前未做充分准备，会议主旨不明确、会议主题不突出，全是原则性意见，没有具体措施，空话套话连篇，既耽误时间又影响工作。会纪松驰、效率不高。纪律要求不严，上边开大会、下边开小会，迟到早退、无故不到甚至"替会"者有之，打瞌睡、玩手机、闭目神游者有之，人在会场但状态不在会场，领会掌握会议精神不全不准不深，会议质量和效果大打折扣。责任不清、督导乏力。会议安排任务多头负责，相互推诿扯皮、办事拖拉，推进落实"原地打转"；督促检查、跟踪问效只说不做或做而不实，过多停留在看材料听汇报上，深入实际真查细究力度不够，追责问责偏松偏软，造成了开会不落实、不落实再开会的不良循环。

会风会纪不严、会议多而不实，是形式主义、官僚主义在实际工作中一个具体体现，严重影响了各项事业的健康发展，也损害了组织形象。在西柏坡纪念馆有一块展板，全文展示了中共中央发出的《关于召开七届二中全会的通知》，非常具体、非常明确。这是真正的一切从实际出发，一切从需要出发。解放战争时期，党中央在西柏坡小山村的指挥所里，一不发人、二不发枪、三不发粮，只是在一次次深入研究商议后发出一封封电报，就指挥千军万马决胜于千里之外，相继取得辽沈、淮海、平津三大战役的伟大胜利。毛泽东同志也说过，小型会议最好商量问题，我对小型会议很有兴趣，时间不长，就地召开，这种形式最好。会议的效率效果如何，不在于采取什么形式、有多大规模、开多长时间，关键是它适宜不适宜、管用不管用。开会的目的就是研究问题、解决难题、推动工作。

油田生产区域东西南北纵横千里，如何快速准确地做到上情下达、下情上传，开会是重要的途径和方式。公司需要召开党代会、职代会、年度工作会等重大会议共聚一堂、共商大计、共谋发展，但更多工作是体现在平常、抓在日常，尤其当生产工作中出现新情况新问题，必须做到了解掌握得快、分析研判得准、处理解决得实。如果仍一味地按照老习惯老作法，碰到什么事就开什么会，难免陷入"车马劳顿""文山会海"，难免把时间浪费在路上、安全隐患留在路上。

正是基于此认识，公司党委坚持问题导向、目标导向、结果导向，对召开不同的会议，规定不同的形式、程序和方法，解决惯性思维，把开短会套开会作为常态，变大会为小会、变结果为过程，整合会议类别、形式和内容，创新实施周例会制度，在机关与基层间架起了"直通车"，实现了会议的集约高效，有力推动各项工作的顺利开展。

公司周生产例会制度，即每周一上午以视频形式，召开一周工作例会，主会场设在油田公司，各二级单位设分会场，合理确定参会人员范围，公司和二级单位领导班子成员、公司机关部门负责人根据实际情况参加会议，不搞"一刀切"，坚决杜绝"陪会"等情况。会议内容由"1+N"构成，"1"，突出生产运行和安全环保主题，由生产运行部、质量健康安全环保部、质量安全环保监督中心以 PPT 形式，向全公司通报上周生产整体运行情况，安排下周重点工作，公司党政领导结合分管工作实际提出意见建议和要求；"N"，就是充分利用周例会这个平台，本着务实高效的原则和实际工作需要，随时安排有关传达学习、交流互动、经验分享、问题查摆等方面内容。从"六个维度"体现出公司周例会既是一个工作汇报会，也是党委中心组扩大学习会，也是每周的公司办公会，部署生产、经营、安全、党建等各项工作；周例会也是个别时段推进的民主生活会的一个扩大会，相关部门单位和领导同志谈思想、谈问题、谈体会，变规定性、结果性的民主生活会，为时时性、过程性的民主生活会；周例会也是集中培训会，及时学习传达阶段重点工作部署，也是压实责任减轻基层负担的推进会。

全新的周例会模式，无论是工作通报、情况汇报还是意见建议都直奔主题、开门见山、聚焦中心，没有明确观点的话不讲、没有时间节点的要求不提、没有具体责任主体的事不说，做到了会议必有目的、目的必有准备、准备必有议程、议程必有事项、事项必有督办、督办必有结果。周例会内容很实、形式很活、信息量很大，体现了研判工作的超前性、部署工作的精准性、解决问题的及时性和总结工作的阶段性等"四个特性"。研判工作的超前性。企业能否发展上先一步、快一拍，很大程度取决于是否善于超前谋划。周例会把超前研判工作作为首要任务，第一时间传达学习上级重要会议和部署要求，研判态势、找准定位，对重点勘探开发、工程项目、安全环保等"头等大事"，强化"跑在前面"的超前意识，不等不靠、主动谋划、快马加鞭、超前决策，牢牢把握工作的主动权。部署工作的精准性。推动工作贵在精准、重在精准，成败之举在于精准。比如对主营业务发展中存在的问题尤其是根本性难题，精准把脉会诊、精准开方施策，先后在机构编制、干部配备、队伍建设和激励机制等方面，制定实施了一揽子精准性政策支持。还比如QHSE工作，从解决思想认识问题、业务能力问题到解决管理问题、系统问题，从推进能力评估、落实安全行动、开展安全巡察、实施安全监督到推动风险研判、风险排查、风险切割、风险管控,全方位周密精准部署,全方位层层压实责任。解决问题的及时性。公司党委对待问题不捂不盖、不遮不掩,敢于刀刃向内,充分利用周例会平台,集中摆晒、公开曝光。比如对安全专项巡察、重点工程建设滞后等问题及时在周例会上通报,责任单位部门会上作检查,开展自我批评,深挖问题根源。周例会还把解决工作问题与解决思想问题相结合,针对思想观念陈旧、作风不严不实等问题,既安排问题单位部门发言,又安排先进典型发言,一正一反、对标对表。总结工作的阶段性。周例会把准了总结工作要勤、要及时这个关键,每当一项工作进行到一定阶段,及时对前期所做工作认真分析研究,肯定成绩,找出问题,归纳出经验教训,使思路更清晰、措施更精准,

推动下一步工作更有力。比如针对QHSE存在屡查屡有和整改"狗熊掰棒子"现象，全面开展举一反三整改工作，全面实行"重复问题清零"承诺考核制度，坚决做好问题清零后半篇文章。

周例会已经成为推进公司生产经营管理各环节、贯通公司决策执行落实各层级的重要平台。2021年以来，公司党委围绕"十四五"战略目标、年度重点任务，围绕牢固树立新发展理念、积极构建新发展格局、努力实现新发展目标，围绕打造"六个华北油田"、2025年经营规模达到千万吨，通过周例会这个平台，部署实施了一系列重大方略、重大政策、重大举措，为"十四五"开新局提供了坚强的思想引领、行动指南和制度保障；通过周例会这个平台，强化任务推进、措施落地、责任压实，注重案例反思、问题查摆、经验分享，抓要点要害、出实招硬招，各项业务实现全面发力，队伍面貌实现全面重塑，整体水平实现全面提升；通过周例会这个平台，整合了管理资源，拓宽了信息渠道，消除了环节隔板，一步到位、直达基层，使基层单位能及时了解公司生产经营信息，及时把握公司重点工作，及时学习先进经验方法，及时明晰形势任务，及时部署落实推进。

纵观公司周例会，无论是外延还是内涵已超越一般意义上的例会。精准地落实好周例会，必须把握好周例会的政策方向、措施导向、价值取向，必须运用好周例会的会议模式、运行方法、功能要求，必须深刻理解周例会的"六个维度"和"四个特性"，努力在"五个精准"上思考和用力，创新性地把公司各项决策部署落到实处。

会议精神要精准把握不跑偏。周例会改变了以往无论是落实上级重要会议精神，还是公司重大专项部署，基本必开会并且开大会的惯例，把大会变小会、把多次开会变成一次性套开，以最快的速度、用最少的时间把会议精神传达清楚、工作部署交待清楚。因其会议的重要性和内容的丰富性，要求我们必须沉下身子、静下心来集中精力参好会，使会议精神入眼入耳、入脑入心。要把普遍性要求与具体实际相统一、全面推进与重点突破相统一，做到第一时间学习、第一时间掌握、第一时间贯彻、第一时间靠实，理深吃透、掌握精髓，在落实中创特色、有突破。

会议信息精准接收不走样。周例会作为公司重要的综合型会议，它所传递发布的信息无论是重点决策部署、领导指示要求，还是生产经营动态，最具权威性、引领性和现实指导性。要充分利用好这个平台，及时、全面、准确地了解和掌握内外部信息，通过系统梳理、科学分析，深刻洞悉公司的大事要事，精准把握实现目标任务的思路举措，善于从政治和大局的高度精准研判，超前谋划早部署、精心安排早行动，做到"节奏快、质量高、落地实"，使各项工作都与公司要求高度契合、步调高度一致。

会议方法精准掌握不打折。周例会既是集中学习的讲堂，也是交流经验的阵地，既有公司领导科学的思想方法、领导方法和工作方法，也有部门单位的好经验好作法，还有干部代表的现身说教。无论是方法、经验，还是启示、体会，都具有强烈的导向功能、约束功能、凝聚功能和激励功能。要以开放接纳的心态，求新求进的意识，自觉把思想摆进去、把工作摆进去、把学习摆进去，"学"字为先、"悟"字为要、"行"字为本，知其事、究其道、用其法，进一步转变思想观念、创新方式方法，不断提升综合能力水平。

会议落实要精准到位不掉队。开会＋不落实＝零，布置的工作＋不检查＝零，抓住不落实的事＋追究不落实的人＝落实。精准贯彻落实周例会精神，关键是要抓住重点，在推进落实上既不能生搬硬套，也不搞"一般粗""一刀切"，要结合实际分类指导、因地制宜靶向攻坚，在精准施策上出实招、在精准推进上下实功、在精准落地上见实效。要把握"工作内容清楚、质量要求清楚、责任人清楚、时间节点清楚"工作方法，抓住不落实的事，追究不落实的人，发扬"钉钉子"精神，高效率、快节奏、久久为功、善作善成，不达目的不罢休。

会议督办要精准跟进不松懈。根除"重部署轻落实"的问题，科学管用的督办机制是最有效、最有力的手段。公司周例会作出的任务安排有日常性的也有临时性的，有阶段性的也有中长期的，对日常性、临时性工作通过周例会和情况通报等推进落实，消项管理，闭环运行；对公司重大决策部署、重大工程项目和其他重大任务安排纳入"大督办"体系，按照时间表、路线图和任务书，定期检查通报。对于工作推进有特色、有亮点、有成效的单位，推广经验做法，加大激励力度；对于贯彻落实不重视、搞变通、打折扣的点名通报曝光，严考核硬兑现，推动公司决策部署直达基层、落地落实。

实践证明，周例会已成为推动公司治理体系和治理能力现代化、保障企业各项工作高效运转的"重要法宝"，成为"新会战"模式下整合资源、统一思想、激励士气，朝着同一个方向目标共同奋斗的"有力武器"，战略性和开创性意义重大。周例会对企业管理理念和行为规范的突破性构建，也成为公司企业文化的重要组成部分。要把落实周例会作为贯穿全局一个主线，精准理解、精准把握、精准落实，以责任的大压实、工作的大重实、作风的大务实，推动各项事业不断取得新进步。

2021年8月

让批评与自我批评成为常态

建党百年一路走来,批评与自我批评,成为我们党最深厚的优良传统、最具活力的"生命要素"。毋庸讳言,批评与自我批评这个有力武器,现在有一些单位和党员干部却放下不用,或者用了也是走形式,"利器"变成了"钝器",甚至"锈迹斑斑"。

习近平总书记多次强调,批评与自我批评是我们党最鲜明的品格、最大的优势,是我们党强身治病、保持肌体健康的有力武器,是中国共产党人流血牺牲凝聚而成的精神财富,务必用够用好,使之成为党内生活的常态、每个党员干部的必修课。

面对"两个大局",发扬斗争精神,增强斗争本领,提升斗争能力,在危机中育先机、于变局中开新局,必须深刻理解开展批评与自我批评的重大意义,深刻认识批评与自我批评对一个人来说是自我修养的过程,对一个团队来说是自我修复的过程,对一个政党来说是自我修正的过程,让批评与自我批评成为常态,大胆使用、经常使用,变规定性、结果性的民主生活会,为时时性、过程性的民主生活会,越用越灵、越用越有效果。

开展批评与自我批评，对一个人来说是自我修养的过程

开展批评与自我批评，是一个问题的两个方面，而自我批评处于主导地位，没有自我批评这个"内核"，一切所谓的批评不过是幌子。因此，我们要更主动、更自觉地开展自我批评，在不断自我解剖、自我反省、弥补短处、纠正过失中自身得到修养，持续改造自我、提高自我、完善自我。

《论语·子张》中讲道："君子之过也，如日月之食焉；过也，人皆见之；更也，人皆仰之。"这句话是说，君子有了过错，如同日食月食，人们都能看得见，但改正了错误，人们仍都仰望他。司马迁《史记·商君列传》写道："反听之谓聪，内视之谓明。"意思是只有善于听取不同意见，才能变得聪睿；只有善于反省自己，才能变得明智。"人非圣贤，孰能无过"。众所周知，孔子为了保持自己的名节提出"吾日三省吾身"；曾国藩为了做到"立德、立功、立言三不朽"，为自己制定了"修身十二款"。古人尚且如此，今人又何当不为。

运用自我批评这个武器说起来容易，做起来难，做实做到位更难。自我批评犹如拿刀割自己的"肉"，难免会"疼"，越往深处挖越"疼"。正是因为"疼"，有的人在自我批评中不愿揭短亮丑、不愿深查细摆、不愿接受批评。"三个不愿"正是自我批评的"命脉"，唯有打通中脉方可明心见性，见到实实在在的疗效。党员干部要有"心底无私天地宽"的觉悟，敢于自我反省。自我批评实质就是自我反省。现实中有些同志讳疾忌医，从来不愿批评自己，明知不对却固执己见。只有无私，方能无畏，才能正视自己存在的问题，放下私心杂念，不怕丑，不怕痛，不怕丢面子，不怕失掉威信，敢于自我曝光，自觉发现和改正缺点错误，在持续加强自我修养的同时，也赢得组织和同志们的赞许肯定。反之，不愿意甚至不敢反省反思、自我解剖，过于"爱惜羽毛"，怕损失"蜗角虚名"，必致"小疾"成"大病"，"小错"积"大恶"，只能是与"有错能改，善莫大焉"背道而驰，离自我净化、自我完善越来越远，既耽误了自己也影响了工作。党员干部要有"检身若不及"的自觉，主动查摆问题。习近平总书记指出，主动查找、改正自身缺点不足，要有"检身若不及"的自觉。我们要时刻对照修身、用权、律己严不严和谋事、创业、做人实不实为"检身"标准，把个人理想信念、思想觉悟、工作作风和道德修养等摆进去，严于责己，揽镜自照，扪心叩问，细照深查，给自己画画像。问题出在自己身上，克服问题、正视差距、改正错误，最终还得靠自己。对查摆出的问题多从主观上深入分析，从思想深处查找原因，明确方向、拿出措施，真心实意地抓整改，从而使自己不断成长进步。党员干部要有"海纳百川"的胸怀，虚心接受批评。接受别人批评也是一种变相的自我批评。常言道："爱之深、责之切"，别人当面批评你，说明他看重你、在乎你，愿意帮助你成长。对待批评，我们要深知"忠言逆耳、良药苦口"的道理，要用感激之心面对他人的批评，不能把别人的批评，当作是对自己的打击，更不能"老虎屁股摸不得"。要始终以"海纳百川"的胸怀、虚怀若谷的态度，只要是有利于提高自己修养，有利于改进工作，有利于大局利益，不论是什么样的意见，都要诚心诚意地听取，"有则改之，无则加勉"，即使批评有偏差，如果真理在自己这边，终究会得到人们的理解和认可，决不能以批评抵制批评。

开展批评与自我批评，对一个团队来说是自我修复的过程

辩证唯物主义认为，事物发展的过程始终充满着矛盾。在团队合作共事中，成员间发生矛盾是经常的，也是必然的，关键要看如何对待这些矛盾。

1940年下半年，彭德怀指挥"百团大战"给侵华日军以沉重打击，极大鼓舞了中国军民抗战斗志。但在延安的一次会上，有些同志对"百团大战"提出不公正的批评。会后，彭德怀找到毛泽东交换意见。毛泽东首先开门见山地说："咱们定下个君子协定：第一，把话讲透。第二，可以骂娘。第三，各自检讨，不准记仇，不得影响工作。"毛泽东真诚地对彭德怀说："我先给你作检讨。造成这样子的后果，责任全在我，事先没得向你通气，事后又没得向你作解释……'百团大战'是无可非议的。"接着他耐心讲了有些同志不满的原因，指出了自己和彭德怀各自存在的错误之处。听了毛泽东的这番话，彭德怀积在心里的不解及埋怨顿时消失了。他感激地说："同志间的了解、信任胜过最高奖赏。你还是了解我的，倒是我对你有误会，甚至有埋怨情绪，还要请你原谅……"

历史实践告诉我们，经常地、自觉地拿起批评与自我批评的武器，这是衡量一个团队是否坚强有力的重要尺度，也是不断提高解决自身问题、化解矛盾积怨、团队自我修复的过程。客观反省，现在有一些团队因组织生活庸俗化、同志关系功利化，批评与自我批评"变味"了，甚至"变质"了。有的因态度不端正，自我批评不认真、互相批评不较真，"你好我好大家都好"；有的因信奉明哲保身，不讲党性原则，只讲"一团和气"，多栽花，少栽刺；有的因思想意识不纯，会上

不说、会下乱说，当面一套、背后一套；有的因自恃高人一等，以等级观念看待同志关系，个人至上，听不得不同意见等等，在团队中任其发展下去，只能是勾心斗角、内耗严重、正气不彰、邪气肆虐等不良倾向滋生蔓延。

毛泽东《党委会的工作方法》十二条精髓之一，就是"要把问题摆到桌面上来，不要在背后议论"。习近平总书记也指出，作为共产党人，有话要放到桌面上来讲。"把问题摆到桌面上来"，就是要求我们本着对团队高度负责的态度，面对面严肃认真地开展批评与自我批评，人人讲真话、实话、心里话，相互支持不争利、相互补台不拆台、相互体谅不推诿，心齐、气顺、风正、劲足建设坚强团队。要用公心公正凝聚团队力量。批评和自我批评，是相互揭伤疤、戳痛处，没有勇气是办不到的，没有公心公正更办不到。要始终坚持事业至上、团队至上，坚持党性不讲私情、讲原则不讲关系、讲真理不讲面子，保持一心为公的情怀，对自己的缺点"打开窗户说亮话""敞开心扉给人看"，对他人的错误"事无不可对人言""良药苦口利于病"，该反省的反省，该批评的批评，该得罪人时敢于得罪人。"人心齐，泰山移"。人人磊落情怀，坦诚相待，这样的团队才能有力量、有威信。要用实事求是统一团队思想。实事求是最有说服力。批评别人也好，自我批评也好，只有实事求是，摆得其时、言当其时、言当其是，才能让人得要领、受教益，心悦诚服。坚持用事实说话，具体问题具体分析，有一说一、有二说二，是什么问题就讲什么问题，不夸大也不缩小，不以偏概全也不钻牛角尖，不纠缠细枝末节也不放过原则问题，不颠倒黑白、混淆是非，更不抓辫子、打棍子。要克服主观因素的影响，摘掉有色眼镜，摒弃成见偏见，防止从个人恩怨、利害得失、远近亲疏出发看人待事，确保批评符合客观实际。要用真心诚意增强团队和谐。团队开展批评与自我批评是严肃认真的，又是诚恳为善的。精诚所至，金石为开。只要以诚待人，诚心诚意地沟通思想，推心置腹地交换意见，既要有红红脸、出出汗的紧张与严肃，还要有加加油、鼓鼓劲的宽松与和谐，才能达到帮助和教育他人的目的。要把握好方法和力度，把公开批评与个别提醒结合起来、摆事实与讲道理结合起来，既严格要求又不求全责备，既指出问题又深度剖析原因，既提出改正建议又不上纲上线，真正达到帮助同志、增进团结、促进工作的效果。

开展批评与自我批评,对一个政党来说是自我修正的过程

毛泽东同志说:有无认真的批评和自我批评,是我们党和其他政党互相区别的显著标志之一。中国共产党之所以伟大,并不是从来不犯错误,关键是过而能改,在一次次的批评和自我批评中坚持真理,及时发现错误、勇于修正错误,确保我们党始终沿着正确方向不断前进。

回顾我们党的历史,从诞生之日起,就是在批评和自我批评中不断发展壮大的。在古田会议上,通过开展党内激烈的批评和自我批评,我们党解决了如何建设新型人民军队这个根本性问题;在遵义会议上,我们党坚持实事求是、敢于动真碰硬,通过开展面对面尖锐的批评和自我批评,彻底纠正了"左倾"错误路线,确立了毛泽东同志在党中央和红军的领导地位,在最危急关头挽救了党、挽救了红军、挽救了中国革命;在延安整风运动中,我们党运用批评和自我批评武器,有效整治主观主义、宗派主义、党八股等不良作风,使全党在思想上高度一致、组织上空前团结。中华人民共和国成立后,我们党领导人民成功地进行了社会主义革命和建设,也犯了三年"大跃进"等错误,造成严重经济困难。在1962年"七千人大会"上,我们党总结了"大跃进"以来的教训,对统一全党认识,纠正经济工作"左倾"错误起到了积极作用。党的十一届三中全会,我们党果断拨乱反正,重新确立解放思想、实事求是的思想路线,开启了党的事业发展的新征程。党的百年实践充分表明,什么时候批评和自我批评作风弘扬得好,党内就风清气正,党的创造力凝聚力战斗力就强,党的事业就蓬勃发展。反之,什么时候丢掉或者歪曲了批评和自我批评,缺点错误就难以得

到纠正，党的事业就会受损失、就会走弯路。

治国必先治党，治党务必从严。贯彻落实好党要管党、从严治党要求，很重要的一条就是把批评和自我批评的优良作风弘扬起来，贯穿于党的建设全过程、各方面。习近平总书记多次强调，批评与自我批评的根本在一个"规"字，务必扎好制度的笼子。这就明确告诉我们，批评与自我批评必须制度化，只有抓住了这个关键，才不会流于形式、成为空谈。要用制度强组织，严格执行党内生活制度规定。开展批评与自我批评既需要思想觉悟，更需要制度保障。在严肃党内生活包括开展批评和自我批评方面，我们党建立了民主生活会、民主评议、党性分析、谈心谈话和党务公开、党内情况通报等制度规定，要不折不扣地执行落实好，不断提高批评和自我批评的规范化、制度化水平。领导班子民主生活会是内部的"关门整风"，是开展批评与自我批评的重要载体，要坚持不留情面、不带"私货"、不走过场，切实开出解决矛盾、统一思想、治病救人的正方良药。要用思想强组织，扎实开展党内集中学习教育。改革开放以来，我们党先后组织开展了"三讲"、先进性教育、"三严三实"和"两学一做"等一系列集中性学习教育，每次都把开展批评与自我批评作为重要方法贯穿始终，党的自我完善、自我革新、自我提高能力不断增强。2021年全党上下深入开展党史学习教育，华北油田与开展"转观念、抓问题、强作风"解放思想大讨论活动结合起来，与持续深化"模范机关"创建结合起来，聚焦学党史悟思想、为群众办实事、服务中心开新局等方面，勇于向自己和他人"开炮"，深入查摆问题不足，从严从实抓好整改，坚定信仰信念，传承红色基因，牢记初心使命。要用作风强组织，不断建立健全党内"常批"机制。常批，就是即有即批、即知即批、随时扯肘、随时咬耳。批评与自我批评的优良作风既不是与生俱来，也不是一劳永逸，需要勇气和智慧建立"常批"机制。公司党委创新实施的周例会制度，既是一个工作汇报会，也是一个扩大的民主生活会，对存在的苗头性、倾向性问题不捂不盖、不遮不掩，随时通过周例会平台集中摆晒曝光、开展自我批评，变规定性、结果性的民主生活会，为时时性、过程性的民主生活会，既解决思想认识问题，又解决实际工作问题。我们要不断巩固和深化周例会这个"常批"机制，以其制度化、常态化和全天候、全方位，成为保持党的先进性和纯洁性的"源头活水"、推动公司高质量发展的强大动力。

"流水不腐，户枢不蠹。"在新形势下，我们要深刻领会、熟练掌握批评与自我批评，把用好这个"锐利武器"作为一种常态、一种良好养成，在常批常受益、敢批敢担当、真批真管用中守得住原则、稳得住心神、经得起考验，为全面建设现代化能源企业凝聚强大正能量。

2021 年 9 月

以思想大解放推动油田大发展

解放思想是我们党不断从胜利走向胜利的重要保证，是研究新情况、解决新问题、完成新任务的思想武器。习近平总书记就解放思想提出一系列重要论述：实践发展永无止境，解放思想永无止境；冲破思想观念的障碍、突破利益固化的藩篱，解放思想是首要的；思想不解放，就很难看清各种利益固化的症结所在，很难找准突破的方向和着力点，很难拿出创造性的改革举措。

解放思想的内涵就是打破固有习惯和主观偏见的束缚，用发展变化的观点创造性地改造客观世界。思想的禁锢，要靠思想的武器来打破。实践充分证明，只有思想解放彻底，行动才能坚决；只有思想解放到位，事业才能进位；只有思想解放领先，发展才能率先；谁能做到思想先解放、真解放、快解放，谁就能最先把握发展的主动，最先赢得发展的资源，最先实现发展的突破。

华北油田实现"重上千万"的过程就是思想解放的过程，没有思想大解放，就不会有发展的大突破。把能源的饭碗牢牢端在自己手里，就是要通过全方位的思想大解放，坚决破除陈旧思维定势、坚决破除条条框框限制、坚决破除狭隘视野局限、坚决破除看摊守业思想，把内生动力激发出来，把发展活力释放出来，把巨大潜力挖掘出来，不断开辟油田发展的新境界。

解放思想，重在以新为新，在革故鼎新上来一场自我革命

思想问题，是一个关系到党和国家前途命运的问题。什么时候思想僵化，什么时候就要犯错误；什么地方思想僵化，什么地方就要落后。马克思曾把"思想"比喻为让人觉醒的"闪电"。毛泽东同志也形象地讲：世界都是逐步发展、逐步变动的。要解放思想，使思想活泼起来。脑子一固定，就很危险。

新中国石油工业发展史就是一部解放思想的奋斗史，一部新理论新技术推动油气事业大突破的发展史。建国初提出的陆相生油理论，在20世纪60年代指导发现了大庆油田，把中国贫油论的帽子甩到了太平洋。当时，世界各大油田多出自海相地层，教科书上也没有陆相石油地质理论，而我国大量的沉积盆地却覆盖着巨厚的陆相地层，许多外国地质家以此认为中国是贫油国。中国的石油工作者破除迷信、打破常规，以科学求是的精神自立自强、大胆探索。后来"源控论"、"复式油气聚集"等理论又相继提出，指导发现了辽河、任丘、吉林、大港、长庆等一大批油气田，助推了我国石油工业蓬勃发展。

解放思想、理论创新、实践突破在石油工业的发展历程中相互激荡、彼此成就。每一次理论上的重大突破，每一个实践上的重大发展，都是坚持解放思想的结果；每一次大发展都伴随着思想大解放，每一次思想大解放都促进了大发展。华北油田近半个世纪的发展史，始终离不开思想解放、实践创新的引领。从"三上冀中"、钻探任四井，到"六口井定大局"、实现"四个当年"，再到"六口井定巴彦""煤层气跨越发展"；从发现古潜山、突破构造油藏、构建地层岩性油藏，到探索深潜山和潜山内幕，每一次勘探开发的突破和飞跃都取决于思想的解放和理论的创新。

创新是一个民族进步的灵魂，是一个国家兴旺发达的不竭动力。惟创新者进，惟创新者强，惟创新者胜。要始终保持锐意进取的精气神，敢于挑战，勇于突破。一是强化问题意识，敢于挑战权威。问题是创新的起点、创新的动力源。问题往往天然蕴含着答案，找到了问题、方向路径就有了，发现了问题、就等于成功了一半。科学的发现往往来源于对一系列深刻问题的剖析和破解，源于对固有理论体系的怀疑和挑战，不囿于定见，敢于突破，善于突破，才可能产生颠覆性的理论、自主创新的成果。当前，我们面对的勘探开发对象已经发生了很大变化，剩余资源分布领域和规律都需要重新认识，海相成油、深层富集、陆相页岩油气等地质理论，复杂油气藏高效建产、砂岩油藏和潜山油藏提高采收率、钻井提速提效提控、储层压裂改造、长停井治理等关键技术都亟待攻坚突破。挑战面前要有敢于怀疑、敢于质疑，敢于发现问题、提出问题、解决问题的勇气，要有敢于创造新理论、新方法，大胆设想、细心求证，开辟新的研究领域的能力。石油在地质家的脑海里，石油也在地质家的信念里。要坚持"探索无禁区，创新无止境"，做到"心中有油、脑海藏油、矢志找油"，敢于构梦、积极逐梦、努力圆梦，把握否定之否定辩证规律，瞪大眼睛发现问题，海阔天空跳跃思维，以非凡的勇气推进理论和实践大突破。二是强化革新意识，敢于挑战前人。思维的固化、思想的僵化必然导致能力的弱化和工作的退化。解放思想就是要"让思想冲破牢笼"、直面积弊已久的现实问题，革新革心，求新求变，以头脑的"更新换代"实现技术、管理的"更新换代"。新思维不会凭空而来，都是在与旧思想观念、旧管理模式、旧行为习惯激烈交锋中成长的。华北油田开发时间长、管理链条长，设施设备相对陈旧、运行方式传统落后。再好用的刀，长久不磨也要生锈。油田地面建设"三级布站"还停留在20世纪的"俄版"，还是大而全、小而全的管理方式，"坛坛罐罐、零零碎碎"，幅度大、投资大、隐患大、维护难度大、效率效益低。落后不可怕，可怕的是抱残守缺。要以改革三年行动计划为契机，以零碳油田建设为目标，以智慧化油田建设为保障，以关停并转减集成化为方向，以"虽千万人吾往矣"的气概彻底摒弃旧方式、旧套路，以革命性思维推动管理方式、生产方式变革，构建专业化、扁平化、高效化新型作业区管理运行模式，让老油田重新焕发青春。三是强化斗争意识，敢于挑战自己。破除根深蒂固的惯性、惰性，需要刀刃向内、自我革命，因循守旧没有出路，畏缩不前坐失良机。"责重山岳，能者方可当之"。面对产业战略转型、绿色低碳转型的新形势新任务，打破格式化、套路化的保守思维和习惯思维，比以往任何时候都更加迫切。从常规油气到煤层气、页岩油、页岩气、新能源，从深井到超深井，从潜山到砂岩，从三次采油到四次采油，从高阶到低阶，从冀中到巴彦，"常制不可待变化、一途不可应万方"，能不能精准画像、精准施策，能不能打破常规、科学求变，决定我们事业的成败。在"不日新者必日退"的瞬息万变之中，如果不能识新、用新、创新，一切都会停滞不前。"我们的事业是什么、我们是事业将会是什么、我们的事业应该是什么"，这是德鲁克的经典三问，也是我们创新思维的现实问题。各级干部一定要事不避难、时不我待，多一些"火药味"、少一些"假和谐"，多想想为什么、是什么、怎么做。以自我革命、顾全大局的胸怀，合理谋划、统筹协调的智慧，跳出油田看油田，站在高处看油田，着眼未来看油田，以全新突破开创发展新局面。

解放思想，重在以实为实，在求真务实上来一场自我革命

在我们党百年辉煌历程中，实践上每一次巨大跃迁、理论上每一次重大突破，无不凝结着解放思想的历史经验和实事求是的历史智慧。毛泽东同志讲：共产党员应是实事求是的模范，又是具有远见卓识的模范。只有实事求是，才能完成确定的任务；只有远见卓识，才能不失前进的方向。

西柏坡纪念馆有一块《关于召开七届二中全会的通知》展板，内容很详实、很具体，其中对于参会人员有这样的安排：西北野战军因作战在即，彭德怀同志是否能到会请加考虑。向前同志病体如不便东行，可不来参加。郑位三、陈少敏两同志现在养病中，请东北局、华东局分别通知他们考虑是否能来，如不便远行亦可不来。李井泉、陈丕显两同志不是中央委员，因为他们各担任一个方面的工作，应邀他们参加此次会议等。这就是一切从实际出发、一切从需要出发，以实为实的体现。

周恩来总理一生倡导"说真话，鼓真劲，做实事，收实效"，对工作极端负责，听汇报反对用"大概""差不多""可能"这种含糊不清的词，要求用准确的数字说明问题，抓落实强调"不要如浮云一样，过了就忘了"。在南泥湾生产运动中，王震以身作则，担负和战士一样的生产任务，他还特意为自己打了一把大号的镢头，检查生产时随身扛着，走到哪里就在哪里参加劳动。为了解决全旅的穿衣问题，王震从自己做起，取消勤务员，把他们集中起来办起了一个纺织厂。就这样把荒无人烟的南泥湾，改造成了"陕北的好江南"。

党的十八大以来，以习近平同志为核心的党中央始终坚持解放思想、实事求是的思想路线，解决了许多长期想解决而没有解决的难题。为了如期打赢脱贫攻坚战，习近平总书记跋山涉水，进村入户，从天寒地冻的西北大地，到人迹罕至的塞外边疆；从大山深处，到棚户陋室，走访全国14个集中连片特困地区，提出了精准扶贫、精准脱贫基本方略，解决了"扶持谁"、"谁来扶"、"怎么扶"和"如何退"等关键问题。经过全党全国各族人民共同努力，832个贫困县全部摘帽，12.8万个贫困村全部出列，区域性整体贫困得到解决，创造了人类减贫史上的奇迹。

习近平总书记指出："我们过去取得的一切成就都是靠实事求是。今天，我们要把中国特色社会主义事业继续推向前进，还是要靠实事求是"。❶社会主义是干出来的，石油事业是拼出来的，要"干"字在先、"实"字为本，笃实干、去浮华，以实为实、知行合一。一是谋"实"，善于抓重点抓难题。艰苦创业、真抓实干是石油工业最鲜明的底色。难题就是重点，重点也是突破点，关键要看我们干的决心有多大、下的功夫有多深。辽沈战役期间，面对影响全局的"塔山阻击战"，东北野战军指战员给前线的电文是："我只要塔山，不要伤亡数字！"塔山英雄团最后战至只剩21人，确保了锦州战役乃至东北战局的大决战胜利，甚至为全国的胜利奠定了基础。石油工业的发展总是在解决难题中推进的。大庆"新铁人"王启民，凭着"宁肯把心血熬干，也要让油田稳产再高产"的苦干实干，成功突破"表外储层"开发的世界难题，相当于又发现了"十个大庆"。没有解决不了的困

---

❶2016年11月29日，习近平总书记在纪念朱德同志诞辰130周年座谈会上的讲话。

难,也没有轻轻松松就能解决的困难,华北油田发展的每一步也是在攻坚克难中前行的,面对改革之坚、发展之难,要以改革之矛破困难之壁的紧迫感,以不转变就会错失机遇的危机感,直面问题、分析问题、解决问题。二是干"实",善于出实招出实策。在艰苦卓越的战争环境里,我军指战员往往能够想出破敌致胜的实招实策,这是在血与火的历练中得来的。东北野战军因地制宜,应用了"三三制""一点两面""四快一慢"等一系列创造性战术;炮兵司令员朱瑞让"大炮上刺刀",用曲射炮平射攻敌碉堡,取得了战役最终胜利。1948年,关于是否渡江消灭蒋系、桂系军阀,粟裕提出了暂缓过江的不同论点,向中央斗胆直陈。这是来自对战况的客观分析和作战经验的深入总结,更来自对党的绝对忠诚和求真务实。华北油田正处在一个船到中流浪更急、人到半山路更陡的时候,解决难啃的硬骨头,没有什么"点石成金"之术,必须在"求真"上下功夫,在"务实"上做文章,要做到出实招、办实事、求实效。三是落"实",善于强效能强执行。能否做到狠抓落实,是否善于狠抓落实,是衡量干部作风能力的重要标志。抓而不紧,等于不抓;抓而不实,等于白抓。千招万招,不落实就是虚招;千条万条,不落实就是白条。要以"功成不必在我"的精神境界和"功成必定有我"的历史担当,一张蓝图绘到底,一任接着一任干,一锤一锤接着敲,咬定青山不放松,不达目的不罢休。在遵义会议中,中央决策之果断、精准超乎想象,电报指令平均不到十秒钟间隔。要树立强烈的抢点意识、站位意识,"今天再晚也是早,明天再早也是晚",凡事早谋划、早部署、早行动,马上行动、马上就办。这能力那能力,不落实就等于没能力。在选人用人上要体现讲实干、重实干的鲜明导向,把敢不敢扛事、能不能干事作为重要标准,让实干者实惠、有为者有位。

解放思想，重在以干为干，在担当实干上来一场自我革命

当今世界正在经历百年变局和世纪疫情，越是环境复杂越要坚定信心，越是处境艰难越要奋力实干。习近平总书记回顾当年在福建工作期间推动林权制度改革时，以切身经历讲明了"越怕事越容易出事，越想绕道走矛盾就越堵道"的深刻道理，并对广大党员干部提出明确要求：凡是有利于党和人民的事，我们就要事不避难、义不逃责，大胆地干、坚决地干。习近平总书记还多次强调，既大胆探索又脚踏实地，敢闯敢干，大胆实践；必须不驰于空想、不骛于虚声，一步一个脚印，踏踏实实干好工作。

没有思想上的破冰，就没有行动上的突破。当前，在公司干部队伍中，政治站位不高，不善于从全局角度考虑本单位本部门生产经营活动的有之；破解难题的意识不强，工作畏手畏脚的有之；不善担当、不会担当、不敢担当，只要不出事、宁可不干事，瞻前顾后，怕担责、怕出事的有之；形式主义、官僚主义，摆花架子、做表面文章，不解民意、不接地气的有之；工作效率低下、议而不决、决而不行的有之；重业务、轻外协，不善于协调资源、拓展资源的有之；习惯于回避问题，讲成绩长篇大论，讲问题蜻蜓点水，欠缺解决问题能力的有之。这"七个有之"根子还是观念落伍、思维封闭和路径依赖，必须从思想层面破题，以思想的大解放激发大担当大作为。

新的发展征程上，油田还有很多要攻克的难关隘口，没有担当实干的闯劲、拼劲，就不可能完成急难险重的艰巨任务。有作为就要有担当，不作为就是不担当，有多大担当才能干多大事业，尽多大责任才会有多大成就。要脚踏实地、真抓实干，勇于直面矛盾，善于解决问题，大胆地干、坚决地干。一是想干事，让"要我干"变成"我要干"。1960年3月，王进喜率领1205钻井队从玉门日夜兼程赶奔大庆。到萨尔图以后，王进喜一不问吃，二不问住，而是首先问："钻机到了没有？井位在哪里？这里的钻井最高纪录是多少？"正是这种"只能上，不能等；只准干，不准拖"的主动担当精神，奏响了石油会战的凯歌。各级干部要发扬"三老四严""四个一样""白天一片空、晚上一片亮"等优良作风，以对党忠诚、为党分忧、为党尽职的政治担当，以守土有责、守土负责、守土尽责的责任担当，主动想事干、主动谋事干，不等不靠、身体力行、冲锋在前。二是敢干事，让"铁肩膀"挑起"硬担子"。志不求易者成，事不避难者进。习近平总书记多次诫勉：刀要在石上磨、人要在事上练，不经风雨、不见世面是难以成大事的。敢干事，体现的是面对难题时的态度和表现，只有不避风险、敢拼敢打，才能在复杂严峻的挑战面前保持定力，练就担难、担重、担险的铁肩膀。没有喊出来的辉煌，只有干出来的精彩。各级干部要发扬斗争精神，"明知山有虎、偏向虎山行"，不信邪、不怕事、不避难，敢啃硬骨头、涉险滩，在攻坚克难中展现担当作为。三是会干事，让"不可能"变为"可能"。毛泽东同志曾把会干事比作过河的"桥"或"船"，指出：我们的任务是过河，但是没有桥或没有船就不能过。不解决桥或船的问题，过河就是一句空话。党员干部要干出一番事业，就要会造船、会搭桥，面对困难挑战切实解决"老办法不管用、新办法不会用、硬办法不敢用、软办法不顶用"的问题，在思想上要来一次大解放。正如在战争中学习战争一样，如何利用有效的弹药在有效的射程内有效地杀伤敌人，战略上必须坚定不移、战术上一定机动灵活。四是干成事，让"好蓝图"成为"真现实"。干成事，是标尺、是检验。宋代苏轼在《思治论》中说："犯其至难而图其至远。"我们面对的很多都是大事、要事、急事、难事，既有要干成事的远大目标，又要事不避难、敢于攻坚，决不能回避、绕着道走，更不能胆怯惧怕。要以抓铁有痕、踏石留印的劲头，一张蓝图绘到底，找准工作着力点和创新突破口，以极端负责的工作态度和锲而不舍的执着精神，解决深层次矛盾和突出问题，定下的事就要坚决干，干就要干成、干就要干好。五是不出事，让"害怕惹事"变为"干净做事"。干事是本分，干净是底线。既干净又干事的干部，才是称职的干部。解放思想需要科学精神。因循守旧，不思进取，不是解放思想；头脑发热，空想蛮干，不是解放思想；"打擦边球""闯红灯"，也不是解放思想。

以"干事"为"不干净"开脱，以"干净"为"不干事"遮羞，把清正廉洁当口号，为懒政怠政找借口，根子还是缺乏担当精神、干事本领。面对错综复杂的内外部形势，必须强化底线思维、风险意识，一定要正确地做事和做正确的事，敢于突破常规而不犯规，确保守住底线、不越红线、远离高压线。把科学决策、民主决策、依法决策贯穿始终，坚决破除求稳怕乱、机械执行、单纯求廉怕腐等慢作为不作为假作为现象，始终保持"赶考"的清醒和奋进的姿态。

新开局蕴含新生机，新思路谋求新发展。面对新发展征程上一系列新情况新问题新挑战，要准确把握大局大势，主动担当使命任务，以刀刃向内的自我革命破除思想积弊，以改革创新的冲天干劲破解矛盾难题，奋发有为、只争朝夕、大干快干，以新一轮更为彻底的思想解放，闯出一片跨越发展的新天地。

2022 年 2 月

▶ 提质增效升级赋能高质量发展

发展是党执政兴国的第一要务。习近平总书记多次强调,贯彻新发展理念是新时代我国发展壮大的必由之路,是关系我国发展全局的一场深刻变革,必须完整、准确、全面贯彻新发展理念,推动经济发展质量变革、效率变革、动力变革;要加快建设一批产品卓越、品牌卓著、创新领先、治理现代的世界一流企业,切实提高发展质量,不断增强活力、影响力和抗风险能力。

当前,我国经济发展面临需求收缩、供给冲击、预期转弱三重压力。百年变局加速演进,外部环境更趋复杂严峻。油气行业转型、绿色低碳发展大潮涌动,以云计算、物联网、大数据、人工智能为代表的数字技术催生新业态不断涌现,油气业务归核化、差异化布局绿色低碳业务、全方位集约发展提质增效,成为各大石油公司的战略选择。

华北油田作为勘探开发建设近半个世纪的能源企业,在我国经济社会发展的澎湃进程中,高举改革大旗、端牢能源饭碗,全面贯彻落实中央和集团公司党组、河北省委部署要求,全面打造提质增效升级版,在"十四五"开局之年取得了"十个第一次"的突破性成就,解决了许多长期想解决而没有解决的难题,办成了许多过去想办而没有办成的大事,油田开创了崭新局面。

提质增效是推进企业战略转型升级的必然要求,也是有效应对各种风险挑战的重要举措。全面提升质量、增加效益、提高效率、改善效能、管控风险、创造价值,全面解决单位完全成本高、净资产收益率低、投资回报率低、全员劳动生产率低、低效无效资产占比高等问题,全面增强市场竞争力、抵抗风险力、持续发展力,是必须站在油田发展全局深入思考和研究的重大课题任务。可以说,打造提质增效升级版是时代所需、更是现实所迫,事关油田广大员工群众切身利益,事关公司各项事业健康发展,事关公司核心利益和战略全局,事关油田未来的前途命运。

提质增效不仅是一个实践问题,更是一个认识问题、思想问题。在长期思维惯性和固有模式影响下,落实提质增效首先要解决好认识问题,以此为先导,推动理念、方法、体制、机制等一系列变革。当前,认识问题突出表现有:"因循守旧",习惯于老经验老办法老套路,对企业发展思考不深刻、理解不到位,缺乏创新突破的精神;"等靠兜底",张口要政策、伸手要条件,当旁观者、过路客,缺乏敢于担当的勇气;"简单粗放",胡子眉毛一把抓,头痛医头、脚痛医脚,铺张浪费,缺乏精细精益作风;"忽视规则",问题屡禁不止,甚至前改后犯,缺乏法纪红线意识;"消极被动",认为"毛巾已经拧干""潜力已经挖尽",滋生厌战情绪,系统效率低下,缺乏开拓精进的力度。

面对新的历史任务,能否充分释放潜力,推动油田高质量发展,考验的还是队伍的思想力、执行力和战斗力,考验的还是执行落实的深度、广度和力度。持续打造提质增效升级版,要坚持问题导向、目标导向、结果导向,以落实"四精"理念为主线,以深挖"十大潜力"

为重点，以优化"五大业务板块"为支撑，着力提质量、提质能、提效益、提效率。提质量，就是要全面提升经营、治理、产品、服务等质量，优化布局结构，夯实管理基础，转换发展动能，防范化解风险，在行业中走在前列，在市场竞争中赢得主动。提质能，就是强化价值创造导向，大力提升资源价值，全方位挖掘供应链价值，提升创新驱动价值，把油田发展的巨大潜力和强大动能充分释放出来。提效益，就是突出成本领先，从财务绩效、市场供给、管理运行等多维度综合施策，推动公司由生产型向经营型转变，实现主要成本指标硬下降和效益的持续增长。提效率，就是全面提升系统效率和资源效率，优化运行流程，推动数字化转型，构建与高质量发展相适应的政策、制度、标准等体系，打造"华北速度"，建设"效率华北"。

提质增效不是等出来的，是闯出来、拼出来的。打造提质增效升级版、深挖"十大潜力"是攻坚战，也是赢得油田未来的大决战。要聚焦高质量发展要求，加强前瞻性思考、全局性谋划、战略性布局、整体性推进，立足当前抓长远、善谋全局抓重点，从**"六效纬度"**以重点突破带动整体推进，在整体推进中实现重点突破，打造质量新引擎，形成效益新动力，开创发展新局面。

纬度一："源头把控"，从顶层设计上谋效。"十大潜力"是系统工程，牢固树立"方案优化是最大效益"的理念，从一而终贯彻质量效益思维，严把方案审查关，以项目设计的最优实现效益最大化。规划失误是最大的失误、设计浪费是最大的浪费。要运用系统论方法，聚焦"两利四率"指标、"两增一控三提高"目标，对工程和项目的各个层次、要素进行科学统筹评价，从设计层面实现理念一致、功能协调、结构统一、资源共享、标准操作。深挖"十大潜力"，要统筹油田资源现状和空间潜力，统筹产业提质提效和转型升级，抓住事关全局的重大战略进行顶层设计。石油天然气是能源、新能源也是能源，增加"能源总当量"、挖掘新能源潜力是提质增效的"龙头"。要以燎原之势推进新能源"343"工程，把握"快"这个关键中的关键，抢占制高点、效益点，以有力地形打好阵地战、歼灭战，以优质资源"量"的增长支撑经济效益"质"的改善，在快速积聚资源厚度中获得更高效益。

纬度二："苦练内功"，从控投降本上提效。控投资、降成本是提质增效的有力武器，把各项成本降下来、控得住、不反弹，不仅是应对挑战的关键举措，也是实现油田长远可持续发展的基本策略。"十大潜力"都是围着投资转、成本转，都取决于成本关键环节和重点要素管控，必须刀刃向内，清除一切推高成本的病灶，清除一切低效无效的阻碍，清除一切低老繁坏的套路。要大力实施低成本发展专项行动，强化全生命周期成本管控，强化全过程成本管控，强化全员全要素成本管控，牵住折旧折耗和人工成本这个"牛鼻子"，统筹抓好低效无效资产处置，推动用工方式转型，强化薪酬政策驱动，从根本上扭转高成本的问题。"今天的投资就是明天的成本"。要以公司整体价值最大化为目标，严谨投资、精准投资、效益投资，精细预算管理、资产管理、资金管理，确保"十四五"末原油完全成本控制在 45 美元/桶以内。

纬度三："开源节流"，从深度挖潜上增效。"挖"既是力度，也是方法，更是决心和毅力的体现。华北油田的潜力是巨大的，如何挖的出、挖的快、挖的好，锻造企业的成长力、竞争力、发展力，取决于自我革命的魄力和开源节流的力度。节能是"第一能源"，节能降耗也是"第一手段"。要树牢"一切成本皆可降"理念，抓住重点领域节电的"牛鼻子"，通过技术升级、管理提升、系统优化等有效举措，打好组合拳、深耕责任田，坚决完成1亿元节电目标。在油气推价方面，要充分利用国家政策，超前研判市场走势，精准对接客户需求，科学制定工作方案，开辟多种气源，打破气量和价格控制，找准与天然气市场主体的利益平衡点和最大公约数，切实做到"油气同推、量价齐增"。在闲置土地盘活方面，要把闲置土地复垦蕴含的巨大潜力，切实转变成拓展效益空间和发展空间的动能，加大推进力度，降低土地费用。

纬度四："价值创造"，从精细精益上问效。从严管理出效益、精细管理出大效益、精益管理出最大效益。精益管理、止于至善是企业的永恒追求，经营上精打细算、生产上精耕细作、管理上精雕细刻、技术上精益求精是指引企业管理的标尺，要以深挖"十大潜力"为抓手，让"四精"理念成为执行的标准和价值观。要充分认识公司在价值创造力、创新引领力、核心竞争力等方面的差距，在强化创新引领、塑造优质品牌、提高治理效能等方面持续发力，建立管理提升长效机制，深入推进价值创造行动、管理提升行动，不断提高管理效率和效益。牢牢把握"严"的主基调，着力在"精"上下更大功夫，杜绝在投入产出各环节的粗放管理问题，持续加强管理制度、流程、标准建设，精细全过程财务管理，提升全产业链条的价值创造能力。实施多维度绩效考核，精准激励、有效激励，量身定做、因地制宜，一单一法、一单一策。

纬度五："追求卓越"，从提速提标上强效。提质增效，速度、标准是决定性因素，如果思维方式还停留在过去的老套路上，行动决策还是拖泥带水，就会坐失良机，甚至前功尽弃。2022年是华北油田"十四五"发展至关重要的一年，发展质量、发展效能将直接决定今后一个时期的发展走向。面对难得的历史机遇，慢一步、误一时，就会差之千里。要树立强烈的抢点意识、站位意识，落实四个"第一时间"，既要保持敏锐的洞察力和透彻的分析力，又要干净利落及时决策施策，切不可贻误战机；对于已经确定的方针政策、既定目标、各项任务，要严如雷霆，快如迅风。把创新驱动摆在战略全局的核心位置，以超常规思维强化组织创新、管理创新，以革命性举措推进科技创新、技术立企，以系统化方法实施人才强企、培育创新文化。把对标作为管理提升的重要手段，对标行业一流企业开展生产经营分析，找短板、找差距，真正对出压力、对出动力，推动公司创效能力整体跃升。

纬度六："防范风险"，从合规夯基上保效。防范化解重大风险是确保企业高质量发展的基石，要坚持一手抓价值创造、一手抓价值保护，强化红线意识和底线思维，建立健全风险防控长效机制，确保公司各项事业健康运行、高效发展。要把依法合规作为业务开展的前提、检验过程的标准、审视效率的尺度，设红线、架高压线、守底线，健全法律合规风险全链条管理机制，严把准入关口，强化过程监管，优化承包商结构，全面防范经营风险。保持财经纪律约束高压态势，落实好提质增效专项巡察重点任务，推动"大监督"体系高效运行，形成常态长效监督合力。以风险思维监控运营风险，加强重点领域集中整治，加大重大危险源管理，加快"安眼工程"建设，推进健康企业建设，升级生态敏感区管理，努力实现本质安全。

　　提质增效是大战、大考，需要有敢于斗争、敢于胜利的精神，逢山开路、遇水架桥的智慧。要围绕"六效纬度"，落实提质增效"五个一批"，立根固本、立破并举，推动革新革命，培育全新动能。要堵住"出血点"，杜绝各种形式的跑冒滴漏，解决低功无功动力损耗、低效无效"三注"，打击盗油盗电盗气，处置低效无效资产，减少生产运行内耗，杜绝各种形式的铺张浪费。增加"造血点"，提升SEC储量到位率，推进矿权增序，控制递减率，提高采收率，提高油气商品量，提升品牌宣传效应，推动产品技术升级。创造"价值点"，加大油气推价和收缴清欠力度，争取政府财政补贴，推进闲置土地增值，降低天然气损耗，发挥"双十条"激励功能。培育"创新点"，突破三次采油、新能源开发等系列技术，创新"新会战"模式，推进新型作业区建设，推动业务归核化，实施"揭榜挂帅"项目制管理，推进"五大五同"市场化运营。管控"风险点"，有效防控投资不利、资金损失、资产流失、亏损回弹等财务风险，虚假合同、违法经营等合规风险，责任落实、防控措施、隐患整治不到位等QHSE风险，重点领域利益输送等廉洁风险，舆论引导不利、群体上访等稳定风险等。

2022年是党的二十大召开之年，为党的二十大胜利召开创造平稳健康的经济环境、国泰民安的社会环境、风清气正的政治环境，是贯穿公司全年工作一条主线。"政如农工，日夜思之，思其始而成其终，朝夕而行之"。要强化使命担当，以"时时放心不下"的责任感，聚焦"重上千万"战略目标和"六个华北油田"战略任务，求真务实、真抓实干，全力以赴推动提质增效再升级。

其一，解决思想上"低质低效"，切实在认识上提起来。思想是行动的先导。习近平总书记在《摆脱贫困》一书的跋中指出："摆脱贫困，其意义首先在于摆脱意识和思路的'贫困'，只有首先'摆脱'了我们头脑中的'贫困'，才能使我们所主管的区域'摆脱贫困'，才能使我们整个国家和民族'摆脱贫困'，走上繁荣富裕之路。"比"低质低效"更糟糕的是缺乏改变的欲望和突破的信心，不论造成低质低效有何种原因，精神不振是主观上的首要根源。"志之所趋，无远弗届，穷山距海，不能限也"。办小事大困难，办大事小困难，办成事没困难，不办事全是困难。要大胆解放思想、创新思维、坚定目标、迎难而上，谋提质增效的新思路，拓提质增效的新方法，创提质增效的新战绩。

其二，解决站位上的"低质低效"，切实在眼界上宽起来。习近平总书记多次强调，领导干部要提高政治判断力、政治领悟力、政治执行力，心怀"国之大者"，对党忠诚、听党指挥、为党尽责。中国石油是党的中国石油、国家的中国石油、人民的中国石油，一切工作、一切奋斗都要紧紧围绕为党为国为人民。要有大格局，对大是大非、大事要务、大政方针把得牢、守得住，有方向、有定力。推进提质增效需要"大手笔"，实现高质量发展更需要"大场面"。各级干部要提高政治站位，对大局、大势和大事看得清、辨得明，强化"一盘棋"思想，善于打大算盘、算大账、总账、长远账，不能只算单位账、部门账、眼前账，更不能为了局部利益损害全局利益、为了暂时利益损害根本利益和长远利益，全面系统深入推进提质增效工作。

其三，解决措施上的"低质低效"，切实在执行上实起来。提质增效涉及一系列思维方式、工作方式的变革，没有实招硬招一切都是空谈。要围绕体制机制上的"淤滞"问题、技术创新上的"瓶颈"问题、工作推进上的"梗阻"问题、执行落实上的"搁浅"问题，拿出全面出击、逐个歼灭的硬手段，在精准推进中破解难题。要善于抓重点难点、找到切入点，强化问题导向。辽沈战役期间，东北野战军展开了对西进兵团大规模的围歼，国共几十万部队搅在了一起，廖耀湘所属军部更是处于僵局中无法自拔。东北野战军指战员命令："哪里有枪声往哪里打！""我只要廖耀湘！"抓住矛头、把握战机是制胜的关键。没有"尽善尽美"的战略决策，只有近似合理且往往带有风险的"最佳"战略决策。要善于预判风险挑战，下好先手棋、打好主动仗，以前瞻性思考、全局性谋划、战略性布局，打好提质增效这场攻坚硬仗。

其四，解决作风上的"低质低效"，切实在行动上强起来。"七个有之"是顽瘴痼疾。要把提质增效作为检验各级干部政治能力的一个重要标尺，压实各级领导责任，干字当头、实字托底、事不避难、力戒浮华，该做的事，知重负重、攻坚克难，顶着压力也要干；该负的责，挺身而出、冲锋在前，冒着风险也要担。"不给自己留退路，就会有出路"。敢于直面问题、解决问题，对勘探开发的痛点、改革创新的难点、经营管理的堵点、提质增效的卡点，多为"怎么办"想办法、不为"办不成"找理由。千条万条、干是第一条。油田那么多资源视而不见、那么多的潜力无动于衷、那么多的难题置之不理，停在桌面上、文件上、计划上，根源还是缺乏使命担当精神。要打造一批"李云龙式"团队，建设一批"解决问题型"干部，说到做到、做到做成、做成做好，用非常之举、行非常之力、求非常之效、成非常之功。

提质增效路上，有许多硬骨头要啃、许多难关要攻克。路在脚下、事在人为，"石以砥焉、化钝为利"。要始终保持奋发有为、永不懈怠的精神状态，努力到感动自己、拼搏到无能为力，慎终如始、善作善成，让华北油田在新时代发展道路上绽放更加璀璨的光芒。

2022 年 3 月

明理集

▶ 以精益管理推动价值创造最大化

　　国有企业是中国特色社会主义的重要物质基础和政治基础，是我们党执政兴国的重要支柱和依靠力量。习近平总书记强调，要坚持有利于国有资产保值增值、有利于提高国有经济竞争力、有利于放大国有资本功能的方针，推动国有企业深化改革、提高经营管理水平，坚定不移把国有企业做强做优做大。"三个有利于"，是一个生产力的标准体系，为深化国有企业改革、加强企业管理提供了目标指向、实践依据和检验标准。

　　中国石油作为国有重点骨干企业和国内最大的油气生产供应商，在"双碳"目标引发能源结构的重大变化、数字化革命引发经营模式和消费需要的重大变革等大背景下，以价值创造、高质量发展为引领，将精益管理作为新时代建设世界一流综合性国际能源公司的战略举措。戴厚良董事长多次指出，从严管理出效益、精细管理出大效益、精益管理出最大效益；着力补短板、锻长板、固底板，转换发展动能，强化企业管理，不断提升价值创造能力。

　　管理是企业发展的基石，效益是企业生存的根本，推进价值创造最大化、实现可持续发展，是企业的永恒要务。华北油田把精益管理作为推动油田高质量发展的兴企之举、强企之道，在继承中创新、在创新中发展，实现了企业管理又一次跨越提升，开创了油田管理理论和管理实践的新境界。

千举万变，其道一也。管理模式的创新和发展，引领着企业运转体系的进步与提升，决定了企业的发展速度、发展空间、发展高度。华北油田实施精益管理经验有历史传承、现实需求的考量，也是未来发展的需要，对于在新的历史方位下建设新时代华北油田意义重大。精益管理是石油工业管理经验在新时代的新发展。在中国石油工业百年发展进程中，一代代石油人艰苦奋斗、求实探索，积累了宝贵的管理经验。"岗位责任制""扩大企业经营管理自主权""模拟内部市场"和"三老四严""四个一样""三个面向、五到现场"等，凝结石油先辈的优良作风和集体智慧的管理理念和方法，是中国石油的无价之宝。精益管理正是基于深厚的管理沃土，在时代的发展中汲取历史精华、融入时代特性而形成的管理思想。精益管理是华北油田精细管理在新时代的新提升。精细管理是油田低成本发展的重要法宝和靓丽名片。从"两细三统一"到"三全"，再到精益管理体系的构建，华北油田把握新时代石油企业的发展定位，赓续优良传统、强化改革自觉、坚持守正创新，对精细管理从思想上进行全面升华、内涵上进行全面拓展、方法上进行全面创造，逐步形成了符合时代发展要求、引领油田前进方向的精益管理体系。精益管理在华北油田的创新发展，有其历史的先决条件，更是现实的踔厉实践。精益管理是建设现代化能源企业在新时代的新要求。精益管理的"精"体现在质量上，追求尽善尽美、精益求精；"益"体现在效益上，追求以最少的投入创造最大价值。华北油田建设现代化能源企业、实现"重上千万"目标，是体量与质量、效益与效率、价值与创造、空间与时间的有机统一，用精益管理理念引领生产、建设、经营、改革等各环节各要素蓬勃运行，提升综合生产力、市场竞争力、价值创造力，是时代赋予华北油田的实践要求和使命所在。

精益管理是一套现代化的科学管理体系，既是企业管理方法，又是战略管理理念。华北油田结合自身的产业特性、管理现状和发展趋向，创新推动实施精益管理，切实解决管理观念落后、管理模式粗放、管理责任不实、过程管控不严、效益效率低下等瓶颈难题，为企业增势能、强动能、赋新能，打造了一条华北特色的精益管理之路。

精益管理的核心理念是："投入最小、质量最优、效益最大"。精益管理，就是在全系统、全链条、全过程、全要素按照"精益思维"配置资源，消除一切无效劳动和浪费，优化一切繁复环节和内容，挖掘一切可以释放的潜力和动力，以成本更低、速度更快、结构更优，实现投入最小而质量最优、效益更多更大。

精益管理的基本内容是："三高四精五化"。华北油田公司总结提炼形成的以"三高"目标、"四精"要求、"五化"方法为基本内容的精益管理体系，充分体现了管理止于至善的永恒追求、价值创造的根本使命，丰富和发展了油田文化理念实践体系，使之成为新时代强化企业管理的新模式。

"三高"：高质量、高速度、高效益。这既是导向问题，也是量级追求。高质量体现质的要求，高速度体现力的要求，高效益体现量的要求，质是力的前提，力是量的保障，量是质的扩展，三者协调统一。"高质量"，是坚持质量第一、效益优先，转变发展方式，推动转型升级，消除低质短板，推进质量变革、效率变革、动力变革，着力打造更高素质、更具保障、更强实力、更有活力、更加和谐、更可信赖的华北油田。"高速度",是行动效力的高速度,开局就是决战、起步就是冲刺,雷厉风行、分秒必争,把握先机、赢得优势;又是发展动力的高速度,"五大业务板块"加速发力,以高质量带动高速度,最大限度发挥管理效能。"高效益",是以效益为中心,向管理提升要效益、向成本控制要效益、向结构优化要效益,实施低成本发展战略,强化全要素成本控制,挖潜增效、提质增效、全员增效,实现整体效益最大化。

"四精":经营上精打细算、生产上精耕细作、管理上精雕细刻、技术上精益求精。这既是精益管理的理念要求,又是实践方向。始终坚持"严"的主基调,强化问题导向,把践行"四精"理念要求贯穿生产经营全过程、覆盖全员全流程。"经营上精打细算",是坚持效益导向,强化市场意识、竞争意识,精准识变、主动求变、快速应变,研究市场、适应市场、开拓市场,努力占据产业链价值链高端,确保主要经济指标达到同行业一流水平。"生产上精耕细作",是坚持效果导向,针对制约生产的瓶颈问题,优化运行方案、优化生产组织,强化精准勘探、精优评价、精细开发,实现投入产出最大化。"管理上精雕细刻",是坚持管理增效,强化"一切成本皆可降"的理念,建立成本倒逼机制,提高资产质量,提升盈利水平,优化资源配置,堵住"出血点",深挖"创效点"。"技术上精益求精",是坚持创新驱动,把提质增效和战略发展牢固建立在科技进步和创新驱动上,加大关键核心技术攻关力度,突破新能源领域技术制约,加强前沿储备技术攻关,构建开放创新生态,充分发挥科技的支撑和引领作用。

"五化":一体化统筹、系统化管理、集约化经营、价值化创造、精准化考核。这既是精益管理的方法手段,也是实现管理提能提质提效的基本准则,明确了精益管理的实施路径,形成了闭环控制。"一体化统筹",反映全局思维和"一盘棋"思想,围绕"五大业务板块"发展,打破传统管理模式,统筹勘探开发一体化、生产经营一体化、投资成本一体化、地质工程一体化、科研生产一体化,以资源配置最佳组合,实现管理提档增效。"系统化管理",反映系统思维和全链条管理,坚持生产管理、经营管理、风险管理和人力资源管理等油田各项管理既高效运行又密切协作、既相互作用又相互制约,通过全要素、全周期的系统化管理,实现整体系统的最优化,提高管理的效率效益。"集约化运行",反映低成本发展和保障生产运行的科学平稳,突出内涵式增长,通过构建指挥有力、协调顺畅、运作高效的运行体系,以经营要素质量的提高、投入的集中以及要素组合方式的调整,实现全过程运行管控与整体效益提升。"价值化创造",反映企业作为社会经济组织的根本使命和高质量发展的本质要求,以价值创造为首要目标和出发点落脚点,固底板、补短板、锻长板,全面提升产业链价值、全方位挖掘供应链价值、强化创新驱动提升价值,加快由生产型向经营型转变。"精准化考核",反映精益管理的内在要求和强化管理的措施手段,不能"走神"、不能"散光",找准穴位、抓住要害,分类考核、量化指标,由一般考核、弹性兑现向严考核、刚性兑现转变,由指标硬性捆绑向最核心指标转变,以考核的严肃性、绩效性全面提升管理成效。

实施精益管理是华北油田在新时代管理创新的深度实践,以精益管理为指引,从贯彻新发展理念、构建新发展格局的战略高度,从把握现代企业运行规律、能源企业发展态势的宏观纬度,制定一系列重大方略,提出一系列重大政策,实施一系列重大举措,创新形成了"三新四大"精益管理系列运行模式。"新华北"模式，聚焦"重上千万"目标，以战略管理为引领，把握"六个坚持"，统筹"五大业务"，建设"六个华北油田"，打造转型发展、多元发展、低碳发展的新华北。"新会战"模式，以"两高两新"为导向，以"一全六化"为基准，以"五大五同"为遵循，以"三提"为重点，以"一线工作法"为手段，指挥部靠前指挥，组织运行并联推动、勘探开发一体高效，集全油田之力打一场现代化的"巴彦战役"。"新部制"模式，聚焦关键业务领域组建破题攻关"项目部"，实施"揭榜挂帅""疆场赛马"，让想干事、能干事、干成事的干部挂帅出征。"大安全"模式，以风险思维落实"四全"原则，构建理念体系、责任体系、预警体系、治理体系、管控体系、基础体系"六位一体"的安全管理体系，建立风险管控中心、质量管控中心、健康管理中心、应急抢险中心等"十大中心"。"大人才"模式，将工程思维、培训赋能贯穿人才建设全过程，实施"提升培训""预备培养""挂职交流""基层蹲点""项目聘用""积分考核""名匠工程"等系列人才行动。"大督办"模式，坚持重点工作有部署、有落实、有督办、有效果，做到限时督办、精准督办、分级督办，形成上下协同、重点跟踪、快速响应的运转体系。"大履责"模式，以基层管理为靶点，以高效运行为目的，以"倒三角"模式层层分解责任、层层压实责任，破解层层甩锅的问题，以责任的落实倒逼任务的落实。

行百里者半九十。精益管理不是应对风险挑战的一时之举，而是实现油田基业长青的长远之策。宋代理学集大成者朱熹对"如切如磋，如琢如磨"，注曰："治之已精，而益求其精也"。"精益求精"对打造完美一物如此，对推动企业发展也是如此。管理永无止境，必须持之以恒、久久为功。精益管理永远在路上。华北油田已经进入转型升级关键期、产业发展突破期,必须将"精益"融入血液、沁入骨髓,成为推动高质量发展的管理"密码"。

其一,坚持问题导向,这是深化精益管理的重要基点。回顾近半个世纪的华北油田发展史,管理创新实践总以问题为导向,每次重大管理突破和重要举措出台,都与"问题倒逼"相关。"成绩不说跑不了,问题不讲不得了"。管理的目的就是解决问题,深化精益管理就是要带着强烈的问题意识,瞄着问题去、追着问题走、盯着问题干。问题意识有多强、精益管理的力度就有多强,发现问题有多准、精益管理的策略就有多准。"良医将治之,必究病所因"。眉毛胡子一把抓,问题就会被掩盖。要让问题导向成为干事的风向标,"时时围着问题谈、事事围着问题做",靶向发力、精准施策,既要找准思想问题、现实问题、短板问题、制约问题,又要找准问题产生的根源、解决问题的办法,哪里困难最多、问题最突出,就在哪里下大力气、求大突破。

其二,坚持目标导向,这是深化精益管理的根本指针。精益管理就是要实现更高质量、创造更大价值。坚持问题导向是为了解决现实问题,目标导向就是要在实现目标的方向、道路和任务中,不断解决前进中遇到的各种困难和问题,在不断克服困难、解决问题中向着既定目标迈进。强化战略导向和目标意识,不能"脚踩西瓜皮,滑到哪儿算哪儿",要以"三高四精五化"为主线,抓重点、补短板、强弱项,出实招硬招、定实策硬策。管理创新是一场革命,必须真刀真枪。各级干部要带头实干,干得好不好是能力问题,干不干或好不好好干,是态度问题、党性问题。要针对一些干部不担当不作为问题,强化管理考核,对不干事、少干事的干部严肃问责;同时坚持"三个区分开

来",树立革新求进者上、惰性懒政者下的用人导向,形成鼓励干事担当的良好氛围。

其三,坚持结果导向,这是深化精益管理的基本遵循。"管理是一种实践,其验证不在于逻辑,而在于成果"。坚持结果导向,就是要以发展实绩和成效为准绳,以高质量发展为新的指挥棒,以转型升级改革为主线,以企业发展的内生力、影响力、抗风险能力来衡量,以企业经营业绩、治理体系和治理能力、企业布局结构、资源配置效率、企业品牌形象和员工群众的获得感幸福感安全感等来评价,没有结果的管理是没有任何价值、也没有任何意义的。影响结果的因素很多，其中管理运行过程中形式主义是大敌，是政策目标不能落实的主要障碍。形式主义根源于政绩观错位、责任心缺失，各级干部要切实改进工作作风，不搞花拳绣腿，不搞繁文缛节，不做表面文章，以高的标准、快的节奏、严的作风、实的作为，真正把心思用在干事业上，把功夫下到察实情、出实招、求实效上，担当起时代赋予的使命。

其四，坚持合规导向，这是深化精益管理的重要前提。依法合规是企业管理的基本遵循和重要保障。深化精益管理，必须强化合规思维，既要超前研判风险、精准辨识风险、果断防范风险，又要提升依法合规经营管理水平，保障企业持续健康发展。要牢固树立"合规底线不可逾越、不合规的事情坚持不做、不合规的效益坚决不要"的理念，突出重点领域、重点环节和重点人员，建立合规风险识别预警机制、合规审查机制、违规问责机制，开展合规管理评估，加强合规考核评价，强化合规管理信息化建设，建立专业化、高素质的合规管理队伍，切实防范合规风险。要强化市场风险防范意识，特别面对新业务新市场，要善于研判风险、善于切割风险，及时洞察市场之变，准确把握市场之机，抓住效益点、找准风险点，超前做好风险防控，科学制定实施战略，实现市场最优化和效益最大化。

其五，坚持创新导向，这是深化精益管理的关键支撑。创新是扭动精益管理这把"金钥匙"的驱动力，"明天总会到来，又总会与今天不同"。企业的生命在变革，管理的意义在于创新。风起于青萍之末，发展路上没有尽头，走老路到不了新的地方，也不可能从老路走向成功的终点。绿色经济、"双碳"经济已风起云涌，化石能源独大的局面正在被打破，作为传统油气行业，面对宏观形势重大变化，求变革求生存是必须回答的时代课题。坚持创新导向必须打破旧思想旧观念桎梏，跳出条条框框束缚，将创新驱动摆在战略全局的核心位置，对准公司重大任务、重大项目和瓶颈制约，以超常规思维强化管理创新，以革命性举措推进创新立企，以思想破冰带动行动突围，以管理创新推动全局突破性创新。培育创新文化是深化精益管理的持久动力，要推动精益管理岗位实践，将精益管理文化内化于心、外化于行，将抓好成本管控、提高工作效率、追求最大效益作为全员义不容辞的责任，全力营造精益管理"没有旁观者、都是责任者"的浓厚氛围。

"日趋于新，精益求精，密益加密，本风会使然"。追求卓越，是精益管理的主题。建设卓越油田，需要保持战略定力，将精益管理融入全链条各环节，以"把简单的招式练到极致就是绝招"的韧劲，以"百分之一的错误会带来百分之百的失败"的警觉，以"事在人为变不能为可能"的执着，肩负历史之责、时代之责、发展之责，推动华北油田在新时代新征程上跨越前行。

2022 年 3 月

构建新时代全面从严"大党建"体系

党的建设关乎党的前途命运、关乎人心向背。党的十八大以来，习近平总书记就国有企业改革发展和党的建设发表了一系列重要讲话，深刻回答了国有企业怎样发展、怎样加强党的建设等一系列重大理论和实践问题，为新时代坚持党对国有企业的全面领导、做强做优做大国有企业指明了方向、提供了根本遵循。

办好中国的事情，关键在党；发展壮大国有企业，关键在党的建设。坚持党的领导，加强党的建设，是国有企业的"根"和"魂"，是国有企业的光荣传统和独特优势，必须毫不动摇地巩固加强；党的建设是中国特色现代企业制度的本质特征和重要组成部分，必须毫不动摇地巩固拓展；企业党建直接关系到党在企业的创造力、凝聚力、战斗力，必须毫不动摇地巩固提升。

一部国有企业发展史，就是一部坚持党的领导、加强党的建设的历史。一部中国石油工业发展史，就是一部在党的领导下，艰苦奋斗的创业史、无私奉献的报国史、波澜壮阔的改革史、勇立潮头的开放史、创造和谐的为民史、爱党兴党的光荣史。华北油田在近半个世纪的发展历程中，在党的坚强领导下，传承"听党话跟党走"红色基因，唱响"我为祖国献石油"主旋律，永葆与党同呼吸、共命运的政治本色，兴油为党、兴油报国，努力走出一条具有石油特色的国有企业发展之路。

站在"两个一百年"的历史交汇点，眺望为民族复兴和人民幸福赋能的奋进路，迈上实现"重上千万"、建设现代化能源企业奋斗目标的新征程，必须始终坚持党的领导、听从党的召唤、服从党的指挥，以党的旗帜为旗帜、以党的方向为方向、以党的意志为意志，坚决扛起党和国家赋予的历史重任，推动油田事业不断从胜利走向新的胜利。

坚持党的领导、加强党的建设是重大的政治原则和政治任务。党的十八大以来，华北油田公司党委持之以恒抓党建、全面动员强党建，为油田改革发展提供了强有力的政治保障，但同时也不同程度地存在党的建设弱化、淡化、虚化、边缘化等问题。比如党的建设思想认识不到位、责任落实不到位、遵规守纪不到位、制度执行不到位、基层治理不到位、监督监管不到位、担当作为不到位、考核惩处不到位；不抓党建、不抓党风、不治腐败，重经济、轻政治，重发展、轻党建，重生产、轻思想；管党治党宽松软，"八项规定"搞变通、打折扣，"四风"边反边犯；"两个责任"落实不严不实，知岗不知责、在岗不履责、履责不尽责等。

全面从严治党是党永葆生机活力的必由之路。华北油田公司党委坚持问题导向、目标导向，把脉问诊、追本溯源，围绕国有企业党的建设"四个坚持"总要求，系统思考、整体谋划，从严从实落实主体责任，以破釜沉舟的决心、壮士断腕的勇气，出实招、用硬招，消瓶颈、补短板，系统构建新时代全面从严"大党建"体系，着力打造全面从严治党升级版，推动油田党的建设根本性加强，管党治党和企业治理水平全面提升。

华北油田构建新时代全面从严"大党建"体系，是从党的百年奋斗重大成就和历史经验中汲取立党兴党强党的丰厚滋养，深刻领悟国有企业在全面建设社会主义现代化国家新征程上肩负的职责使命，深刻把握党领导新中国石油工业的历史经验和启示，把党的政治优势、组织优势转化为发展优势、竞争优势的丰富实践，是党建工作理念、体制机制、运行载体、作用发挥、考核评价，在新时代新华北发展建设中的创新巩固和拓展提升。

新时代全面从严"大党建"体系，"大"即全面、系统，党建工作内容要"大"、涵盖党建工作主要范畴，党建工作职能也要"大"、履行引领支撑保证职责，党建工作空间也要"大"，融入油田改革发展整体布局。"大党建"体系的主要内涵为：一是总体布局的大系统。"大党建"是党的建设全系统，是党建、党务、党群等全业务链条，是以党的政治建设为统领，以坚定理想信念宗旨为根基，以调动全党积极性、主动性、创造性为着力点，全面推进党的政治建设、思想建设、组织建设、作风建设、纪律建设，把制度建设贯穿其中，深入推进反腐败斗争。总体布局是党的建设战略规划的起点，体现了党的建设历史逻辑、理论逻辑和实践逻辑的有机统一，是党的建设的具体支撑和有力抓手。二是发展全局的大融合。"大党建"的内涵是具体的、实践的，是与业务工作相互联系、相互依托、相互促进的。党的建设是一切经济工作的生命线。把党建工作融入企业改革发展全过程、大布局中，推进党的建设与完善公司治理贯通起来，与实施发展战略贯通起来，把党建工作作为企业重要的生产力因素，把党建系统作为企业系统的重要组成部分，改变党建工作"体内循环"，推动党建工作与生产经营深度融合。三是责任体系大履职。党委履行党的建设的主体责任，党委书记承担第一责任，时刻把党建工作任务责任放在心上、扛在肩上、抓在手上；兼任副书记的行政正职领导承担重要责任，主动落实"一岗双责""管业务必须管党建"要求；专职副书记承担直接责任，其他党委班子成员分工负责，职能部门牵头抓总，相关部门各司其职、齐抓共管，全体党员积极参与。破除行政干部与党务干部"泾渭分明"的状态，在领导层面和管理层面实现党建工作和生产经营职责的双向强化。四是组织运行的大集成。党建与业务工作相互依托、相互支撑、相融互进，通过党建带动业务工作，通过业务工作把党建落到实处，只谈业务工作不抓党建就会迷失方向，离开业务工作只谈党建就会流于形式。坚持"抓生产从党建入手，抓党建从生产出发"，围绕中心抓党建，抓好党建促发展。党建工作与业务工作同谋划、同部署、同检查、同落实、同考核，业务工作开展到哪里、党组织就覆盖到哪里、党建工作就延伸到哪里。五是目标同向的大空间。紧紧围绕改革发展建设中心任务，把提高企业效益、增强企业竞争实力、实现企业价值创造作为党建工作的出发点和落脚点，把党建工作的成效通过发展成果来检验，把企业发展的问题通过加强党建来解决，把党建和业务部署从充分发挥党委领导作用的高度来统筹。充分发挥油田在推动地区企业、地企关系方面的重要作用，利用组织资源搭建交互平台，推动党建共建，加强企企合作，实现党建联建共建，问题联解共解。

公司党委以政治建设举旗定向，以夯基固本把脉导航，以全面从严立规明纪，以全面从严治党永远在路上坚定自觉，对新时代全面从严"大党建"体系进行顶层设计和系统推进，坚决扛起管党治党主体责任。"大党建"体系的主要内容概括为：围绕"一条主线"、构建

"一体循环"。"一条主线":坚持党要管党、全面从严治党。全面从严治党是新时代党的自我革命的伟大实践。全面从严治党,基础在全面,关键在严,要害在治。治企必先治党、治党必须从严。实现华北油田"重上千万"战略目标,千钧重担关键在党,关键在党要管党、全面从严治党。始终坚持"严"的主基调不动摇,严字当头、全面从严、一严到底,坚持问题导向、明确任务清单、逐级压实责任、强化督导问责,把严的标准、严的措施贯穿管党治党和企业治理的全过程各方面,把负责、守责、尽责体现在每个党组织、每个岗位上,以从严治党新成效夯实企业发展根基。"一体循环":实现"政治统领、思想引领、人才提素、固强堡垒、深度融合、文化聚力、舆论动员、监督执纪、精准考核、机制保障"的全系统谋划、全方位推进、全过程闭环。公司党委从事关油田发展根本保证的高度,坚持党的全面领导不动摇、坚持政治思想统领不减力、坚持服务生产经营不偏离、坚持抓基层打基础不放松、坚持广泛组织发动不懈息。"政治统领",就是坚决捍卫"两个确立"、做到"两个维护",深入贯彻落实习近平总书记重要指示批示精神和党中央重大决策部署,强化政治判断力、政治领悟力、政治执行力,围绕发展战略和目标任务统一意志、统一行动、统一步调。"思想引领",就是实施习近平新时代中国特色社会主义思想"四进"工程,落实"第一议题"制度,建立"五个一"党委中心组理论学习模式,开展"乌兰牧骑"基层理论宣传,构建研学用一体化全闭环管理,在理论联系实际中学出坚定信仰、学出使命担当、学出科学方法,推动全员思想大解放、作风大改进、能效大提升。"人才提素",就是坚持党管干部、党管人才理念,把人力资源作为企业最核心的资产,将工程思维、培训赋能贯穿人才强企进程,完善"生聚理用"人才发展机制，实施"五年行动、千人计划"，培育"高精尖缺"人才队伍，打造一支结构合理、储备充足、接替有序的人才队伍，建设一支担当时代重任的石油铁军。"固强堡垒"，就是继承发扬"支部建在连上"的优良传统，牢固树立大抓基层的鲜明导向，重心放到基层、功夫下到基层、资源用到基层，严密组织、建强队伍、健全制度，以"创先争优""十百千"等党建工程等为抓手，企业发展到哪里、党的建设就跟进到哪里、党支部的战斗堡垒作用就体现在哪里。"深度融合"，就是深入推进基本组织、基本队伍、基本制度基层党建"三基本"与基层建设、基础工作、基本功训练"三基"工作有机融合，强化理念创新、机制创新、方式创新，把生产经营难点作为党建工作的重点，将全面从严治党向纵深推进、向基层延伸，推动基层党建与基层管理全面融合、全面进步、全面过硬。"文化聚力"，就是把赓续伟大精神作为共同追求，把丰富文化内涵作为共同责任，把践行优良作风作为共同遵循，大力传承石油精神和大庆精神铁人精神，将"理念体系""理论文章"根植于实践行为、工作标准和日常习惯之中，成为统一全体干部员工思想行动的重要遵循。"舆论动员"，就是自觉承担起"举旗帜、聚民心、育新人、兴文化、展形象"使命任务，坚持团结稳定鼓劲、正面宣传，弘扬主旋律、壮大正能量，讲好油田故事、传播油田声音，筑牢实现"重上千万"共同理想，凝聚开新局、创伟业的强大力量，吹响打造能源企业高质量发展标杆的进军号。"监督执纪"，就是构建监督有机贯通、相互协调、优势互补、资源共享的格局，把监督执纪问责融入企业党的建设和生产经营管理全领域，壮大监督力量、完善监督机制，构建"巡察+培训""督办+帮办"模式，三级签订责任令、特别突出对一把手和年轻干部的监督，为油田健康发展提供坚强纪律保证。**"精准考核"**，就是细化量化"大党建"工作体系的责任指标、评价标准和考核办法，建立日常督查与集中检查相结合、专项督查与综合检查相结合的督查考核机制，建立各级书记抓党建述职评议考核制度，将党建责任落实情况与各级领导人员的任免、薪酬、奖惩挂钩，对管党不严、治党不力的进行严肃追责。**"机制保障"**，就是树立"像抓生产、抓安全一样抓党建责任落实"的理念，建立政治保障、组织保障、制度保障、考核保障、措施保障等机制，突出党建工作明责、履责、考责、问责，实现责任的层层传递，以制度的导向牵引和执行落实，为党的建设提供坚实制度保障。

强国企必先强党建。公司党委坚持"两个一以贯之"，践行国有企业"六个力量"，围绕以高质量党建引领和保障高质量发展，构建新时代全面从严"大党建"体系，推动党建与生产经营深度融合，提升党建价值创造能力，实现了"六个统一"，汇集了党建工作整体合力。实现党的领导与公司治理相统一。坚持党对国有企业的领导是重大政治原则，必须一以贯之；国有企业建立现代企业制度，也必须一以贯之。坚持和加强党的领导是油田健康发展的根本政治保障。通过把党组织内嵌到公司治理结构之中，形成各有侧重、各司其责、互相促进、相互协调的决策、执行与监督运行机制，实现"把方向、管大局、保落实"与"谋经营、抓落实、强管理"的有机统一。实现党的建设与业务发展相统一。党建工作和业务工作目标是一致的、方向是一致的，党建工作是抓好发展的支撑和保证，发展是抓好党建工作的依托和检验。注重发挥党组织总揽全局、协调各方的优势，把关定向、政治保障的作用，推进党建引领与发展战略、组织路线与管理运行、党建考核与绩效考核的协调统一，把党建"软实力"转化为生产经营"硬支撑",全面提升企业经营管理水平。实现党务工作与行政工作相统一。党务工作是党的建设一系列具体的党内管理,行政工作是企业生产经营等业务的执行管理。党务工作、行政工作只是分工不同,工作方向目标是一致的,都是为了党的事业和企业发展。牢固树立"抓好党建是最大的政绩"的理念,行政干部做到主动尽责,抓好党建不缺位;党务干部强化融合意识,抓党建从业务出发,做到工作到位不越位。实现基层党建与基础工作相统一。突出基层党建的政治功能、服务功能,以基层党建引领基层治理、夯实基础工作,是抓实基层党的建设的根本要求。通过加强基层党支部"三基本"建设提升"三基"工作水平,强化政治引领、更好履行抓"三基"工作主体责任;加强"三基"工作推进党建工作融入中心、进入管理,发挥党组织领导基层管理作用,将党建工作成效体现在推动基层发展建设上。实现继承传统与守正创新相统一。继承发扬石油革命精神和优良传统、始终保持石油人的红色底蕴和战斗情怀,是油田发展壮大的根脉和动力。守正创新是新时代党的建设的根本遵循,以守正促创新、以创新强守正,坚持创新不丢根、继承不守旧,创工作理念之新、方式方法之新、体制机制之新,不断赋予党建工作新的历史使命和时代内涵,以新理念新思想指引油田党建工作创新发展。

构建新时代全面从严"大党建"体系,对于坚持党的领导、加强党的建设,推动公司治理、保障改革发展具有重要意义。要以锻造"四力"为落脚点和检验标准,对标对表"40个是否",系统落实"十大任务"和25条措施,压紧压实全面从严治党主体责任,在推进油田高质量发展中,充分发挥党委"把方向、管大局、保落实"作用,党支部战斗堡垒作用和党员的先锋模范作用。一要恪守政治之责,锻造领导班子凝聚力。要坚决捍卫"两个确立"、做到"两个维护",始终坚持学懂弄通做实习近平新时代中国特色社会主义思想,坚决按照习近平总书记指引的航向奋勇前进。强化"抓党建是本职、不抓党建是失职、抓不好党建是渎职"的责任意识,强化"抓党建出效益、抓党建出政绩、抓党建出动力"的产出意识,强化"抓不好经济会误大事,抓不好党建会出大事"的危机意识,自觉扛起责任担当。要坚持日常监督严的总基调不能变、坚持批评与自我批评常态化不能变、坚持自我革命常态化不能变,倡导"三团"风气、营造"三化"氛围、培养"三事"❶境界,班子相互支持配合,相互搭台,勤于补台,形成干事创业的强大共识和促进发展的强大动力。二要筑牢思想之基,锻造党员干部执行力。要强化"一个党员就是一面旗帜"的使命感,以党性原则为第一准则、以理想信念为灵魂支柱,固本培元、补钙壮骨,高举旗帜、冲锋在前,关键时刻听指挥、拉得出,危急关头冲得上、打得赢,坚决做党和国家最可信赖的骨干力量。要永怀赤子之心、永葆奋斗激情,发扬斗争精神、提升斗争本领,讲党性不讲私情、讲原则不讲关系、讲真理不讲面子,以新风正气彰显新担当新作为。发扬"一双铁脚板、一副铁肩膀"的奋斗作风,践行"一线工作法",以"功成不必在我、功成必定有我"的精神,把油田各项事业持续推向前进。三要培育精神之魂,锻造员工队伍战斗力。要坚持抓党建、带队伍,以党建带队建、以队建促党建,发扬石油工业优良传统,大力弘扬石油精神和大庆精神铁人精神,传承红色基因、赓续精神血脉,把

---

❶ "三团"指懂团结、会团结、讲团结;"三化"指人际关系简单化、上下级关系亲情化、工作推动高效化;"三事"指把心思集中在"想干事"上、把能力展现在"会干事"上、把目标落实在"干成事"上。

伟大精神熔铸到血液里、落实到行动上,把基层建设成为淬火成钢的火热熔炉、实现价值的广阔舞台,锻造一支招之能战、战之必胜的"铁人式"队伍。要引导广大员工争当生产经营的能手、创新创业的模范、提高效益的标兵、服务群众的先锋,面对"攻坚战"敢于迎难而上、面对"持久战"敢于担当作为,让鲜红的党旗始终在一线高高飘扬。四要把握强企之要,锻造企业发展成长力。要认真学习贯彻习近平总书记关于大力提升勘探开发力度、加强天然气产供储销体系建设、

"把能源的饭碗端在自己手里"等一系列重要指示批示精神，深入落实国家能源战略，坚定不移推动油田"重上千万"。要心怀"国之大者"，善于从政治角度看待经济问题，完整准确全面贯彻新发展理念，服务和融入新发展格局，奋力推动高质量发展迈上新台阶。牢固树立党建价值创造理念，加强党建与生产经营深度融合的考核评价，把党建融入企业产业链、价值链、创新链的各环节各方面，形成党建工作与中心工作同频共振、相得益彰的良好态势。

"秉纲而目自张，执本而末自从"。构建新时代全面从严"大党建"体系，必须牢牢把握坚持党的领导、加强党的建设，这个国有企业的"根"和"魂"，以高度的政治自觉推进党的建设新的伟大工程，以坚强党建锻造企业核心竞争力和持续发展力，以伟大思想之光照亮奋斗之路，用坚定信仰之力开创崭新前景，为油田改革发展行稳致远保驾护航。

2022 年 4 月

让"五个一"机制成为理论学习的锐器

理论是实践的先导,思想是行动的指南。习近平总书记强调,理论修养是干部综合素质的核心,理论上的成熟是政治上成熟的基础,政治上的坚定源于理论上的清醒。从一定意义上说,掌握马克思主义理论的深度,决定着政治敏感的程度、思维视野的广度、思想境界的高度。全党同志特别是各级领导干部,都要有本领不够的危机感,都要努力增强本领,都要一刻不停地增强本领。

党和国家事业越发展,对党员、干部的能力素质要求就越高。前进道路上,我们要从党的百年奋斗历程中深刻领会党的科学理论的真理力量和实践力量,深刻领会习近平新时代中国特色社会主义思想的核心要义、精神实质、丰富内涵、实践要求,从中悟方向、悟思路、悟格局、悟办法,胸怀"国之大者",提高政治判断力、政治领悟力、政治执行力,坚决捍卫"两个确定",增强"四个意识"、坚定"四个自信"、做到"两个维护",以过硬的素质和高强的本领,担负起党和人民赋予的重任。

党委中心组学习是理论武装工作的首要任务,是严肃党内政治生活、强化党性修养的重要内容,是加强党委领导班子思想政治建设的重要制度，是国有企业坚持和加强党的全面领导、全面从严治党的重要举措。集团公司党组多次强调，要把思想理论武装作为首要任务，学懂弄通做实习近平新时代中国特色社会主义思想，努力做到学思用贯通、知信行统一，用马克思主义的真理光芒照耀建设世界一流企业发展之路。

党的创新理论是前进的旗帜、发展的方向和奋斗的动力。华北油田公司党委始终把深学细悟笃行习近平新时代中国特色社会主义思想和总书记一系列重要指示批示精神作为重中之重，严格落实"第一议题"制度，推动学习常态化制度化；始终把党委中心组理论学习作为大事要事来抓，摆上重要议事日程，学在深处、谋在新处、用在实处；始终抓住领导干部这个"关键少数"，上好理论武装这门"必修课"，练就过硬的"看家本领"；始终在党的创新理论中找方法、找答案，运用党委中心组"学理论、议大事、出思路、谋发展"重要平台，将学习成果转化为提升党性觉悟、思想境界和引领企业发展的精神动力和方向指南，推动石油事业不断从胜利走向新的胜利。

党的百年历史昭示，坚持以科学理论引领、用科学理论武装，是我们党永葆先进性、纯洁性的根本保证。站在新的历史方位，面对百年变局、世纪疫情和改革发展的严峻考验，公司党委坚持问题导向、目标导向、效果导向，把握大局大势，深化规律认识，针对理论学习系统层面中存在的学习紧迫性不强、计划执行不严格、专题研讨不深入、学习成果指导性不足等问题，分析研究、深入剖析，奔着问题去、揪住问题改，总结实践经验，创新思路方法，创新形成了党委中心组"五个一"学习机制，有力地增强了理论学习的深度、广度和厚度，增强了理论学习的指导性、实践性和推动性，实现了书上学的、心里想的、手上干的有机统一，领导班子驾驭全局能力、科学决策能力、持续创新能力、引领发展能力不断增强，有力地推动了油田高质量发展。

"五个一"学习机制，紧扣学懂弄通做实总要求，坚持问题导向、注重成果转化，构建形成学思用一体化闭环管理模式

"五个一"学习机制，即以"学习一个专题、研究一个课题、明确一项举措、破解一项难题、推动一项工作"为主要内容。"五个一"各有侧重，内容上相互补充、功能上相互配合、运行上环环相扣，构建起学思用一体化闭环管理，抓住了学以致用这个核心问题，实现了学与思、知与行的有效衔接。

学习一个专题，解决"散"的问题，实现学习的高度聚焦。理论武装是一项事关全局的基础性、战略性工作，特别是随着全面从严治党的不断深入，理论武装工作的地位更加突出，学习任务更重、标准更高、要求更严，必须紧密结合新时代新实践，紧密结合思想和工作实际，注重专题性集中学习、系统性全面学习。党的创新理论是一个系统完整、逻辑严密的科学理论体系，只有专题系统学习才能深刻理解这一思想蕴含的新理念新思想新战略，准确把握彼此间的内在逻辑联系。党委中心组学习成员作为同级党委班子成员，统揽一域、分管一方、独当一面，提高政治思维、战略思维、辩证思维、创新思维能力，学什么、如何学是关键。公司党委坚持从高处把握、在实处着力、向深处推进，按照"学要精、要管用"的思路，重点围绕习近平新时代中国特色社会主义思想和上级重大决策部署，结合油田改革发展实际，精准提炼学习专题，采取"学习＋研讨＋培训"的形式，系统制定年度专题学习计划，根据不同时期学习新任务新要求，明确专题学习内容,紧扣中心深学细研,促进学习零散化向系统化转变。2022年,在常规理论学习的基础上,增加了"双碳"发展、数字经济、CCUS技术等专题内容,实现了"学"与"用"的有机衔接,达到了以专题聚学习重点、以专题解工作难点的目的。

  研究一个课题,解决"用"的问题,落实学习的实践要求。深入研究思考是理论学习的必由之路,能否学以致用是检验学习成效的重要标准。毛泽东在《改造我们的学习》一文中指出,树立马克思列宁主义的学风,根本上就是端正有的放矢、实事求是的科学态度,理论和实际相统一。学习的目的在于应用,学是用的准备,用是学的归宿,学而不深、学而不用等于没学。坚持读原著、学原文、悟原理,往心里走、往深里走、往实里走,想问题、办事情、做决策都要从党的创新理论中找指引、找方法、找依据。公司党委把学习理论和指导实践统一起来,围绕理论学习专题,将事关企业全局性、战略性和前瞻性的重大问题、改革发展稳定的重点难点焦点问题,转化为研究课题,通过专题学习调研、撰写发言提纲、集中组织学习、深入研讨交流、总结学习成果"五步推进法",形成了实践印证所掌握的理论、再用理论分析解决实际问题的良性循环,切实做到学在深处、研在真处、用在实处。课题研究是理论学习的持续深化,也是现实问题在理论上的科学回答。围绕落实全面从严治党、实施人才强企战略、提升勘探开发能力、打造提质增效"升级版"、整治形式主义为基层减负等重点任务,成立研究专班,开展多渠道调查研究,举办课题专题研讨,实现了学习与实践的相融互促,运用理论研究问题、解决问题的能力得到持续增强。

让"五个一"机制成为理论学习的锐器

明确一项举措,解决"实"的问题,确保学习的成效转化。理论武装题中之义就是强化理论对实践的指导作用,脱离实践从书本到书本、从文件到文件,是坐而论道、凌空蹈虚,不是源头活水、实践法宝。我们常批评理论学习存在为了学习而学习、学用"两张皮"现象就是指这种情形。如何把学习成效转化为推动工作的有力举措,公司党委坚持实践导向,以研究解决重大现实问题为着力点,围绕学习专题,以课题研究、深入思考、调查实践为牵引,在研究对策中深化对党的创新理论的认识,在深化理论认识中形成方向思路和政策措施,拿出推动工作的实招实策。集中学习过程中,通过采取重点发言和交流发言进行"靶向式"研讨交流,人人都把自己摆进去、把职责摆进去、把思想摆进去、把工作摆进去,结合公司全局和分管业务工作实际,悟思想、谈认识、讲思路、想办法,在互动中不断深化认识、碰撞中凝聚共识,群策群力、集思广益,切实把学习成果转化为干好工作、推动发展的有力举措。比如针对如何抓住难得的历史机遇推动新能源大发展,公司党委聚焦新能源战略落地,连续举办多层面专题研讨,定方向、提建议、献计策,在顶层设计和具体操作上,推出一系列风能、光能、地热和BSK1等新能源的实施举措,坚决把目标变成行动、蓝图变为现实。

　　破解一个难题,解决"深"的问题,确保学习的高度厚度。理论学习有没有价值、是不是彻底,关键就看它直面问题的程度、解决问题的深度。公司党委理论中心组是学习的"风向标"和"排头兵",突出定位高、格局大、研判准、目标实,锚定企业发展的主要矛盾和矛盾主要方面,坚持以重大现实问题为主攻方向,树立以实际问题为中心的研究方法,盯着改革发展重大问题去、迎着紧迫问题上,更好服务公司科学决策,为推动油田发展发挥思想库作用。通过专题学习、课题研究,以党的创新理论对表对标、指引方向,形成工作推进的具体举措,进而聚焦突出问题拿出实招硬招,在更深层次消瓶颈、补短板、破制约。站在新的历史方位,面对油田资源禀赋差、油气规模小、成本压力大、科技创新支撑不够、风险防控能力不足等诸多难题,带着问题学、联系实际学,从习近平总书记重要指示批示中体悟实践伟力,从党的创新理论中汲取方法智慧,从集团公司发展方略中寻找路径方法,不断把学习力转化为创新力、创新力转化为决策力。公司陆续实施了巴彦油田增储上产、煤层气跃升发展、全系统风险防控、文化强企工程等一系列重大方略，以理论联系实际的"深度"、指导改革发展实践的"厚度"，成为破解难题的"金钥匙"。

推动一项工作，解决"干"的问题，确保学习的知行合一。学为基、用为要、干为本，是理论学习的根本原则。通过学习过程的递进和各环节的高质量运行，理论学习的最终目的，就是要落实到重点工作的创新实施上，把学到的真经、悟到的真谛自觉运用到实践中，以学促干、以干践行，转化为干事创业的过硬本领和强大动力，推动各项工作再上新台阶、开创新局面。始终把学习成果转化为高度的思想自觉、政治自觉、行动自觉，不断提高政治判断力、政治领悟力、政治执行力，以"开局就是决战、起步就要冲刺"的工作状态，事不避难、勇毅前行。始终把学习成果落实在坚决捍卫"两个确立"、做到"两个维护"上，落实在保障能源安全、履行责任使命上，落实在奋进"重上千万"、全面打造"六个华北油田"上，实现了资源保障能力、风险防控能力、经营创新能力、综合竞争能力、协同发展能力、党建引领能力的全面提升。"为学之实，固在践履"。积极把学习的真理感悟和强大的理论支撑，努力转化为应对之策、有效之举和创新之道，解决了许多长期想解决而没有解决的难题，办成了许多过去想办而没有办成的大事，企业面貌、队伍风貌实现革命性重塑，安全根基、资源基础实现战略性巩固，发展动力、创新活力实现系统性提升，华北油田迎来了新时代高质量发展新的里程碑。

"五个一"学习机制，是集学风和方法的有机统一体，持续全面深化、全面发力，不断推动理论学习上水平见成效

习近平新时代中国特色社会主义思想，不仅包含着党治国理政的

重要思想，也贯穿着中国共产党人的政治品格、价值追求、精神境界、作风操守的要求。对于国有企业，没有离开业务的政治，也没有离开政治的业务，各级干部务必在学习上舍得花精力，不断提高理论素养，这是衡量一名干部是否称职的首要条件。理论创新每前进一步，理论武装就要跟进一步。公司党委总结形成的"五个一"学习机制，无论是其内涵还是外延，既体现严谨学风，又蕴含科学方法，要深刻掌握其内在逻辑、方式方法和实践要求，积极采取有效措施，持续全面深化、全面发力，使其成为新时代加强和改进理论武装工作的有力锐器。

坚持政治性，全面落实"第一议题"制度要求。"第一议题"制度是全面从严管党治党、在思想建党和理论强党上的又一制度创新，是提升企业政治建设水平、强化国企政治导向、淬炼党员干部思想的重要途径。落实"第一议题"制度是党委中心组理论学习的首要政治任务，也是"五个一"学习机制"第一要求"。要坚持以政治学习为根本，提高政治站位、强化政治意识、把准政治方向、提升政治能力，第一时间传达学习习近平总书记最新重要讲话、指示批示精神和重要文章，及时贯彻集团公司党组、河北省委重要决策部署，做到应学必学、应学尽学、应学立学，形成学习研究、督办立项、建立台账、推进落实、督促检查、考核评估、整改提升的"第一议题"落实机制。

体现指导性，紧紧抓住"专题研讨"关键环节。专题研讨是将学习成果转化为工作理念、思路和举措的关键。要把专题研讨作为党委中心组学习的重要形式，坚持日常学习研讨与重点专题研讨相结合，紧扣改革发展重大任务，精心设计专题、科学遴选课题，充分体现现实指导性，认真制定研讨运行安排，按照"五步推进法"精心组织。党委书记作为理论学习中心组组长要履行第一责任，认真研究确定专题课题，以身作则、示范带动，带头学理论、带头讲理论、带头用理论，带头开展碰撞式、互动式、启发式交流，引导学习成员在解放思想中开阔思路、在深入研讨中形成共识，思想向中心聚焦、行动朝大局聚力。

强化实践性，深入推进"过程督办"成果落实。理论学习如果只停留在口头上、写在纸面上，就是空中楼阁。要做好理论学习成果靠实落地"后半篇文章"，以指导实践、破解难题、推动工作、促进发展为目标，建立党委中心组理论学习成果落实督办机制。每个专题学习后，形成一揽子推进计划和落实举措，纳入公司"大督办"体系，明确责任领导、责任部门、完成时限，实行消项式闭环管理。要压实各级学习责任，重点以党委中心组抓实两级班子学习，"三会一课"抓实党员学习，"理论宣传宣讲"抓实员工群众学习，学习内容分类指导，学习形式因地制宜，学习效果落地有声，确保理论学习可跟踪、可追溯、可检验。

突出质效性，着力抓实"监督检查"过程管理。抓好党委中心组理论学习是一项严肃的政治任务，要从全面从严治党的高度加强理论学习的监督检查，不断提高学习的制度化规范化。要把落实"第一议题"制度，贯彻习近平总书记重要讲话和指示批示情况，作为党委巡察和纪委督查的首要任务，在"政治体检"中发现的问题，拧紧思想"螺丝"，上紧认识"发条"。要全面推行以导学、述学、督学、评学、考学为主要内容的"五学联动"督学机制，持续跟踪学习落实进度，定期参加单位学习研讨，定期调阅学习资料，定期评估学习效果，坚决整治学习中的形式主义，变结果管理为过程管理，推动理论学习持续走深走实。

增强精准性，严格执行"考核问责"评价机制。理论学习只有指标实起来、考核严起来、手腕硬起来，抓兑现敢问责，学习才能内有动力、外有压力。要把党委中心组学习纳入日常工作检查、党建工作责任制检查、意识形态工作责任制专项检查范围，采取定量考核与定性考核、线上考核与线下考核、过程考核与结果考核相结合，重点从落实学习任务、提升思想认识、推出工作举措、解决实际问题、实现创新突破等维度进行全方位评价。考核结果不应用，等于没考核。要将考核结果与年度组织绩效、个人绩效和经营业绩挂钩，对思想不重视、责任不到位的严格追责，以考核问责倒逼理论学习责任落实。

"一个民族要想站在科学的最高峰，就一刻也不能没有理论思维"。我们党一向重视思想建党、理论强党。理论上坚定成熟，就会迸发出无穷的创造力量。我们要以"五个一"理论学习机制为指引，涵养政治定力、炼就政治慧眼、恪守政治规矩，历练坚定的意志力、塑造强大的战斗力，为油田高质量发展提供强有力的理论指引和思想保证。

2022 年 4 月

持续减负让基层轻装力行

整治形式主义为基层减负是一项重大政治任务。我们党同形式主义、官僚主义的斗争一直在路上。党的十九大以来，在以习近平同志为核心的党中央坚强领导下，大力整治形式主义为基层减负、为治理增效，成果不断惠及人民群众，成为密切党同人民群众血肉联系的重要桥梁，加强党的作风建设、进行自我革命的重要抓手，汇聚起全党上下奋进新征程、建功新时代的强大伟力。

形式主义、官僚主义是我们党的大敌、人民的大敌、事业发展的大敌。集团公司党组大抓机关作风建设、深化简政放权、优化业务流程，持续为基层减负松绑，激励广大干部担当作为、不懈奋斗。油田公司党委坚持问题导向、严字当头，全面检视、靶向纠治，推行"一线工作法"，实施"倒三角"履职模式，刀刃向内为基层清除"顶负、添负、自负"，配套推出一系列减轻基层负担、加强作风建设的"升级版"，由线到面、变虚为实，催生了思想观念之变、工作作风之变、干群关系之变，形式主义、官僚主义的生存空间被大大挤压，党风政风和企业风气为之一新。

党的工作最坚实的力量支撑在基层，最突出的矛盾问题也在基层。

基层重负"三尺之冰"并非一日之寒，基层减负也不可能毕其功于一役。形式主义问题具有顽固性和反复性，在一些部门单位、一些系统条带为基层减负还存在不少问题。"以戒为固，以怠为败"。必须把真减负、减真负作为长远之计，把抓基层、打基础作为固本之举，锲而不舍打好为基层减负的"加强针"。

持续推进基层减负是基层所盼、人心所向，也是势在必行。目前，公司"三负"积弊尚未根除，病灶痼疾依然存在，基层负担依然严重，减负工作依然任重道远。突出表现为：一是"涛声依旧"。有些地方"根子里没有变、风格上没有变"，依然存在检查多、制度多、台账多，会议长、陪会多、文件多；责任心缺失、上下一般粗，作风拖沓敷衍，重痕不重绩、留痕不留心；调研督导"只出题、不答题"，风险排查"一阵风"。二是"改头换面"。有的把红头文件改"白头"，将检查组改"调研组"，将"会议"改"座谈"，将开大会变开几个小会，将文件部署通知变微信短信群发，成为"指尖上的形式主义"，写资料变成了电脑敲资料、网上传资料，将考核变排名、排名变通报、通报变简报。三是"击鼓传花"。搞推责式"简政放权"，一推了之、一批了之，落实部署仅满足于"轮流圈阅""层层转发"；"责任状"变成"免责单"，"管卡压"变成"推绕拖"，转来转去、议来议去，最后问题哪来哪去；有的把说的当做了，把做了当做成了，空泛表态、敷衍塞责，甚至欺上瞒下、弄虚作假。四是"不严不实"。制度执行时紧时松，两级主体责任落实不严，上下协同发力不足，自上而下考核的精准性引导性不强，缺乏固根本、管长效的制度；减负抓抓停停，政策执行层层变弱、效果层层递减，消极懈怠、见好就收，没有打攻坚战、持久战的思想准备。五是"歪嘴瞎念"。不能准确把握怎么减、减什么，机械执行、变相执行,"歪嘴和尚瞎念经",片面曲解、一知半解,把减负当成工作"减速""减质""减责",借"减负"之名,求"简"不求"精",降低标准、放松要求,松松垮垮、慢慢腾腾,简单理解、机械执行。

好的作风,是干事创业的保障、善作善成的法宝。解决形式主义突出问题,防止反弹回潮、隐形变异,为基层减负、给基层松绑,既是减轻基层负担做"减法",也是破除惯性思维、创新方式方法做"加法"。减下的是负担,增加的是动能,要深刻把握"六减六提"的深刻内涵,全力以赴持续减"顶负"、减"添负"、减"自负",以基层减负的决定性成效为基层添力赋能。

把重负减下去,把责任提上来。基层是各项工作落实推进的起跑线,只有放下包袱才能轻装前进。为基层减负,就是要减掉形式主义的"重扰"、检查考核的"重压"、问责追责的"重虑"、官僚主义的"重忧"、任务加码的"重荷"等负担,革掉"慵懒散漫""推诿扯皮""虚情假意""好大喜功"等顽症,真正把基层从文山会海、迎评迎检、材料报表等中解放出来。减负担,不是减责任,而是责任层层分解、层层细化、层层认领、层层落实,一级带着一级干、一级做给一级看,让基层把精力时间集中到干事创业中,切不可让层层传递压力变成层层卸责。要把资源力量向基层集中、政策向一线倾斜,给基层提供更多充电补能的机会,搭建更多提素强质的平台,让基层实践创新的力量充分聚集、价值创造的能量充分释放,持续提升基层管理水平。

把数量减下去,把质量提上来。基层不堪重负、根子在机关,只重表现、追求形式,脱离实际、脱离群众是根源。为基层减负,不能

"只闻楼梯响、不见人下来",更不能雷声大雨点小,必须破除会议多、文件多、报表多、材料多、迎检多、汇报多、问责多等一系列问题,删繁就简、革除积弊,对不必要的"痕迹管理"能砍就砍,对一些冗余的填表报数能减就减,对可开可不开的会能不开就不开,对一些同类事项能并就并,切实把数量减下去。"大道至简,懂得把复杂变简单才是高明"。减数量,不是减质量、减标准,而是把更多的时间、空间还给基层,摆脱"忙乱""被动",让基层干部走出会场盯在现场抓生产、解难题,让科技人员把主要精力投入科技创新和研发活动上,让一线员工心无旁骛认真细致地做好工作,实现各层级高质量高标准高效率地运行。

把形式减下去，把速度提上来。形式主义是"四风"之首，是给基层添负的第一大因素。当下有的依然囿于固有思维，观念陈旧、积习难改，搞一些花团锦簇、虚头巴脑的花架子，把分秒必争的宝贵时间空耗在一些无用功上，造成基层工作疲于应付甚至空转状态。毛泽东同志曾一针见血指出："今天通知明天要，只能是假报告。"事业发展是干出来的，实现"重上千万"，必须把轰轰烈烈的"真形式""假本事"减下去，把崇尚实干、脚踏实地的作风提上来，以实为实、以干为干，以早为早、以快为快，立即马上地干、事半功倍地干。要把心思花在解决政策制度"肠梗阻"等问题上，哪里出现问题就"迎上去"解决，哪里发现矛盾就"沉下去"化解，打通落实执行的"最后一公里"。要聚焦久拖不决、效率低下、重复发生等问题，加大监督问责，以基层效率大提速、生产效能大提升，推动各项事业的大发展。

把风险减下去，把管理提上来。风险管控容不得半点马虎，更做不得表面文章、搞形式主义。基层不牢、地动山摇。当前公司安全环保形势依然严峻复杂，基层生产现场风险管控依然薄弱，各种风险隐患问题依然"铺天盖地"。存在查找隐患走过场，思想麻痹，漏检漏修，小隐拖成大患；监督检查走过场，为了检查而检查，目的性不强，作纸面文章；举一反三走过场，态度不坚决、措施不具体，流于形式、忙于应付，抓标不治本。要强化风险思维、底线思维，识风险、辨风险、减风险，真正把风险减下去，把全系统的管理能力提上来。要加强生产组织、作业标准、安全措施、安全行为等全方位的风险管控，减负担、补短板、锻长板、强底板，消除大隐患、杜绝大事故，强化合规管理、提升治理效能，以革命性管理稳固安全根基。

把压力减下去，把激励提上来。基层条带头绪多、难点痛点多、工作压力大,特别是随着生产任务增加、标准规范提升、队伍年龄老化,许多基层干部员工都在满负荷甚至超负荷运转。切实减轻基层负担,为基层排忧解难,尤其在常态化疫情防控下,让基层放下包袱、心无旁骛、轻装上阵更是当务之急。要彻底解决"层层传导压力"异化为"层层加码压力"的问题,"大抓基层"变成了"问责基层"的问题,只重"痕"不重"绩"、只留"迹"不留"心"的问题,优化整合、删繁就简、科技赋能、多策并举,让基层减下压力、卸下枷锁。要在人力、物力、财力等方面给基层大力支持,主动担当作为、化解矛盾,解决问题、推动发展。要用好精准激励的"指挥棒",把基层干部员工的主动性创新性充分激发出来,营造良好的干事创业氛围。

把做派减下去,把担当提上来。作风问题,是党员干部的终身课题,没有好作风,就不会有好作为。干部队伍中的"躺平、点卯、巨婴、演员、怨妇、老好人、两面人"等不良做派,是做好基层工作的"绊马索",严重影响党的形象,严重影响干部形象,严重影响党群干群关系。各级领导干部要认真贯彻党的群众路线,始终绷紧为基层减负、为基层服务这根弦,做到一切为了群众,一切依靠群众,从群众中来,到群众中去,为群众办实事、解难事,让主动减负成为思想自觉、政治自觉和行动自觉。有多大担当才能干多大事业,尽多大责任才会有多大成就。各级领导干部要坚持党的原则第一、党的事业第一、人民利益第一、基层一线第一,任劳任怨、尽心竭力、善始善终、善作善成,用知重负重、攻坚克难的实际行动擦亮为基层服务的鲜明底色。

问题的减法就是发展的加法,动能的提升就是发展的进步。油田发展根基在基层、任务落地靠基层。为基层减负是一项等不起、慢不得的重要任务，也是一道急需破解的必答题。基层工作效率如何，事关事业成败、发展兴衰。要正确处理好"六个关系"，强化逻辑思维、辩证思维，把基层不该承受的负担减下去，把基层治理能力提上来。处理好"机关把向与上下联动"的关系。机关是"减负"攻坚的"指挥所"，基层是"主战场"。机关要主动"下沉"靠前站位，由"慢慢办"向"马上办"转变、由"办不了"向"办得成"转变，千方百计把麻烦揽过来、把方便送下去；基层要不等不靠主动对接机关，由"上级要我干"向"我要主动干"转变，做到下面不等上面的文件、上面不等下面的经验。处理好"简政放权与压实责任"的关系。减轻基层负担，目的是提升基层活力和治理能力。减负必须放权，放权必须责权利相统一；减负不是减责任，有权就有责，有责必担责。要建立健全责任清单，厘清各级职责边界，强化"属地管理"，确保向基层赋权放得下、接得住、管得好，确保责任层层压实、级级落实、人人担责，凝聚起推动事业发展的强大能量。处理好"对上负责与对下负责"的关系。对上负责和对下负责是有机统一、高度一致的，把两者割裂开来，是形式主义存在的一个重要思想根源，只有把两者有效结合，对上负责与对下负责协调一致，才能真正解决为基层"减负"的问题。要坚持实事求是，倾听基层声音，树起"员工群众才是政绩最终评判官"的理念，避免不接地气的"空中政策"和相互打架的"本位政策"，增强政策措施的针对性、可操作性，切实把减负要求落地落实。处理好"放开手脚与监督考核"的关系。既"放得开"又"管得住"是硬道理，"放得开"不是放任不管，"管得住"更不是"五花大绑"，要充分发动基层、紧紧依靠基层，补短板破难题，最大限度释放基层创新创造活力。要落实精准监督、精准考核，明晰各级责任，杜绝滥用问责、不当问责和以考核代替整改等问题，充分激发基层内生动力。处理好"干事创业与关心激励"的关系。凡事兴于实而败于虚。只有牢固树立以实绩论英雄的鲜明导向，才能助力基层减负落地。"强兵必先安兵"。要立好实干实绩的"风向标"，把"严管"与"厚爱"结合起来，加大对基层的关心关爱和正向激励力度，为担当实干者撑腰鼓劲，让他们辛苦不"心苦"，流汗不"流泪"。处理好"对症下药与标本兼治"的关系。对基层存在的一些"堵点""痛点"，要"对病号脉""对症下药"，有什么问题就解决什么问题，什么问题突出就重点解决什么问题。"对症下药"既要治标更要治本，领导干部政绩观问题是"本"，体制机制问题也是"本"，要聚焦严管理、强创新、抓作风，彻底根治困扰基层的顽症痼疾。

为基层减负事关华北油田改革发展大局、"重上千万"大业。必须以坚决的态度、空前的力度，不换频道、一抓到底，扎实推动基层管理"提档升级"和打造基层减负"升级版"，坚决扛起职责使命，拿出过硬举措，以排山倒海之势必战必成。第一，干部是决定因素，必须担当作为。"下之所以为，惟上是视"。基层能不能减负，关键在领导，特别是领导的方式方法。各级领导干部要把自己摆进去，主要领导抓战略、抓方向，一定要举重若轻；分管领导抓战术抓执行，一定要举轻若重。如果一次讲话拿捏不准，一项部署针对性不强，一次检查指导性不够，就会给基层添负添堵。同时，如果基层落实上级部署"上下一般粗"，把简单的问题复杂化，也会导致"自负"。要痛下决心解决基层负担问题，领导干部要带头落实"一线工作法"，做到情况在一线掌握、决策在一线形成、问题在一线解决，不做"官老爷""老好人""推拉门"。提质增效也是一次大考，是对领导干部最好的甄别，是对能力素质一次很好的检验,要树立重实干、重实绩、重基层的用人导向,实干者有功、添负者问责,让基层减负"战场"成为选拔干部的"考场",减负不清零、成绩就归零。第二,标准是客观依据,必须高效运行。执行标准是基层管理系统性减负的基础。将繁杂的事情回归到简单,要有智慧、能力和决心。要强化以QHSE体系为核心的工作标准落实,优化管理、简化流程,提升效率、科学减负,保障基层管理最佳运行。源头上建立基层工作准入机制,扎紧"增负"的口子,建立"让示范变规范,标杆变标准,经验变制度"机制,及时把新经验、新变革、新技术纳入标准,形成工作规范模板,建立基层减负长效机制,解决"一抓就好转、一松就反弹"的问题。要发扬基层首创精神,落实岗位责任制,激发基层自主管理、持续改进的能力,迸发全员集智聚力、干事创业的合力。第三,作风是内生动力,必须加强改进。减真负需要真作风、硬作风,需要骨子里的转变、灵魂深处的革命。凡事重开会不抓落实、凡事有部署无确认、凡事不经调研盲目决策、凡事不明实情草率表态、凡事基层意见不研究简单回复、凡事调研检查就高不就低等,都是形式主义、官僚主义的表现,都是不担当不作为的表现。要深入开展"模范机关"创建,克服"七个有之",践行"五个模范",不要把时间花在"笔头"上、而要把时间用在"钻头"上,不要把时间花在会场、而要把时间留在现场。"没有听不懂的理,只有抓不准的事"。决战决胜基层减负,需要有攻城拔寨的必胜勇气,又要有绣花描红的细腻功夫,要因地施策、因事施策、因类施策,重在力度、贵在精准,下猛药、减到位。第四,考核是重要保障,必须立破并举。为基层减负,考核是指挥棒。要优化考核指标、改进考核方式、强化考核结果综合运用,从以集中检查为主,向以"四不两直"等日常检查、抽查方式为主转变,既发现问题又帮助解决问题,减轻基层的工作负担。将基层减负纳入公司巡察和重点督办,纪检监督部门要抓实各级减负责任落实,倒逼实现真减负、减实负。要加强基层减负运行,时间倒计、任务倒排、责任倒查、实效倒评,倒排工期、挂图作战、严格考核,坚决把基层负担减下来、减到位,推动减负由单纯减量向减少数量与提升质效并重转变。

为基层减负是一项系统工程。"欲筑室者,先治其基"。必须笃定"越是艰险越向前"的决心,保持"咬定青山不放松"的定力,做到抓常、抓细、抓长,做到只减不增、应减必减、能减尽减,锲而不舍、驰而不息,以拼搏奋进的姿态、苦干实干的常态、激情昂扬的状态,把螺丝拧得更紧、把工作做得更实,万众协力坚决打赢抓管理促减负这场硬战。

2022 年 4 月

把讲政治落细落实落具体

习近平总书记强调，讲政治是具体的，落实到行为实践上是有标准、可检验的。讲政治是马克思主义政党的根本要求，是管党治党、避免犯颠覆性错误的根本保障，是党补钙壮骨、强身健体的根本保证，是党培养自我革命勇气、增强自我净化能力、提高排毒杀菌政治能力的根本途径，是衡量一切工作是非得失的根本标准，也是所有共产党人的立身之本，必须时刻绷紧政治之弦、校准政治之标，时刻把讲政治摆在首位。

党的十八大以来，全党上下把"讲政治是具体的"作为政治纪律和行动指南，把旗帜鲜明讲政治作为"生命线"，为党和国家事业取得历史性成就、发生历史性变革提供了根本保证，并成为我们党的一条宝贵经验。中国石油始终坚持党的全面领导、加强党的建设，忠诚铸"油魂"、永远跟党走，确保石油队伍、石油资源牢牢掌握在党的手中。华北油田始终坚持"讲政治永远是第一要求"，牢记"政治工作是一切经济工作的生命线"，自觉把"讲政治是具体的"转化为"我为祖国献石油"的使命担当。

进入新时代，踏上新征程。华北油田始终把学习贯彻习近平新时代中国特色社会主义思想作为首要政治任务,把学习贯彻总书记对中国石油和中国石油相关工作的重要指示批示精神作为引领企业高质量发展的"定盘星",把忠诚捍卫"两个确立"、坚决做到"两个维护"作为最高政治原则和根本政治规矩,不断提高政治判断力、政治领悟力、政治执行力,以"讲政治是具体的"科学实践全面推进新时期新华北建设,确保油田改革发展和党的事业始终沿着正确方向奋勇前进。

"讲政治是具体的",要准确把握理论逻辑,深刻领悟实践要求。"讲政治是具体的",要体现在行动上、落实到工作中。政治工作是国有企业与生俱来的特色和优势,是一项长期的系统工程,概括地讲就是:"听党话、跟党走;用党的思想理论做好人的工作;完成党交办的任务"。要把中央和上级的部署要求落实到具体思路、具体举措上,落实到具体事、具体人上,往实处做、往实里走,体现在工作实效上、日常言行上。

政治忠诚是基本底线。政治忠诚,具体地讲,就是立场坚定常看齐,始终做到表里如一。坚定对党的政治忠诚,是党员干部最重要的政治道德、最基本的政治底线。忠诚不绝对,就是绝对不忠诚。对党忠诚是唯一的、彻底的、无条件的、不掺杂任何杂质的、没有任何水分的忠诚。毛泽东同志曾经讲过,"一个队伍经常是不大整齐的,所以就要常常喊看齐,向左看齐,向右看齐,向中看齐。"经常喊看齐是我们党加强自身建设的规律和经验,只有经常喊看齐,才能时刻警醒、及时纠偏,使全党上下始终保持步调一致的奋进状态。讲政治、喊看齐要从内心深处坚定不移地以党的旗帜为旗帜、以党的方向为方向、以党的意志为意志,坚定不移地在思想上、政治上、行动上同以习近平同志为核心的党中央保持高度一致,以心口如一的绝对忠诚拥护党的路线方针政策,以言行合一的绝对到位贯彻落实上级各项决策部署。

政治定力是关键核心。政治定力,具体地讲,就是坚心永恒跟党走,始终做到从一而终。保持政治定力,是讲政治的关键核心,决定着是否在政治上有清醒的判断、坚定的立场和正确的政治方向。长征途中,张国焘执意率军南下另立"中央",分裂党和红军,朱德同志虽身处险境,面对张国焘的威逼斩钉截铁地说:"北上方针是党中央集体决定的战略决策,我是举过手的,我不会反对,就是把我劈成两半,我也是这句话"。正是在重大原则问题和大是大非面前,朱德同志以坚定的政治立场、超强的领导能力,引领红四方面军回到正确的路线上。没有坚定的政治定力,就有可能误入歧途,甚至犯颠覆性错误。政治上的坚定,源于理论上的清醒。必须忠贞不贰地信仰马克思主义,深入学习贯彻习近平新时代中国特色社会主义思想,筑牢信仰之基、补足精神之钙、把稳思想之舵,时刻绷紧政治之弦、校准政治之标,并使之铸入思想深处、融进血脉灵魂。

政治能力是首要能力。政治能力,具体地讲,就是牢记初心定方向,始终做到一生追求。在干部所需的各种能力中,政治能力是第一位的,具有主导性和决定性作用。仅有鲜明的政治态度而无坚强的政治能力,讲政治就会力不从心;有了过硬的政治能力,在任何时候任何情况下都能"不畏浮云遮望眼""乱云飞渡仍从容"。党的十八大以来,习近平总书记以马克思主义政治家、思想家、战略家的非凡理论勇气、卓越政治智慧、强烈使命担当,带领全党全国各族人民应对世所罕见的复杂严峻环境,推进史所罕见的繁重艰巨任务,党和国家事业取得历史性成就、发生历史性变革。政治能力不是与生俱来的,也不是一劳永逸的。必须把提高政治能力作为终身必修课,把实践作为提高政治能力的大课堂，敢挑最重的担子，涉最险的滩涂，啃最硬的骨头，在大风大浪、急事难事中加强政治历练，积累政治经验，提高政治能力。

政治担当是鲜明本色。政治担当，具体地讲，就是永葆本色当排头，始终做到一往无前。政治担当是衡量和判断一个党员是否合格的标尺，是每个共产党人都要树立的"第一形象"。习近平总书记指出，是否具有担当精神，是否能够忠诚履责、尽心尽责、勇于担责，是检验每一个领导干部身上是否真正体现了共产党人先进性和纯洁性的重要方面。从"宁可少活二十年，拼命也要拿下大油田"的王进喜，到"不改变兰考的面貌，我死不瞑目"的焦裕禄，再到"誓干惊天动地事，甘做隐姓埋名人"的黄旭华，他们用担当诠释了至真至深的家国情怀。历史只会眷顾坚定者、奋进者、搏击者，不会等待犹豫者、懈怠者、畏难者。要做到党有号召、我有行动，党旗所指、我之所向，面对矛盾敢于迎难而上、面对危机敢于挺身而出、面对歪风邪气敢于坚决斗争，作出无愧于时代、无愧于人民、无愧于历史的业绩。

政治自律是根本保证。政治自律，具体地讲，就是严于律己守规矩，始终做到一身正气。政治纪律是各级党组织和全体党员在政治方向、政治立场、政治言论、政治行为方面必须遵守的规矩，是维护党的团结统一的根本保证。党的十八以来，以习近平同志为核心的党中央坚持问题导向，把严守政治纪律和政治规矩放在首位，用铁的纪律管党治党，以"得罪千百人、不负十四亿"的使命担当去疴治乱，营造了旗帜鲜明讲政治、从严从紧抓纪律的氛围，对顶风违反政治纪律、政治规矩的严厉查处。习近平总书记强调，在政治问题上，任何人不能越过红线，越过了就要严肃追究其政治责任。有些事情在政治上是绝不能做的，做了就要付出代价，谁都不能拿政治纪律和政治规矩当儿戏。要始终做到思想不打擦边球、行为不碰高压线，时刻清醒地认识到哪些是对、哪些是错，绝不越雷池半步，始终做政治上的"明白人""老实人"。

"讲政治是具体的"，要切实解决实际问题，全面提升政治效能。习近平总书记强调，讲政治任何时候都是根本性的大问题。但实际工作中，仍有个别党员干部对讲政治理解不深、把握不准，"笼统"地抓党建，不仅不能把工作落具体，也解决不了实际问题，影响了党建工作质量，影响了企业发展大局。

解决站位"低"的问题，做到高点推进。习近平总书记指出，经济是政治的基础，政治是经济的集中体现；各级干部特别是领导干部要善于从政治上看问题，站稳立场、把准方向，善于从政治上谋划、部署、推动工作。坚持党的领导、加强党的建设，是我国国有企业的光荣传统，是国有企业的"根"和"魂"，是国有企业的独特优势。现实中，有的干部政治站位不高、眼界不宽、思维不广，不善于用政治眼光观察和分析经济问题，不善于站在讲政治的高度思考、谋划和推进企业发展。能源安全关系我国经济社会发展全局，是最重要的安全之一。中央企业是能源保供的"顶梁柱"，我们必须要提高政治站位，胸怀"国之大者"，善于用政治眼光观察分析问题、善于从讲政治的高度思考谋划和推进工作，深刻领会什么是党和国家最重要的利益、什么是最需要坚定维护的立场，在错综复杂的经济关系中把握政治逻辑，不断提高战略性、系统性、前瞻性研究和谋划发展的能力，确保企业始终沿着正确的道路前行。

解决认识"远"的问题，做到全面执行。政治工作是传家宝、是生命线。毛泽东同志指出,"不讲政治,就等于没有灵魂。"讲政治既是一项重大的政治原则,也是企业发展进步的根本保证。现实中,有的干部缺乏对大局的敏感性,思想上"远"、落实上"远",对中央部署什么、集团公司安排什么、油田公司要求什么一知半解,政治领悟力不强,工作执行力不够。有的党建工作与中央重大方针政策,与集团公司重大决策,与新时期新华北建设联系得不够紧密。有的把党建工作放在孤立的位置,自说自话,缺少呼应,工作重点不突出,眉毛胡子一把抓,动态和成果淹没在大而化之的提法之中。政治敏锐性是领导干部讲政治必备的素质,是政治上成熟的标志。要时刻关注中央和上级在关心什么、强调什么,把公司各项决策部署转化为推进企业工作的实际行动,形成统一思想、统一意志的统一行动。要坚持"抓生产从思想入手,抓思想从生产出发",坚持服务生产经营不偏离,善于观大势、谋全局,把提高企业效益、增强企业竞争实力作为党组织工作的出发点和落脚点,以改革发展成果检验党组织的工作和战斗力。

　　解决工作"虚"的问题,做到深度融合。业务工作很重要,当然要抓好,但如果只重业务而轻政治,那就是本末倒置。具体工作中,"重业务、轻党建"的现象还未根本扭转,有的认为讲政治太空、与业务无关,自己是搞业务的、不是搞政治的,机械孤立地看待讲政治;有的认为业务工作是"硬指标",必须抓并且必须抓好,而党建工作是"软任务",做多做少、抓与不抓都不会影响大局;有的党建工作形式空虚、内容空洞,"各唱各的调,各吹各的号""说起来重要,做起来次要,忙起来不要";有的党建工作人才严重缺乏,党员干部的管理更多依托于行政关系、工作关系,难以引导党员发挥先锋模范作用,不能很好地发挥党建工作的优势。讲政治是前提、抓业务是本职。只谈业务不讲政治，就会迷失方向；而脱离业务讲政治，就会流于形式。要把讲政治作为抓好业务工作的"定海神针"，围绕生产经营管理、急难险重事项、重大工程项目设计载体活动，使党建工作的责任目标、工作安排与企业发展要求部署相统一、相协调，充分发挥党的政治优势，在服务发展大局中不断提高党建工作水平。

"讲政治是具体的"，要始终把准目标任务，着力加强党的建设。旗帜鲜明讲政治，是站稳立场的"定盘星"、干事创业的"指南针"。要全面把握习近平新时代中国特色社会主义思想的世界观、方法论和贯穿其中的立场观点方法，围绕新时期新华北目标任务，高站位、划重点、提质量，以具体的工作实践，全面推进新时代党的建设新的伟大工程。

突出政治标准，加强政治建设。党的政治建设是党的根本性建设，决定党的建设方向和效果。政治建设必须实打实硬碰硬，不能有丝毫含糊。"国企姓党"，中石油是党的中石油、国家的中石油、人民的中石油。要旗帜鲜明讲政治，提高政治站位，站稳政治立场，把忠诚基因植入灵魂血脉，不断提高把握方向、把握大势、把握全局的能力，不断提高辨别政治是非、保持政治定力、驾驭政治局面、防范政治风险的能力，始终在政治立场、政治方向、政治原则、政治道路上同以习近平同志为核心的党中央保持高度一致。要全面加强党的政治领导、思想领导和组织领导，全面履行好把方向、管大局、保落实的职责，增强党内政治生活的政治性、原则性、战斗性，涵养良好政治生态。强化政治基调、战略部署、全面从严治党责任落实，用企业发展回馈员工群众，坚决保证政治不变味、发展跟得上、底线守得住。

突出政治引领，加强思想建设。理论上的成熟是政治上成熟的基础，政治上的清醒来源于理论上的坚定。思想建设必须入脑入心、凝心铸魂，高举讲政治的思想大旗。要以深入开展主题教育为契机，切实解决学习制度流于形式，研讨与解决和推动实际工作脱节等问题，主动地把自己摆进去、把思想摆进去、把职责摆进去、把工作摆进去，深刻把握贯穿习近平新时代中国特色社会主义思想的立场观点方法，着力破解制约新时期新华北建设的难题，切实把学习成效转化为推动高质量发展的思路举措和生动实践。党务工作具有很强的政治性、综合性和专业性，党务干部要有理论、有实务、通道理、通事理，把"理、事、人"三者贯通起来，把各项工作与基层实际结合起来，真正做一个理论工作者、实务工作者、宣传工作者。要结合新时代特点改进和创新宣传方式，把道理讲清楚，结合实际做好人的工作，培养选树好人好事等基层宣传文化，让宣传工作更新颖、更灵活、更接地气，让正能量的声音成为各种场合舆论宣传的主流声音。

突出政治功能，加强组织建设。党的组织是确保党的路线方针政策和决策部署贯彻落实的基础。组织建设必须做好贯彻落实党中央的政治意图、培养事业接班人、强化基层组织、构建从严治党体系等"四件大事"，筑堡垒、强班子、建队伍。要选优配强领导班子和领导干部，建设聚才汇智新高地，针对部分干部责任心不足、能力不够的问题，一体推进责任心和能力建设。要牢固树立"抓好党建是最大的政绩"的理念，围绕新时期新华北建设目标，增强系统部门之间的科学咬合、机关与基层的密切联系，增强党建工作与"千万吨当量目标""四个专项行动"等密切联系，切实把政治要求转化为硬任务。要牢固树立大抓基层的鲜明导向，针对发展不平衡不充分、安全隐患依然突出、驾驭高质量发展准备不足等问题，找准群众工作关键，注重换位思考、拉近距离，积极办实事、解难事，有高度、有长度、有温度地把群众工作做到员工心里，构建利益共同体。

突出政治示范，加强作风建设。作风问题本质上是党性问题，党的作风就是党的形象，关系人心向背，关系党的执政基础。作风建设必须坚持永远在路上，坚持从严从实，抓具体抓深入。要锲而不舍纠"四风"，持之以恒加固中央八项规定精神的堤坝，靶向纠治贯彻上级决策部署空喊口号、不抓落实，各行其是、搞本位主义，推诿扯皮、消极应付等不良倾向，抓住本质、精准施治，久久为功、化风成俗。要聚焦维护党中央集中统一领导，聚焦贯彻习近平总书记重要指示批示精神，聚焦落实集团公司党组和华北油田公司党委决策部署，找准切入点和关键处，做到政治监督具体化、精准化、常态化，以更加严格的纪律约束深化作风治理，做到政令畅通、执行到位，坚决打通贯彻执行中的堵点淤点难点，确保各项目标任务有力推进。各级领导干部要率先垂范，以更加主动的政治自觉、思想自觉和行动自觉，以自身人格魅力和主动作为，影响和带动干部员工高唱正气歌、高扬正能量。

突出政治要求，加强纪律建设。政治性和组织纪律性是加强纪律建设的核心要义，加强纪律建设是全面从严治党的治本之策。纪律建设必须持之以恒，让铁规发力、让禁令生威、让制度"长牙"，永远吹响冲锋号。要严守党的政治纪律和政治规矩，经常对照党章检查自己的言行，加强党性修养，陶冶道德情操，增强政治定力、纪律定力、道德定力、抵腐定力，永葆共产党人政治本色。要着力构建全面从严治党体系，做到内容上全涵盖、对象上全覆盖、责任上全链条、制度上全贯通，从严落实"两个责任"，一级抓一级、层层抓落实，把管党治党责任一贯到底。要充分发挥民主监督、党委巡察、考核审计等作用，落实好"大监督"机制，推动监督下沉、监督落地。要坚持不敢腐、不能腐、不想腐一体推进，同时发力、同向发力、综合发力，加强新时代廉洁文化建设，精准规范用好问责利器，不断取得更多制度性成果和更大的治理效能。

万物得其本者生，百事得其道者成。领导干部要讲政治、懂政治，善于从政治上观察和处理问题，善于从一般事务中发现政治问题，善于从倾向性、苗头性问题中发现政治端倪，善于从错综复杂的矛盾关系中把握政治逻辑，时常叩问和守护初心，以崇高政治理想、高尚政治追求、纯洁政治品质和严明政治纪律，把华北油田的各项事业不断推向前进。

2022 年 11 月

大抓基层激发内生动力

基层是党的执政之基、力量之源。基础不牢、地动山摇。重视基层、关心基层、支持基层，建强基层党组织，是我们党在长期实践中积累的重要经验。党的十八大以来，习近平总书记就加强基层建设提出了一系列新思想新战略，在党的二十大报告中指出，要坚持大抓基层的鲜明导向，这是把握党的中心任务新变化、适应党和国家事业发展新要求、实现人民对美好生活新期待而提出的重大任务。2023年，中央又做出在全党大兴调查研究的重要部署，作为主题教育的重要内容，深入基层调研，破解发展难题，推动党和国家事业开好局起好步。

新中国石油工业70多年的发展历程，抓基层打基础始终是长期的战略性任务，更是一笔弥足珍贵的财富。在艰苦卓绝的大庆石油会战中，总结形成了"以党支部建设为核心的基层建设、以岗位责任制为中心的基础工作、以岗位练兵为主要内容的基本功训练"的"三基"工作，成为中国石油的独特优势。在新时代新征程上，华北油田始终坚持大抓基层，坚守石油初心，弘扬优良传统，打造基层标杆，建设文化阵地，深化"五融"党建，强管理、夯"三基"、促减负、创标杆，凝聚了大抓基层的广泛共识，基层治理体系和治理能力现代化全面加强。

　　基层是生产经营的源头和载体，抓好新时代的基层建设，对于进一步凝聚干事创业的强大力量，提升企业综合实力、核心竞争力和防范风险能力，筑牢建设千万吨当量综合能源公司基础，都具有重大的现实意义。大抓基层是严密组织的重要举措。党的基层组织是党的肌体的"神经末梢"，是贯彻落实上级决策部署的"最后一公里"。必须坚持大抓基层导向，夯实堡垒、建强队伍，把思想政治工作落实到基层，把从严教育管理党员落实到基层，把群众工作落实到基层，把党的政治领导力、思想引领力、群众组织力、社会号召力转化为高质量发展的核心竞争力。大抓基层是强化管理的重要途径。抓基层打基础是长远之计、固本之举，基层管理水平决定企业的执行力和队伍的战斗力。必须坚持大抓基层导向，对标高质量发展要求，持续深化"四精"管理，推进基层标准化、规范化建设，层层压实责任，打造特色文化，激发细胞活力，提升基层管理效率、效益、效能，凝聚形成改革创新、提质增效、转型升级的新动能。大抓基层是防控风险的重要保障。楼高万丈，基石为先。基层是安全生产的主阵地，是防范风险的最前沿。必须坚持大抓基层导向，全面落实"四全"要求，压实安全生产责任，完善操作清单，加强风险评估，强化作业过程管控，加强现场监督检查，确保运行安全、全面受控，推动安全生产从治标向治本转变，为公司稳健发展奠定坚实基础。大抓基层是打造标杆的重要手段。抓典型、树标杆是基层建设的重要内容，一个典型就是一面旗帜，标杆的水平影响着基层水平。必须坚持大抓基层导向，推进基层队站达标创建，抓试点、抓示范、抓典型、抓推广，把示范变规范、标杆变标准、经验变制度，打造一批在集团公司乃至全行业叫得响的标杆站队，让基层学有榜样，赶有目标，提升基层建设整体水平。大抓基层是服务群众的重要载体。密切联系群众是党一贯的优良传统和作风。基层与群众距离最靠近、联系最紧密、接触最广泛，是群众工作的桥梁纽带。必须坚持大抓基层导向，做到依靠群众、组织群众、宣传群众、凝聚群众、服务群众，发动群众决策共谋、发展共建、成果共享，凝聚起齐心协力建设新华北的强大力量。

党的工作最坚实的力量在基层，抓基层打基础是我们历尽艰辛而胜利、千锤百炼更坚强的重要法宝。实践表明，我们的各项部署什么时候真正贯彻到基层、落实到基层，油田的事业就兴旺发达，美好蓝图就能顺利实现。全面建设新时期新华北，重点在基层，难点也在基层。当前，公司基层建设依然存在不少短板，比如基础工作还不够扎实规范，基层管理存在不少薄弱环节，队伍能力素质有待进一步提升，基层利益诉求需要持续关注，党建思想政治工作优势需要进一步发挥等。我们要以严实作风补短板、强弱项、固底板，坚持大抓基层的鲜明导向，脚踏实地、求真务实，筑牢高质量发展根基，书写新时期发展华章。

坚持大抓基层导向，全面把握以"八个标准"为核心的规范要素，抓重点求实效，推进基层建设全面提升

"政治坚定、管理现代、生产有力、经营高效、安全环保、环境良好、遵规守纪、团结向上"，是基层建设目标指引的"八个标准"。基层工作繁琐复杂、点多面广又系统综合，要善于抓难事抓要事、抓本质抓重点，建标准、定规范，使基层工作有具体的目标，有明确的任务，有丰富的抓手，有务实的举措，确保基层建设生机勃勃。

政治坚定。就是始终做到忠诚捍卫"两个确立"、坚决做到"两个维护",牢记中石油是党的中石油、国家的中石油、人民的中石油,永远听党话、感党恩、跟党走,保持政治本色不变、初心使命不忘、优良传统不丢、奋斗精神不减,永葆石油人的红色底蕴和战斗情怀。严守政治纪律和政治规矩,不断提高政治判断力、政治领悟力、政治执行力,始终在思想上政治上行动上同以习近平同志为核心的党中央保持高度一致。

管理现代。就是以现代经营思想、管理方法和"油公司"模式推进基层管理,加强数字化、信息化、智能化应用,实施清单化操作、过程化管控、标准化建设,推动基层治理体系和治理能力现代化。在生产、安全、设备、标准、质量、管控、系统、绩效等方面对标行业一流,做到工作制度健全完善,操作规程标准规范,业务流程简捷高效,岗位责任全面落实,经营管理依法合规,基础管理扎实精细,实现基层管理全面过硬全面提升。

生产有力。就是高标准高效率高质量完成各项生产建设任务,生产组织高效运转、积极主动,监督管理严格执行、全面受控,各项重点工程扎实推进并取得标志性成果。新技术、新工艺、新工具深度赋能,作业现场全要素感知,生产运行全流程优化,施工建设全过程管理,产品、工程和服务质量卓越。员工队伍岗位胜任能力、规范操作能力、解决实际问题能力全面过硬,出典型、出经验、出标杆,基层根基持久稳固。

经营高效。就是做到经营上精打细算、生产上精耕细作、管理上精雕细刻、技术上精益求精,创造一流的业绩、一流的质量、一流的效益。践行"一切成本均可降"理念,坚持低成本发展战略举措,全方位开源节流、挖潜增效、创新创效，做到不可控成本可控化、可控成本控制极致化，各业务单元实现资源集约优化配置，生产综合能耗和各类经营绩效指标行业优异，对标一流做到全产业链、全业务链价值创造能力最大化。

安全环保。就是始终把员工群众的生命安全放在第一位，防范化解各类风险，严守红线底线，做到"零伤害、零污染、零事故"，实现本质安全生产。强化"安全责任重于泰山""防范胜于救灾"理念，突出源头管控、安全教育、隐患治理和责任落实，实现标准化现场、标准化操作、标准化岗位全覆盖，全员安全素质和技术能力大幅提升，绿色低碳生产、健康企业建设全面推进，维稳安保等风险有效化解，确保生产受控和大局稳定。

环境良好。就是生产与生活环境优良改善，工业与自然环境相得益彰，站容站貌干净整洁，设施设备管理规范，工艺流程优化简化，功能布局科学合理，形象要素标准统一，目视场景清晰直观，员工队伍积极阳光。坚持以人为本、和谐共生的理念，突出净化、绿化、美化，突出节俭、集约、实用，各类硬件设施合理配置满足需要，员工学习生活条件持续优化保障到位，文化活动场所因地制宜有效利用，实现整体环境协调相宜。

遵规守纪。就是严格遵守国家法律法规，遵守党的纪律，遵守企业规章制度，遵守社会公德，恪守职业道德，弘扬家庭美德，树立正确的人生观、价值观和世界观，员工队伍无违规违纪违法事件。大力弘扬"三老四严""四个一样"的优良作风，模范遵守企业行为规范，服从领导、听从指挥，学规矩、懂规矩，严律己、守底线，严格按党性原则办事，按政策法规办事，按制度程序办事，积极培育风清气正的良好政治生态。

　　团结向上。就是基层组织坚强有力,党员干部率先垂范,员工队伍精神振奋,基层氛围和谐融洽,团队充满奋发进取、向上向善的正能量,组织具有强大的凝聚力、战斗力和向心力。发挥基层首创精神,弘扬石油精神和大庆精神铁人精神,传承"艰苦奋斗、精细管理、开放发展"的华北油田精神,做到识大体、顾大局,重团队、讲奉献,勇担当、善作为,巩固团结奋进的思想基础,汇聚推动发展的奋进力量。

坚持大抓基层导向，全面落实以"四个要求"为重点的业务建设，走在前做表率，推进基层干部全面过硬

"知大局、接地气、解难题、聚士气"，是对基层干部履职担当的"四个要求"。基层干部是厚植党执政群众基础、推动改革发展的中坚力量，是员工群众的主心骨。要与时俱进练好内功、提升修养、增强本领，忠诚地履行好岗位职责，做可堪大用、能担重任、建功基层的油田栋梁。

知大局。这是基层干部应有的政治视野。基层工作的专业性独立性强，有时容易偏安一隅、闭目塞听。眼界宽方能天地阔。基层干部要善于把握大局大势，自觉把承担的工作放到大局中去考量定位，站在全局的高度看待问题、分析问题。要在思想上融入大局，主动谋划、到位谋划、有效谋划，使基层工作与公司中心工作目标同向、号令同调、运行同步，做到党委有部署、基层有行动，党委有号召、干部要带头，自觉服从大局、坚决维护大局，确保落实有方、执行有力，确保干出让群众满意的实绩。

接地气。这是基层干部应有的务实作风。"接地气"是密切联系群众的重要方法，是解决基层"最后一公里"的有效途径。毛泽东同志曾形象地比喻：我们共产党人好比种子，人民好比土地。我们到了一个地方，就要同那里的人民结合起来，在人民中间生根、开花。基层干部是群众身边的人，要和大家站在一起、想在一起、干在一起，一切为了群众、一切依靠群众，一切服务基层、一切发展基层，掌握基层实际情况，了解群众需求想法，增底气、接地气，让各项工作在基层开花结果。

解难题。这是基层干部应有的攻坚本领。基层工作头绪多、事务杂，需要推动各项急迫任务、处理各类复杂矛盾、协调各种利益关系、应对各种突发问题。基层干部抓工作的魄力、能力和毅力，在很大程度上体现在解决难题上。工作在攻坚克难中推进，成绩在攻坚克难中创造，威信在攻坚克难中树立，能力在攻坚克难中提升。要守土有责、守土尽责，接受任务不讲条件、执行任务不讲困难、完成任务竭尽全力，知重负重、迎难而上，勇于担当、主动作为，以不负众望的奋斗激情苦干实干冲锋向前。

聚士气。这是基层干部应有的领导能力。基层单元是一个"大家庭"，家和万事兴。基层干部要公道、正派，肯吃苦、勤做事，把群众的需求作为"第一信号"，把群众的评价作为衡量工作的"试金石"，与群众心心相印、与群众同甘共苦、与群众团结奋斗。从系统上讲，华北油田就是一个"大基层"，各级干部要身在基层抓基层，推动发展为基层。简单地说，"一线员工不寂寞不孤独"就是大抓基层，"做到'三清四访五必谈'"就是好干部，"员工对企业情况一清二楚"就是好班组。要践行干部"三化"要求，与群众打成一片，串百家门、知百家情、办百姓事，以高昂的士气凝聚干事创业的强大合力。

根本固者，华实必茂。大抓基层、夯实基础事关大局。要把握"八个标准"、落实"四个要求"，做好统筹谋划，明确方法路径，突出重点任务，处理好顶层设计与基层实践的关系，基层减负与担当履责的关系，传承经验与创新方法的关系，点上突破与面上提升的关系，注重规范与力戒形式主义的关系，不断提升基层政治引领能力、落实执行能力、推动发展能力、应急处置能力和为民服务能力，让大抓基层的鲜明导向成为真管用、见实效的指挥棒，凝聚广泛的发展合力，齐心协力建设新华北。

九层之台，起于垒土。全面建设新时期新华北任务艰巨，等不得、拖不得、慢不得。要增强责任感紧迫感，主动把抓发展的政策落实到基层，把利长远的部署落实到基层，把促创新的措施落实到基层，把破难题的行动落实到基层，持续抓统筹、抓落地、抓细化、抓规范，让一切生产要素的活力竞相迸发，让一切创造企业财富的源泉充分涌流，推动新时期基层建设迈上新台阶。在建强堡垒上持续发力。党的基层组织是党的全部工作和战斗力的基础。只有党的基层组织强起来，推动决策部署落实、做好改革发展稳定各项工作才有坚实保障。要把党支部建成坚强的战斗堡垒，做到哪里有群众，哪里就有党的工作，让党的旗帜在每一个基层阵地上高高飘扬。要坚持严管厚爱相结合，统筹抓好基层干部的"选育管用"，把到基层艰苦岗位锻炼成长作为干部培养的重要途径，让基层成为员工成长成才的"大熔炉""蓄水池"。在基层减负上持续发力。要坚持标本兼治、综合施策，全面检视、靶向治疗，以上率下、上下联动，推进工作融合与检查合并，打一场为基层减负的攻坚战，把基层从形式主义和官僚主义的"套路"中解脱出来。按照出效率、出效果、出经验、出人才要求，将基层管理与"油公司"模式构建、集约化管理、数字化建设、流程清单化管控相结合，全面提升基层整体绩效水平，推动部署要求一贯到底、落地落实。在标杆打造上持续发力。典型就是水平，标杆就是榜样。达标创建队站要成为有传承、有特色、有实力的样板，各条战线、各系统和各单位结合实际量体裁衣、分类打造，开枝散叶、全面提升。典型需要长时间的打磨，标杆更需要持之以恒的历练。要突出老传统、老标杆，新时期、新贡献，往深处挖掘、往精处发力，做到"百炼成钢",让人肃然起敬,打造风向标。讲好时代故事、石油故事、基层故事,让每个人都参与到基层建设中来,共享新时代成果,形成基层建设长效机制。在载体创新上持续发力。推进基层建设的制度化体系化,因时而宜、因地制宜设计建设载体,持续深化"四进"❶工程、岗位责任制、党员示范岗、QHSE标准化队站、大比武大练兵、"十百千"工程、"五个一"阵地建设、"一线工作法""快乐华北、传递健康""五型班组""岗位讲述"等一系列行之有效的做法,比干劲、比技能、比业绩,严守安全、环保、质量、廉洁、稳定"五条底线",确保基层单位安全无事故、环保无污染、质量无缺陷、党员无违纪、队伍无上访。在文化培育上持续发力。发扬基层的首创精神,总结提炼工作实践中形成的鲜活经验和先进文化理念、队站精神,培育基层特色队站文化,做到一站一文化、一站一场景、一站一特色,凝聚员工思想共识,建立全员价值认同,用优秀文化引领队伍、提升管理、推进发展。围绕基层队站"八有八突出",完善文化栏、展示屏、宣传栏,强化教育激励、示范引领功能,因地制宜打造主题突出、特色鲜明的宣传展示主阵地,推出一批具有华北特色的形象展示窗口。在转变作风上持续发力。问题表象在基层,根子在机关。机关依托基层存在,是为基层服务的,为基层提供政策支持和系统保障的。在上面要求人、在后面推动人,都不如在前面带动人管用。要发扬石油工业"三个面向、五到现场""白天一片空、晚上一片亮"等优良作风,践行"马上就办、担当尽责"的理念,牢固树立一切工作到基层的鲜明导向,多做体验式设计、专业化服务,把方便送下去,把麻烦揽上来,做到服

---

❶ 指党的创新理论进机关、进基层、进队站、进岗位。

务基层、解决问题、减负提效，实现上下联动，同频共振。在推动发展上持续发力。推动发展和基层工作是辩证统一的。发展是第一位的，发展为了群众、发展依靠群众、发展成果由群众共享，如果没有发展，一切都无从谈起，所以解决基层的问题、破解各种难题、实现人民幸福关键要靠发展、要靠干。员工群众是大抓基层的直接受益者，要紧紧依靠群众来推动基层建设，使改革的思路、政策更好符合基层实际。把提升为民服务水平作为检验建设成效的重要标尺，解决好员工群众的急难愁盼，让群众有更多获得感，建设定心拴心凝心的华北油田。

"道虽迩，不行不至；事虽小，不为不行"。基层建设是一项事关全局的长期战略举措，事无巨细、任重道远。只有万千溪流汇聚，才能成就奔腾不息的江河。我们要以更坚决的态度、更严细的作风、更有力的举措，久久为功、聚溪成河，在全面建设新时期新华北的广阔征程上，让油田发展之基在坚守中永固，发展之路在勇毅中致远。

2022年11月

明理集

▶坚持践行"系统工作法"

系统观念是马克思主义的重要认识论方法论,也是贯穿习近平新时代中国特色社会主义思想的重要立场观点方法。党的十九届五中全会将"坚持系统观念"确立为"十四五"时期经济社会发展必须遵循的原则之一,党的二十大又将"必须坚持系统观念"作为"六个必须坚持"之一予以提出。这体现了我们党抓大事谋全局的执政能力,彰显了新时代推进中国特色社会主义事业的理论逻辑、历史逻辑、方法逻辑和实践逻辑,为实现中华民族伟大复兴提供了方法论遵循。

习近平总书记多次指出,系统观念是具有基础性的思想方法和工作方法。万事万物是相互联系、相互依存的。只有用普遍联系的、全面系统的、发展变化的观点观察事物,才能把握事物发展规律。系统观念是我们党克服艰难险阻取得伟大胜利的重要法宝,也是石油工业长期实践总结出来的成功经验。面对能源格局深刻调整的复杂形势,集团公司立足当前抓长远、善谋全局抓重点,全面实施"创新、资源、市场、国际化、绿色低碳"发展战略,形成了系统全面、逻辑严密、内涵丰富、内在统一的战略体系和实施方略,取得了一系列历史性突破、标志性成果。

谋划推动中国式现代化华北场景，全面建设新时期新华北，奋力打造千万吨当量综合能源公司，我们既处于重要的战略机遇期，也面临不少深层次矛盾和问题。从整体上看，推动产业协同增效依然任重道远，实现科技自立自强依然任重道远，投资成本精益管理依然任重道远，重大风险精准防控依然任重道远，干部能力素质提升依然任重道远。从工作推动上看，有的整体性不强，思维眼界不宽，不注重考虑全局、考虑长远，"一亩三分地""小院高墙"；有的协同性不强，缺乏战略谋划、长远考量，头痛医头、脚痛医脚，没有形成实践、认识，再实践、再认识的良性循环；有的实效性不强，抓不住问题、抓不住关键，低水平重复，瞻前顾后、效率低下，议而不决、决而不行等。

全面建设新时期新华北，是新的历史条件下全体华北人为之奋斗的宏大事业，也是一项目标卓越、任务繁重的系统工程。我们必须从战略高度和长远角度出发，坚持践行"系统工作法"，把系统性的理念、方法、举措，贯穿各领域、各层次、各阶段，贯穿增储上产、绿色转型、提质增效、科技创新和党的建设等各方面，把系统工作融入行业乃至国家发展大局，统筹全局、应对变局，纲举目张、执本末从，推动油田在新时代实现新发展。

"系统工作法"基本要求是：抓系统、抓广泛、抓深入、抓重点。"系统工作法"是实践中总结形成的科学管理经验。抓系统的核心是全面，突出系统整体地分析问题，坚持工程化思维、项目化管理、阶段化推进、目标化落实；抓广泛的根本是动员，突出全员全方位的发力和动员，形成系统的推进举措，把战略目标转化为全员共同行动；抓深入的重点是举措，突出措施力度和问题破解，补齐管理短板、防范系统风险；抓重点的关键是效率，强化战略执行、措施落地，以重点突破推动系统整体提升。

"系统工作法"主要内涵为:"一条主线,三个维度,六个坚持"。"系统工作法"具有丰富的理论和实践内涵,具有突出的时代特色和现实意义。"系统工作法"既是一种辩证思维、战略思维,也是一套工作体系和逻辑方法;既是推进油田改革发展的内在要求,又是实现企业高质量发展的客观需要,也是应对内外环境变化的必然选择。

"一条主线":紧密围绕全面建设新时期新华北这条主线。全面建设新时期新华北是一项长期性的战略任务,是贯穿全局的一条主线,是我们的共同目标、价值追求和行动方向,承载着几代华北人的理想和奋斗。形势越是复杂、任务越是繁重,越要全面、辩证、长远地看问题,全盘谋划、整体思考,综合研判、精准施策,以系统思维准确把握建设新时期新华北的目标任务,解放思想、转变观念,稳中求进、行稳致远,在伟大时代的洪流中把华北油田各项事业推向一个崭新高度。

"三个维度":前瞻性思考,全局性谋划,整体性推进。前瞻性是成功的先决条件,坚持"系统工作法",要以战略眼光审视全局,把历史、现实与未来发展贯通起来,把近期、中期和远期目标统筹起来,既顾好当下,也谋好长远,未雨绸缪、趋利避害,不断增强思维的超前性和发展的稳定性。全局性是推动工作的基本原则,坚持"系统工作法",要在大局下谋划、在大局下行动,把贯彻上级精神体现到谋划重大战略、制定重大政策、部署重大任务、推进重大工作的实践中去,明确总体思路、基本策略、关键工程、具体部署、量效指标,全面系统做好规划实施。整体性是系统最本质的特征,坚持"系统工作法",要坚持规划先行、工程先行、效益先行、基础先行,分清轻重缓急列出任务单、明确时间表、细化路径图,全方位、全领域、全过程协调推进,防止把系统目标碎片化,防止在政策执行过程中简单化,抓全面、抓系统、整体推进,确保各项目标任务落实。

"六个坚持":坚持问题导向,坚持思维创新,坚持工程推动,坚持统筹协调,坚持节点控制,坚持成果检验。问题是时代的声音,也是创新的起点,要坚持问题导向,通过历史看现实、透过现象看本质,将问题作为干事创业、改进工作的有力抓手,以敏锐的眼光发现问题,以清醒的头脑正视问题,以强烈的担当解决问题。思维决定行动,要坚持创新思维,推动从局部思维向战略思维转变,定势思维向多维思维转变,线性思维向体系思维转变,惯性思维向逻辑思维转变,片面思维向辩证思维转变,破除陈旧观念,摆脱路径依赖,思维创新推动管理模式创新、生产方式创新,以思想大解放推动事业大发展。工程是任务实践的集合,要坚持工程推动,以工程建设导向谋划具体推进策略和措施,抓好抓实事关油田发展大局的重大工程,锚定核心业务、重点领域、关键市场,进一步靠实支撑工程、先导示范和保障机制,以专项行动、中长期战略工程、年度重点工程攻坚带动战略规划落地。统筹和协调是重要的工作方法,要坚持统筹协调,在管理上注重战略执行、组织优化、内部约束、对标提升、清单操作、文化辅助,在推进落实上做到工作有专班、推进有方案、施工有图表、落实有检查、效果有评估、业绩有考核,在产业发展上客观研判业务发展前景、趋势,统筹资源、力量,全面推进"五大业务"协调发展。节点是推进过程的环节和点段,要坚持节点控制,以年度工作为主线、季度回收为闭环、月度推进为节点、周度运行为控制,管程序、管节点、管专业、管制动,做到干一个季度、准备一个季度、研究一个季度。成果是最终的体现,要坚持成果检验,每一项工作都要最大限度量化,用数据解读工作状态，用数据支撑工作效果，做到过程考核与结果考核相一致，定量考核与定性考核相统一，以考核推进闭环管理，以考核发挥系统运行和系统管理的整体效能。

"系统工作法"要把握好"六个关系"：全局与局部，当前与长远，宏观与微观，主要矛盾与次要矛盾，特殊与一般，对上负责与对下负责。全局与局部互相依存，想问题干工作如果不从全局、整体去考虑，就容易目光受限、顾此失彼；同时全局也不能脱离局部而独立，要把全局作为观察和处理问题的出发点和落脚点，把具体工作放到大局中去思考、去研究、去把握，善于观大势、谋大事，又要大处着眼、小处着手，做到上下一致贯通，做到以一域服务全局。当前与长远辩证的统一，眼光放得长远，大势才能看得清，问题才能看得准，方向才能辨得明；要行动于当下、着眼于未来，既谋划长远、塑造中长期发展动力，又干在当下、化解突出问题；既要葆有历史的耐心，克服急功近利、急于求成的思想，又要有只争朝夕的紧迫；既要有干事创业的热情，又要有一步一个脚印的行动。宏观与微观相辅相成，干事业做工作要从宏观着眼、微观着手，大方向要正确，重点要明确，战略要得当，同时要把控好细节，做到谋划时统揽大局、操作中细致精当，做到既善于总体分析、又善于解剖麻雀，研究具体典型，找出事物规律，提出切实可行的政策举措和工作方案。主要矛盾与次要矛盾是相对的、可变的，要坚持整体把握，在分析和解决问题时，既要看到主要矛盾、矛盾的主要方面，坚持重点论，善于抓住重点；又要看到次要矛盾和矛盾的次要方面，坚持两点论，学会全面地看问题，做到两点论和重点论的统一。特殊与一般相互包含又相互转化，既要正视问题、发现问题，做到具体问题具体分析，一把钥匙开一把锁，又要善于从个性中找到共性,从苗头中发现倾向性,把零散的认识系统化、把粗浅的认识深刻化。对上负责与对下负责是统一的,要牢固树立正确政绩观,以"时时放心不下"的责任感、积极担当作为的精气神、件件落实到位的执行力,打通"两个一公里",接地气、解难题、办实事,以每条战线、每项工作的落地落实,推动整体工作全领域提升。

坚持践行"系统工作法",要准确把握其内在规律和实践要求,立足新时代新征程党和国家事业发展,立足新时期新华北"6131"能源

布局建设实践,以联系的、发展的、运动的观点来整体认识。"系统工作法"是科学的思想方法。思想指引着行动。"系统工作法"坚持系统的观念和系统的思维,是运用辩证唯物主义和历史唯物主义,在思想方法上、思维方式上进行的总结概括,回答了油田改革发展实践中提出的一系列重大问题。"系统工作法"坚持普遍联系的观点、全面系统的观点、发展变化的观点,包含了丰富的科学观、技术观和工程观,为系统庞大、资源密集的石油工业生产和建设提供了科学指引。"系统工作法"是历史的经验总结。我们党在革命、建设、改革的各个历史时期,始终注重运用系统观念来认识世界和改造世界。华北油田发展进程中,始终积极探索行业发展规律,实施了"油气并举、内稳外拓""上下游一体化多元化发展""走出华北建华北"等一系列重大战略。这些都体现了洞悉时势、总揽全局的系统谋划,贯穿了丰富深刻的系统思维,可以说,坚持系统观念是我们不断从胜利走向胜利的重要认识论和方法论。"系统工作法"是高效的管理方式。企业本身就是一个管理系统,"系统工作法"是现代系统科学和系统方法在企业的具体应用。"系"是联系、"统"是整体性。"系统工作法"实现了对公司战略体系、总体布局和重点任务的统筹,从战略谋划到系统执行,从整体推动到过程管控,从明确目标到成果检验,既坚持全面系统的观点,强调系统的整体性,又强调要素与要素的协同,抓住关键问题环节带动全局突破,企业整体功能有效发挥,管理效能有力提升。"系统工作法"是重要的破题法宝。时代总是在不断解决问题中前进。"系统工作法"聚焦解决新问题新难题,是推进高质量发展必须遵循的原则。面对大型国有企业面临的"六个独有难题",面对"六力不强"和业务发展不平衡、人力资源支撑弱、风险管控难度大、转型升级任务重等问题，从系统层面去把握事物的内在联系，登高望远、胸怀大局，落细落实、积微成著，认识问题的根源，提出务实的解方。"系统工作法"是锐利的实践武器。系统观念来源于实践、指导于实践，系统的本质就是实践。即便有再宏大的愿景、再完美的规划方案，如果没有强有力的实践和执行，最终也只能是纸上谈兵、空中楼阁。"系统工作法"坚持实践第一的观点，是求真务实、知行合一的实践观，以整体性、结构性、层次性、开放性的理论体系，成为广泛动员、价值创造、成果立标的实践利器。只要把每一个细节、每一个过程都执行到位，就没有完成不了的任务，就没有实现不了的目标。

站在新的历史起点上，我们要遵循系统观念的内在规律与实践要求，坚持践行"系统工作法"，从全局看"形"，从长远看"势"，认识规律、遵循规律，以新迎新、革新立新，回答好加快推动"6131"能源布局，高质量推进气业务快速上产，打造新能源核心产业，确保油气完全成本控制在45美元/桶以内，深度融入雄安新区发展建设等新时期新华北建设的战略性课题，选择现实的手段和途径，抓住主攻方向提纲挈领带动全局发展。

任何战略目标的实现，都是一场艰苦卓绝的大考，都需要付出巨大的努力。全面建设新时期新华北，既要"操其要于上"，加强战略谋划和顶层设计，也要"分其详于下"，把握工作着力点。"万物得其本者生，百事得其道者成"。要以"系统工作法"为指引，放眼全局谋一域，把握形势谋大事，保持奋进姿态、创造张力，同心开创发展新局。要强化整体思维。"不谋全局不足谋一域，不谋万世不足谋一时"。油田各项业务是高度分化、高度综合的上下统一体，要从整体和全局出发分析、处理和解决问题，防止"一叶障目，不见泰山"，防止以局部取代全局,防止"自说自话"。要从整体角度对各系统各专业做出精确理解和掌握,各系统各专业要协同合作、融为整体,支撑和保障系统运行,各部门各单位要服从全局、顾全大局,不能囿于"一家一户""一时一地"的利益,避免各自为政、自行其是。要强化历史思维。历史是最好的老师。华北油田近半个世纪的发展历程,几代华北人四海为家、顽强奋斗,栉风沐雨、无私奉献,培育了"艰苦奋斗、精细管理、开放发展"的华北油田精神。要树立历史的思维、放大整体的视域、坚持发展的眼光,从历史、现实和未来的角度思考问题、分析问题,上下贯通、左右相连,时刻不忘来时路、走好脚下路、坚定未来路,让每一个华北人都融入新时期新华北建设的伟大洪流中。要强化辩证思维。"事必有法,然后可成"。运用辩证思维统筹谋划,是我们党治国理政的基本遵循,也是驾驭复杂局面、应对各种挑战的重要方法。习近平总书记多次强调,我们的事业越是向纵深发展,就越要不断增强辩证思维能力;只有自觉树立并灵活运用辩证思维观察事物、剖析矛盾,才能切实提高处理复杂问题、驾驭复杂局面的本领。自觉树立并灵活运用辩证思维观察事物、剖析问题,是推动工作的"灵魂",要把握好各系统业务工作中的"道"和"理",在实践中进行规律性的总结提升和系统谋划,努力结出标志性里程碑意义的"果"。要强化对标思维。对标是夯实基础管理、推动管理进步的重要抓手,是提升企业核心竞争力的重要举措。要瞄准国内一流、行业先进,与计划对标、与历史对标、与发展对标、与结构对标,在对标中找差距、挖潜力、上水平。聚焦规划计划、勘探开发、工程技术、人力资源、价值创造等关键要素,实施全领域、全级次、全要素的对标管理,补短板、强弱项、打基础、管长远、固根基、扬优势,不断提升企业价值创造能力，使系统功能达到最优状态。要强化前沿思维。任何系统工程都是建立在当代实践、前沿创新的基础上，把握大势、抢占先机、勇立前沿是系统开展工作的必然要求和重要牵引。面对全球能源清洁化、低碳化的重大转型，面对新一轮的科技革命和产业变革，面对数字化、智能化等颠覆性技术发展，我们必须从产业长远发展角度出发，不断吸收量子技术、超材料、网络技术、大数据、人工智能等新兴战略性科技成果，落实好公司的一系列战略性安排，在超深勘探、基础研究、资源动用、工程技术、新能源技术等方面，敢于走前人没走过的路，以开放的思维掌握创新主动和发展主动。要强化底线思维。底线思维是应对错综复杂形势的科学方法，更是有效防范化解重大风险的治理智慧。有效应对和化解风险挑战，增强开顶风船、走上坡路的能力，是抓系统谋新局的关键所在。要增强忧患意识，既要大胆探索、勇于开拓，又要稳妥审慎、三思而后行。在做每一项工作前，首先要搞清楚底线在哪里、风险在哪里，哪些事情可以做、哪些事情不能做，最坏的情况是什么、最好的结果要什么，做到有备无患、遇事不慌，守土有责、守土尽责，切实把改革发展稳定各项工作做实做好。

"功崇惟志，业广惟勤"。每一项事业，都是靠脚踏实地、一点一滴干出来的。"循大道，天下往"。在新时期新华北的建设征程上，我们要拿出快马加鞭的干劲，激发攻坚克难的勇气，系统性抓改革、谋创新、促发展，以战天斗地的劲头去拼去闯，勇于攻坚、敢于胜利，把华北油田的各项事业不断推向前进。

2022 年 12 月

以工程建设导向抓实战略举措

新征程是充满光荣和梦想的远征。党的二十大立足新的历史方位，从战略全局上科学谋划了未来5年乃至更长时期党和国家事业发展的目标任务和大政方针，展现了中华民族伟大复兴的光明前景。集团公司2023年工作会议提出了"牢记重大嘱托，当好标杆旗帜，全力奋进高质量发展，加快建成基业长青的世界一流综合性国际能源公司"的中心任务，做出了"两个阶段、各三步走"的战略路径安排。

新思想指引奋进航向，华北油田公司党委着眼于新的战略机遇、新的战略任务、新的战略阶段、新的战略环境，明确了全面建设新时期新华北的战略方向，从战略安排上对推动高质量进行科学部署，吹响了新时代油田发展的奋进号角。万事行为先，要实干当头。公司党委提出，要坚持战略执行导向、工程建设导向、大抓基层导向，坚定战略目标统筹推进，精准施策、务求实效，奋力谱写全面建设新时期新华北新篇章。

"三个导向"是新时期新华北建设的发展观和方法论、实践论。战略执行是全局性策略、结构性分解，工程建设是系统性方法、项目式推进，大抓基层是根本性保障、基础性提升。如果把新时期新华北比作大厦，战略执行导向就是把设计蓝图变为现实，工程建设导向就是按程序按标准高质量把大厦建起来，基层建设导向就是把大厦的根基夯实筑牢。"三个导向"循序渐进、承接支撑，有着互为条件的逻辑关系，体现了企业管理本质和规律，体现了战略与策略的结合、认识论与方法论的统一，既是建设新时期新华北的内在要求，也是推动高质量发展的实践方法。

工程建设导向在"三个导向"中，发挥着承上启下、保证质效和传导重力的中枢作用。工程建设导向以工程思维为内核，把每一项工作都看成一个系统，把每件事都当作一个项目来推进，突出目标的有效分解，任务的有效落实，节点的有效把控，成果的有效回收；以项目式管理为抓手，运用系统观点和方法，组合系统资源、项目团队、保障体系，全过程进行计划、组织、指挥、协调、控制和评价，确保每项工程高质量推进；以标志性成果为目标，围绕如何结"果"、结什么"果"，进行系统设计和工程实施，及时发现问题、科学分析问题、着力解决问题，以问题破题，以成果收官，确保取得里程碑式的进展和成果。

工程建设导向是工程思维和工程方法在实践中的应用，也是现代管理思想的重要内容。全面建设新时期新华北，以工程建设导向抓实战略举措，细化靠实中长期战略规划，重点围绕"6131"能源布局、全成本控制目标、"五大业务"协调发展等重点任务进行结构分解，将指标任务落实到具体工程项目上，做到"规划如山""执行如铁"，落实任务、细化节点，选准载体抓手、把控实施节奏，高效推进工程落地，以重点工程突破带动全局发展。

石油工业具有完整的工业体系和产业链条，油田从地下到地面，从生产到经营，由无数个单元、无数个环节，经过多元组合而成的复杂庞大系统，是一个连续不断的运转过程，是一个接续推进的建设过程，也是一个持续优化的管理过程。要全面用好"工程建设导向"这个方法利器，运用工程项目和专班来推动工作，运用工程方案和流程来实施管控，运用工程技术和方法来解决问题，以工程思维的理念、方法、步骤来系统组织，以高质量高性能的工程建设，掌握生产主动权，打好发展主动仗。

华北油田是一个有传统、历史辉煌的油田，是一个有特色、产业多元的油田，更是一个有前途、未来可期的油田。几代华北人四海为家、负重登攀、顽强拼搏，创造了彪炳史册的辉煌成就。近年来，秉承"绿色发展、奉献能源"的价值追求，先后在巴彦河套、沁水盆地、冀中二连等地实现了系列突破，塑造了"艰难的地方有华北、久攻不克的地方有华北"的"华北印象"，为建设新时期新华北提供了强大动能。全面建设新时期新华北是一项伟大而艰巨的事业，条带纵横、包罗万象，时间紧迫、任务繁重，事关全局、影响深远。实现各项战略目标，必须着力解决好规划计划落地不力，重规划轻执行，缺乏策略支撑，缺乏高效组织实施的问题；解决目标任务压得不紧，责任落实不到位，工作推进松散乏力，干到哪里算哪里的问题；解决落实推动抓得不严，抓而不实、抓而不紧，缺乏严格监督考核的问题；解决过程环节控得不细，管理粗放、运行不畅，项目跟踪不到位的问题；解决成果成效收得不实，价值导向、结果导向不强，登高摘"果"的恒心和能力不足的问题等。要把工程建设导向作为立题之要、破题之策、解题之法，不断解放思想、创新思维，持续改进工作、实干开局，一步一个脚印地向着既定目标前进。

以工程建设导向抓实战略举措，重点要聚焦整体规划、策略推进、标准执行、督导考核、成果回收等任务环节，突出质量、效益，抓实流程、管控，打通"两个一公里"，抓闭环、保闭环，做到提前规划、超前部署、统筹安排，有序推进重大项目、重大工程、重大任务的落实，形成科学统筹、各负其责、共同发力、高效运行的工作局面。从整体实施过程看，以工程思维和工程方法坚持工程建设导向，可概括为"五抓五全"。

抓规划分解，全指标靠实。"合抱之木，生于毫末；九层之台，起于累土"。实现目标任务高质量完成，靠的是一步一个脚印的奋力前进，靠的是一个规划一个规划的扎实推进。抓工程建设的前提，是明确方向、明确指标、明确任务，把公司战略规划计划分条带分系统进行细化、分类、归责，对重点目标进行量化分解，以具体的工程项目为依托，出建设方案、实施策略、重点举措、节点目标，具体到项目、落实到领导、落实到部门、落实到单位、落实到岗位、量化到个人，把战略规划和重点任务嫁靠在工程项目上，落实靠实抓实，维护规划的严肃性、权威性，决不能擅自打折扣、搞变通，决不能说得信誓旦旦、最后不了了之。

推进规划落地是一项系统工程，战略性、关联性强，时间长、头绪多，需要啃硬骨头、打攻坚战。要坚持算大账、算长远账，谋划时统揽大局、操作中细致精当，既要抓事关全局的重点工作创造性地推进，也要致广大而尽精微。每一项指标要科学分析，每一个影响指标落地的问题都要精细研究，把建设原则、标准、目标、路径、举措和保障制定好，把指标和任务、设计和实施对接好，把优势资源统筹好，把建设支撑保证好，把环节机制优化好，以绣花功夫把工作做扎实。

工作有没有新气象，企业有没有新面貌，并不在于制定一打一打的新规划，喊出一个一个的新口号，而在于结合新的实际，发扬钉钉子的精神，用新的思路、新的举措，一锤一锤地敲，脚踏实地把既定的科学目标变为实实在在的工程，把蓝图变为现实成果。

抓重点工程，全方位推进。"壹引其纲，万目皆张"。提纲挈领、以纲带目是重要的思想方法和工作方法，体现了"两点论"和"重点论"的统一。公司党委注重整体布局和顶层设计，提出要统筹发展油、气、新能源、工程服务、综合服务"五大业务"，全面推进油气供给增长、绿色低碳转型、改革创新升级、区域战略融合等"四个专项行动"等重大安排，以工程思维谋划了原油增储上产、天然气上产、新能源"343"、提质增效价值创造、党建质量提升等战略性"十大工程"，"四新"领域勘探突破、储气库高效建产、深度节能一亿元等年度"十大工程"，员工健康、民生保障、"三基"建设等专项工程，支撑起建设新时期新华北、推动高质量发展的"四梁八柱"。

每项重点工程都事关油田全局，都是具有标志性意义的"油田大事"。在关系油田生存发展的核心领域，重大工程是"定海神针"，发挥着立梁架柱、垒石筑基的作用，是确保企业健康永续发展的可靠支撑。每项重点工程也犹如"石油重器"，发挥着重要的牵引作用，推动短板产业补链、优势产业延链、传统产业升链、新兴产业建链，增强产业发展的接续性和竞争力。"凡事有其要，执其要者事成"。要把重点工程牢牢抓住手上，尤其在产业发展的重点区域、重点领域、新兴领域，要调动内外部资源形成整体合力，目标一致、协同作战，在解决突出问题中实现战略突破，在把握战略全局中推进工程落地。

抓标准执行，全要素对标。标准就是水准，标准决定质量，有什么样的标准就有什么样的质量,只有高标准才有高质量。标准是工程的标尺,质量是工程的生命。要做到高起点规划,从布局开始就要按照创一流、创品牌的标准规划、设计和建设;做到高效率推进,要先人一步,高人一筹;做到高质量建设,把最优的设计、资源、管理都落实到行动上,全系统高质量高水平。制定一流的技术标准、管理标准和工作标准体系,让示范变规范,标杆变标准,让执行标准成为习惯,以高标准引领工程项目高质量高效率高效益建设。

对标集团公司战略目标任务和"供给高效、产品卓越、品牌卓著、创新领先、治理现代"的世界一流企业标准,油田公司要做到"六个走在前列",努力建成东部老油田中国式现代化建设的实践区、探索区、先行区。对标是管理工具,也是提升企业竞争力、实现良性发展重要手段。要瞄准国内一流、行业先进,推动战略对标、经营对标、管理对标、工程对标,与计划对标、与历史对标、与发展对标、与结构对标,建立起完备的指标体系、评价体系和管控体系。做到建标,对比分析、找短板;立标,树立标杆、学榜样;对标,对照标准、定措施;达标,组织实施、达目标;创标,追求卓越、提标准,在全过程对标中找差距、挖潜力、提质量、上水平。

抓节点把控,全流程管理。节点是工程建设中的连接点、关键点,包括关键工序、关键步骤、关键环节等。节点也是工程进度和质量的控制点,抓节点就是把目标任务、部署要求系统全面转化为工程建设的任务清单、工作图表、标准模板、专班机制。具体是把工作细化形成任务、责任等清单,构建起清晰的责任链条和严密的工作流程;把任务职能进行系统梳理,制作工作流程图、任务进度表,明确各环节任务要求;把项目建设和操作规程统一成标准化工作模板,做到高标准统一规范、对标执行;把资源充分整合,对涉及全局的重大事项,成立项目部、工作专班,落实专人专办、合力推动。

推动项目全过程管控,要聚焦重点关键,做到精确精准、高标对位,稳扎稳打、提速提效,尤其要牢牢守住安全环保底线。对照时间表、路线图,每一项重点任务都要进行精准管理,锁定日期、倒排工期,一个时间节点一个时间节点往前推进,做到目标倒推、时间倒排、任务倒逼、责任倒查,一环紧扣一环、一步紧跟一步,形成贯通决策部署、工程推进、考核监督、成果落实等全流程体系。在管理节点上，要注重战略执行、组织优化、内部约束、对标提升、清单操作、文化辅助；在运行节点上，以年度工作为主线、季度回收为闭环、月度推进为重点、周度运行为控制；在防控节点上，做到制度措施到位、任务清单到位、培训教育到位、过程监管到位；在推进节点上，做到工作有专班、推进有方案、施工有图表、落实有检查、效果有评估、业绩有考核。

抓成果回收，全系统提升。坚持目标导向、问题导向、结果导向相统一，是抓实战略举措的思维导图。成果回收是工程建设的最终检验。以目标实现为原则、以最终结果为衡量标准，是管理工作的基本原则。在项目实施过程中，强调所有的行为、步骤都要符合结果的要求，每项工作任务都必须围绕着目标和结果，一切以目标说话、以绩效说话，努力为企业创造价值，实现企业效益的最大化。要以标志性成果为牵引，理清要突破的难点、堵点，明确可检验、可量化的成果形式，靶向施策、精准发力，确保重点领域和关键环节取得实质性突破，加快打造一批具有全局性、突破性的标杆，创造一批具有普遍性、创新性的经验。

新时期新华北是追求卓越的新华北，具有里程碑意义的新华北。"没有行动就没有结果，没有结果就没有一切。"每一个建设过程都需要我们精心精细，每一件事情都要做得尽善尽美。建设新时期新华北是一个动态的、积极的、开放的、不断发展进步的过程，实现全系统的成效卓著、成果丰硕、成色十足，必须解决好机制不够灵活、管理不够规范、市场开拓不强、风险隐患较多等与发展要求不适应的问题，增强抓机遇、应挑战、化危机、育先机的能力，把思路变成出路、想法变成办法、优势变成胜势,以干实事、重实质、求实效的优良作风谋事成事,确保各项重大任务、重大工程都取得标志性成果和里程碑式进展。

为者常成,行者常至。今天的华北,站在日新月异再出发的新起点。新蓝图,新华北,全方位从梦想照进现实。但同时机遇与挑战并存,优势与风险同在,必须增强忧患意识、危机意识,准备付出更为艰巨、更为艰苦的努力。在建设新时期新华北新的征程上,我们要系统把握和坚持好工程建设导向,把握工程建设规律,注重方法创新和经验总结,把各项战略决策落实到具体实践。

其一,坚持开放发展理念。格局决定企业发展,市场决定企业成败。"开放发展"是华北油田精神的重要内容,是几代华北人开疆拓土、躬耕实践的结晶。油田发展建设不是"一亩三分地",是"两种资源""两种市场"的大空间布局;不是"家庭作坊",是多专业多领域的大兵团作战。实践证明,资源统筹的力度有多大,发展的成效就有多大;能占有多少资源,就有多少发展空间。要强化开放合作、共享共赢的思维,以"新"字为牵引,以"闯"字立品牌,跳出华北看华北、走出华北建华北,华北之外找华北、华北之外建华北,实现业务空间的革命性拓展。

其二,坚持系统观念。油田生产建设是普遍联系、相互依存、发展变化的统一体。要注重应时而谋、应时而变,根据新的战略任务、新的战略阶段、新的战略环境,坚持对重点工程规划目标一年一调整、一年一优化,该提升提升,该更新更新,该加强加强,确保按照既定目标高水平建设,实现质量、结构、规模、速度、效益、安全相统一。围绕重大工程构建起上下贯通、左右联动的责任链条,健全能定责、可追责的考核机制，尤其要注重打造一流的承包商、施工队、监督方，让各条线都拉直绷紧，让各级各部门各单位既各负其责又相互协作。

其三，坚持典型经验推广。典型和经验的产生从来都是与时代任务相呼应的，没有"标杆"的工程建设是立不住的、是要大打折扣的。新时期新华北是广阔的奋斗舞台，是每个华北人的主场，需要培育和创造更多的"华北印象""华北经验"，以及"华北工程""华北质量"，传递精神、传播力量、竖起标杆。先进典型是有形的正能量，也是鲜活的价值观。要讲好时代故事、石油故事、基层故事，让基层做主场、员工唱主角，为老典型写新传，为新典型开新篇，推广先进经验，传播优良作风，让大家都成为基层的建设者、油田的维护者、成果的共享者。

其四，坚持发扬斗争精神。面对错综复杂的发展环境，面对责重如山的目标任务，要增强忧患意识、风险意识，做到心中有数、手里有招，敢于迎难而上，敢于较真碰硬，永葆不畏强敌、不怕困境、敢于斗争、勇于胜利的风骨和品质。项目建设是衡量领导干部能力的重要标尺。要加强思想淬炼、政治历练、实践锻炼、专业训练，在新时期新华北的战场上找准位置、担起责任，缺什么学什么、少什么补什么、需要什么就干什么，自觉做"持续学习、团结奋斗、科学务实、担当有为"的典范，敢于担当亮剑、勇于主峰插旗，依靠顽强斗争打开事业发展新天地。

其五，坚持走群众路线。华北油田近半个世纪的发展史，就是一部为了群众、依靠群众、服务群众的奋斗史。员工群众是建设新时期新华北的最重要力量，坚持大抓基层鲜明导向，在联系服务群众上多用情，在宣传教育群众上多用心，在组织凝聚群众上多用力，推动改革措施落到基层，把力量和资源充实到基层。落实"一线工作法"，干部走向一线、常驻一线，情况在一线掌握、决策在一线形成、问题在一线解决。牢固树立以人民为中心的发展思想，坚持发展成果与员工群众共享，团结奋斗一起建设新华北，创造出无愧于时代的新业绩。

"高峰只对攀登它而不是仰望它的人来说，才有真正意义"。新时期新华北是油田时代进程中的一座高峰，唯有攀登才能突破向上，唯有攀登才能眺望未来。我们要脚踏实地、艰苦奋斗，紧跟时代潮流，勇担时代使命，咬定青山不放松，不达目的不罢休，以新时期新华北建设的新面貌，开启高质量发展的新篇章。

2022 年 12 月

以"四个专项行动"引领高质量发展

党的二十大报告提出,高质量发展是全面建设社会主义现代化国家的首要任务,是中国式现代化的本质要求。国有企业是引领带动经济高质量发展的中坚力量。对照集团公司党组"六个走在前做示范"的标准要求,对标"加快建设世界一流企业"决策部署,华北油田公司党委擘画了加快建设千万吨当量综合能源公司的宏伟蓝图,聚焦主责主业,强化战略谋划,全面实施油气供给增长、绿色低碳转型、改革创新升级、区域战略融合"四个专项行动",以新理念、新布局、新举措引领油田各项业务协调高质量发展,充满朝气与活力的新时期新华北正阔步迈向未来。

当前,世界之变、时代之变、历史之变正以前所未有的方式展开,油田发展形势也正发生重大而深刻变化,突出表现为大变局,能源安全保障责任更重。公司资源劣质化加剧,发现优质规模储量和实施效益建产难度不断加大,"把能源的饭碗牢牢端在自己手里"的责任使命更加艰巨。大转型,绿色低碳发展迫在眉睫。传统油气行业面临着碳排放控制压力大、转型成本高、可再生能源体系需逐步完善等挑战,公司新能源业务受诸多因素制约,距离形成规模、产生效益还有较大差距。大融合，区域战略融合大势所趋。毗邻雄安新区、地处京津冀发展腹地，自身优势凸显、发展机遇难得，属地政府对企业带动经济社会发展给予了更多期待。高质量，改革创新进入攻坚阶段。公司正处于加快产业转型升级的关键期，面临油气增长发展动力不足等多种风险挑战，创新不足、技术受限、队伍老化等矛盾还比较突出。

公司党委实施"四个专项行动"是有效应对内外形势变化、构建现代化能源企业的有力举措，对实现千万吨当量综合能源公司战略目标和油田可持续发展具有重大的现实意义。实施"四个专项行动"，是体现国家意志、保障能源安全的必然要求。习近平总书记高度重视能源安全和石油事业发展，先后13次对中国石油和中国石油相关工作作出重要指示批示，多次强调要积极践行"四个革命、一个合作"能源安全新战略。旗帜决定方向，道路决定命运。我们必须强化政治担当，坚决执行国家意志，深刻领会党的二十大精神的新思想新战略新任务新要求，准确把握中国式现代化的内涵特征和本质要求，以全面实施"四个专项行动"的新实践深入贯彻党的二十大精神，扎实推进油田高质量发展，为实现中国式现代化、全面推进中华民族伟大复兴做出积极贡献。实施"四个专项行动"，是主动担当作为、打造行业一流的必然要求。集团公司党组全面贯彻落实党的二十大精神和习近平总书记系列指示批示要求，科学谋划了当前及今后一个时期加快提高"五个方面核心竞争力"、增强"五个方面核心功能"的总体思路、目标方向和实施路径，描绘了建设基业长青世界一流综合性国际能源公司的宏伟蓝图。最伟大的力量来自于责任，有多大责任就有多大担当。我们必须自觉对标对表集团公司战略部署，全面落实供给高效、绿色转型、改革开放、融合发展等系列要求，以更加科学的战略谋划和更加有力

以"四个专项行动"引领高质量发展

的工作支撑,奋力推进"四个专项行动",为集团公司加快建设世界一流企业做出新的贡献。实施"四个专项行动",是主动应变求变、实现千万吨当量的必然要求。"四个专项行动"是战略部署、战略布局,它既包括了决定重上千万吨当量的重点业务战略性目标,又包括了战略性举措。通过实施"四个专项行动",加快形成清洁低碳、安全高效、多能互补的新型能源生产和供给体系,推动国企优势与地方资源融合,不断提升资源掌控能力和油气供给水平,这是一个相互联系、相互支撑、相互促进的整体。我们必须把推动油气资源勘探开发和增储上产作为全局之要,加快油田绿色低碳转型作为发展之道,深化改革创新作为动力之源,实施区域战略融合作为历史之机,全方位激发打造千万吨当量综合能源公司发展动能。

"四个专项行动"是新时期新华北建设的"动力引擎",必须坚持稳中求进工作总基调,坚持高质量发展主题,立足建设千万吨当量综合能源公司战略目标定位,以产业升级为基础,以价值创造为核心,以改革创新为动力,以风险防范为前提,统筹兼顾、协同发展,方可形成强大发展动力。

实施油气供给增长行动是全局之要,重在深耕主责主业,在增强能源高效供给上实现新提升。 油气是华北油田的主营业务和效益源头,是企业的核心竞争力,进入新时期,华北油田达到什么样的产量水平,关系到油田发展的全局,关系油田战略安全。只有深耕主责主业,产量才能稳,效益才能稳,队伍才能稳,发展才能稳。要心怀"国之大者","把能源的饭碗牢牢端在自己手里",坚决扛起为党兴油、兴油报国的使命担当,加快提升油气勘探开发能力,持续增强油气规模实力,为建设新时期新华北打牢资源基础。推进高效勘探,"拓"储量阵地。

资源是稳产高产的物质基础、源头活水，没有新的勘探发现，没有经济可采储量，持续稳产也很难实现。实现"重上千万"规划愿景，首先要打好资源勘探进攻仗，不仅在老油气田继续提高采收率、开发未动用储量，更要及时完成新领域、新区域的新一轮勘探战略。必须坚持以获取经济可采储量为核心，强化地质工程一体化攻关，围绕"五个突出"持续做好三大探区预探评价，做实河套盆地"1+4"增储工程，拓展冀中四新领域勘探，深化二连主洼槽区勘探，努力争取新突破、大发现，不断提高资源掌控能力和可动用储量供给能力。推进效益开发，"上"油气产量。如果说储量是油田的"米袋子"，那么产量就是"吃饭工程"，老油田决不能单靠走产能接替的道路，向老区掘金是实现效益开发的必然选择，必须全力做好冀中清苑等富油区带整体评价建产工作，把握油藏阶段开发特点，抓住主要矛盾、主攻方向，把技术进步与精细开发结合起来，全力提产能、控递减、增可采。全力推进老油田综合治理，做细做实"压舱石工程"，深入开展精细注水、长停井恢复、三次采油、气井排采管理等工作，用经营理念思考问题、解决问题，推动观念转变、理念更新，促进效益建产规模大幅增加。推进增气战略，"增"产业效益。公司目前形成了常规气、煤层气、储气库、燃气的全产业链，这是油田各时期战略布局的结果，是油田上下开疆拓土的结果。利用全产业链条优势，加快沁水和二连、大城、苏里格等区域综合开发是高质量推进煤层气30亿立方米建设的必要举措。加快冀中、苏里格产量大幅迈进，苏桥、京58、文23等储气库扩容达产，超前部署新库建设是做大做强常规天然气、储气库等业务的必由之路，高效发展"气"产业链，不断提升业务创效水平和抵御油价波动风险能力。

实施绿色低碳转型行动是发展之道，重在拓宽发展空间，在加快推动新能源产业上实现新跨越。 油气是能源，新能源也是能源，打造千万吨当量综合能源公司，必然要在保持油气供给水平的同时，推动新能源跨越式发展，形成清洁低碳、安全高效、多能互补的新型能源生产和供给体系。对于老油田来说，如何避免重蹈资源枯萎、城市衰败的覆辙，发展新能源可能是最现实最可行的不二选择。坚持高位谋划，把握低碳发展新机遇。中国石油作为国有重要骨干力量，是实现"双碳"目标的主力军、种子队。2023年，集团公司党组突出战略导向，安排部署了一系列支持新能源产业建设的重点举措。要从战略全局高度把握好新能源发展机遇，科学制定能源转型发展路线图、施工图，加强战略体系建设，立足自身资源禀赋，探索确立"地热优先、清洁替代、风光氢储协调推进"的新能源整体发展观，形成战略清晰、目标明确、层层推动的理念体系。让绿色低碳转型成为公司高质量发展的主基调，让新能源业务成为"重上千万"的重要力量。坚持多措并举，构建多能互补新格局。由传统油气生产企业向油气热电氢综合性能源公司转型，需要紧跟顶层设计，持续贯彻集团公司清洁替代、战略接替、绿色转型"三步走"战略部署，围绕新能源"15715"任务目标和"343"行动计划，统筹抓好市场拓展、项目落地和效益开发，加快实施京津冀等地区地热资源开发，加快推进地热发电、地热供暖、铀矿勘查等核心技术开发利用，大力推动风光气储一体化"沙戈荒"新能源基地建设，为再造一个"新能源华北"提供坚强支撑。坚持机制创新，打造绿色发展新引擎。能源发展归根到底是资源、市场与技术经济实力的竞争。面对新挑战新任务，要加强战略体系建设和运行机制建设，完善公平竞争制度，全面实施市场准入负面清单制度，改革生产许可制度，着力建设更高水平开放型运行体系。加强人力资源建设，聚焦风能光伏、市场开拓、资本整合、经营管理等专业技术人才，注重从内部充实一批，从社会招聘一批，借用引进一批，着力打造一支敢攻坚、勇开拓的"三新""双碳"队伍。

实施改革创新升级行动是动力之源，重在提升发展动能，在优化配置资源要素上激发新活力。 管理是推动企业规范、有序、高效运行的基础和前进的动力，科技创新是企业把握未来竞争主动权的关键所在，二者如鸟之两翼、车之双轮，密不可分。实现创新驱动、提升管理的目标，要用好改革这个关键一招，以改革创新持续提升公司价值创造能力。持续深化重点改革任务。改革升级是企业发展壮大不可或缺的强大动力，按部就班没有出路，因循守旧必然失败。公司正处在改革发展的攻坚阶段和关键时期，大事多、难事多、急事多，如果一处受阻、则处处受牵连，一步难行则步步走不动，必须聚焦改革发展中的突出矛盾和问题，对照公司改革三年行动、提质增效"精进版"、"两非"剥离、巴彦新型采油管理区建设、机构压减和宾馆酒店专项治理等方案部署，按照"稳、准、好"的总要求，倒排运行、精准推进，强化考核激励，唤醒责任意识，激发担当精神，确保各项重点改革任务阶段性目标预期实现。持续激发科技创新活力。创新是第一动力，创新就是抓发展，谋创新就是谋未来，必须把科技创新摆在发展全局的关键位置上，大力实施创新驱动发展战略，认真分析如何突破"卡脖子"关键核心技术问题，如何以开放思维建设高端创新平台，如何让科技体制机制效益最大化，完善"揭榜挂帅"机制，明确榜单选取标准，创新管理运行模式，提升科研项目攻关效率，完善"红工衣、白大褂"协作机制，依托技能专家工作室等平台，以技改革新、师带徒等活动为载体，着力破解一线生产难题，以强大的科技创新能力支撑新时期新华北建设。持续增强公司治理能力。管理体系是实现管理目的的重要支撑，需要不断与时俱进、完善提升。公司管理正在由重监管、重执行的"从严管理"向重过程、重细节的"精细管理"跨越，并向重效益、重价值创造的"精益管理"迈进。必须聚焦企业管理中的薄弱环节，深化改革、对症下药、标本兼治，进一步固根基、补短板、强弱项。必须以"四个坚持"兴企方略和"四化"治企准则为依据，系统把握、一体推进，建立全面覆盖、全程跟踪的推进实施机制，全面推进公司治理体系和治理能力现代化，实现更高质量、更有效率、更可持续的发展。

实施区域战略融合行动是历史之机，重在深化责任履行，在企业发展环境上得到新改善。区域协调发展战略是贯彻新发展理念的重要内容，也是实现经济高质量发展的必然要求。党的二十大报告明确强调"促进区域协调发展"，并作出系列重大战略部署，为新形势下区域协调发展提供了根本遵循。以开放促融合，以融合促发展，跳出华北看华北、走出华北建华北，用更开阔的视野、更丰富的手段，推动油田业务领域、市场规模和企业发展空间进一步拓展，是开创新时代华北油田高质量发展的必由之路。因地制宜，统筹规划设计。京津冀一体化协同发展是重大历史机遇，面对新形势新任务，必须结合自身区位优势、资源优势和政策优势，把油田发展放在国家战略全局和区域发展大局中来统筹谋划，深入思考如何在服务国家重大战略中充分发挥石油企业功能，如何融入、怎样融入等问题；深入思考如何把区位优势、资源优势等转变为发展的实力和发展的空间，积极对接属地政府，主动融入发展规划，不断拓展产业链条和业务市场。借智引力，实现产业协作。坚持"引进来"和"走出去"相结合,深度融入国家区域发展战略、属地经济社会发展大局和现代产业科技市场大格局,以区域协同融出发展机遇,促进市场规模化。以开放思维把握京津冀协同发展、雄安新区规划建设等历史机遇,在全省、全国乃至更大范围内找市场、配资源、聚人才,依托自身技术优势和资源优势,探索商业运作模式,全面推进合资合作,宜控则控、宜参则参,利用各自优势资源做强产业厚度,实现产业协同合作,开创华北油田转型升级新局面。强强联合,助推共同发展。树牢共商共建共享理念,以携手合作共谋发展机遇,打造共赢新格局。主动加强与河北省、雄安新区管委会的沟通协调,全力争取政策支持,组建雄安分公司,谋划地热综合利用、岔河集及周边500亩绿色能源基地等重点项目,明确全方位融入的思路方向;主动加强与山西、内蒙古、河北等驻地党委政府的沟通联系,完善落实定期会晤、重大事项协作等机制,深化推进干部挂职交流、文化活动共建,打造油地融合发展、协同发展新格局。

"四个专项行动"是建设新时期新华北的现实性举措,落实"四个专项行动"要始终以习近平新时代中国特色社会主义思想为统领,深刻理解和准确把握贯穿其中的立场观点方法,学以致用、融会贯通,不断用科学的理论指导实践,切实以科学的战略、战术、方法确保"四个专项行动"落地见效。第一,必须坚持战略思维。战略问题是发展的根本性问题。深入推进"四个专项行动",要加强战略性前瞻性思考,紧扣打造千万吨当量综合能源公司战略目标,加强顶层设计和整体考量,加强重大任务的关联性、系统性、可行性研究,用长远眼光审视新趋势新变化、新问题新挑战,统筹思考短期、中期和长期目标任务,谋划和回答好系统高质量发展、完全成本控制、业务板块协同并进等重点问题,把难题想在前头、把事情做在前头,做到先谋后动、动则必成。第二,必须坚持底线思维。底线思维是科学的认识论和方法论,是有效防范和化解前进道路上各种风险的有力武器。深入推进"四个专项行动",要绷紧思想之弦,凡事从坏处准备,查摆存在的隐性问题,时刻对可能遇到的风险挑战保持警惕,做到心中有数、胸中有谱、手里有招,精准研判、妥善应对可能出现的重大风险,努力争取最好的结果,以底线思维压紧压实责任,提高防控能力,做到有备无患、遇事不慌,牢牢把握工作主动权。第三,必须坚持问题导向。导向就是方向,抓住问题就牵住了发展的"牛鼻子"。存在问题不可怕,可怕的是无视问题、回避问题,对问题不严加防范、及时整治,久而久之,就会积重难返。深入推进"四个专项行动",要以问题破题、以成果收官,围绕如何结"果"、结什么"果",进行系统设计和全面推进,既要及时发现问题、科学分析问题、着力解决问题,又要紧盯目标任务,脚踏实地、持之以恒,着力抓重点、补短板、强弱项,确保取得标志性成果和里程碑式进展。第四,必须坚持守正创新。守正是创新的前提和基础,创新是守正的路径和发展,只有坚持守正才能不迷失方向、不犯颠覆性错误,只有坚持创新才能把握时代、引领时代。深入推进"四个专项行动",要大力弘扬石油精神和大庆精神铁人精神,继承和发扬老一辈石油人的革命精神和优良传统,持续加强"理念创新、方法创新、技术创新、管理创新、机制创新和系统创新"的六个创新,切实采取超常规的思维和方法,用创新来破解难题,加快突破制约油气增储上产的技术瓶颈。第五,必须坚持严实作风。严实作风是大庆精神铁人精神的集中体现,"严",就是要严要求、严落实,说干就干、干就干好。"实",就要下苦功夫、笨功夫,不投机取巧、做表面文章。以"苦干实干""三老四严"为全员思想高地和行为标尺。全力缩短"发文件"和"落实了"、"开会研究了"和"问题解决了"、"工作分解了"和"任务完成了"之间的距离,以雷厉风行、真抓实干的过硬作风推动各项工作提速提质提效。

在深入实施"四个专项行动"、打造千万吨当量综合能源公司的征程上,有许多硬骨头要啃,许多难关要攻克。路在脚下、事在人为,要始终坚守报国初心,将"石油工人心向党"的忠诚融入血脉,将"端牢能源饭碗"的重任挑在肩头,将"我为祖国献石油"的初心化作行动,踔厉奋发、勇毅前行,全力赢得建设新时期新华北的光辉未来。

2023 年 1 月

解放思想谋求大发展

我们党之所以能够始终走在时代前列,一个关键原因就在于始终坚持不断解放思想。对于解放思想,习近平总书记有许多重要论述,其中谈及深化改革时强调,思想不解放,我们就很难看清各种利益固化的症结所在,很难找准突破的方向和着力点,很难拿出创造性的改革举措。谈到解决实际问题时指出:冲破思想观念的障碍、突破利益固化的藩篱,解放思想是首要的。这些重要论述,深刻阐述了解放思想的重大价值和实践意义。

解放思想是党的思想路线的核心要义,是开展一切工作的重要前提。在中国石油工业的发展历程中,从力破"中国贫油论"到石油"战略东移",从"一亿吨包干"到"海陆开放",从推进体制改革到融入"一带一路",始终坚持解放思想、实事求是、与时俱进,主动破除思维定式的束缚,克服各种利益的掣肘,扫清条条框框的障碍,以自我革命的勇气和智慧,推动石油工业在各个历史时期实现创新跨越发展。

华北油田近半个世纪的发展历程,解放思想与发展建设相互激荡、观念创新与实践探索相互交融,几代华北人不等不靠、思变图强,脚踏实地、负重登攀,以善于发现的眼光、探索真知的执着、开拓创新的胸怀，实施油气并举、内稳外拓，推动多元开发、转型升级，走出了一条华北特色的发展之路。可以说，华北油田的发展史，既是一部波澜壮阔的艰苦奋斗创业史，也是一部气象万千的思想解放奋进史。

回望历史来路，时代大潮印刻下华北油田的辉煌，踏上新时代新征程，谋划推进中国式现代化华北场景，全面建设新时期新华北，在夯实千万吨资源基础、建设现代能源体系、推动产业转型、持续深化改革等许多领域，一系列矛盾和问题亟待破解，一系列瓶颈和制约亟待攻克，一系列方法和策略亟待创新。思想是先导、是前提、是总开关。2023年以来，公司党委以开展主题教育为主线，坚持用习近平新时代中国特色社会主义思想打开思想大门，从习近平新时代中国特色社会主义思想这一理论宝库中找立场、找观点、找方法、找动力，深入开展解放思想谋发展大讨论，一场广泛深入的思想大解放、观念大转变在油田上下全面铺开。

为什么要持续解放思想？

解放思想是伴随实践的发展而发展的，实践发展永无止境，解放思想永无止境。全面建设新时期新华北，奋力打造千万吨当量综合能源公司，是一项全新的、接续前进的发展实践，没有现成的经验可以借鉴，没有现成模式可以照搬，能不能做到"六个走在前列"，能不能实现"千万吨当量"目标，思想解放是关键。

认识决定于实践、思想形成于行动。客观事物不断发展变化，我们的思想也必须随之发展变化，但思想认识形成后就具有相对稳定性，如果我们的思想停止不前，认识落后于时代、落后于形势的变化，对实践中提出的新问题不能充分回答，就会造成主观认识与客观实际相脱节，思想就会影响甚至制约发展。因此，就需要根据实践来正确地调整认识、创新思维。这就是解放思想。在每一个新的发展时期，都首先面临着解放思想的新任务新要求，都需要以新的思想解放打开发展的新通道，开创发展的新局面。

"思想的动能是最大的动能，思想的落后是最大的落后。"实践充分证明，油田每一次思想的大解放，都会带来产业的大突破、空间的大拓展；每一次观念的大变革，都会带来力量的大凝聚、创新的大飞跃。解放思想的本质，就是要摆脱传统的方式和各种思维习惯的束缚，实现思想观念的更新、思维方式的变革、精神状况的改造，以问题为导向，研究新情况、解决新问题。华北油田已站在新的起点上，迫切需要接续不断地解放思想，以新一轮思想大解放回答现实问题、破解前进的难题，以全新的思维理念推进改革发展实现历史性变革、系统性重塑，以"破旧立新"的彻底"思想革命"全面建设新时期新华北。

当前，世界百年未有之大变局加速演进，全球能源转型进入加速推进阶段。戴厚良董事长针对集团公司面临的形势和挑战，指出了如何统一思想、统一意志、统一行动；如何实现经济、政治、社会三大责任有机统一；如何克服机构不够精简、工作效率不高瓶颈短板；如何有效化解风险点多、防范难度大，做到依法合规、行稳致远；如何培养既符合国有企业领导人员"二十字标准"，又具有全球视野、战略眼光、家国情怀和创新精神优秀企业家；如何加强党委的领导作用，发挥好独特的文化优势和精神优势等。我们还面临着思维老化固化、业务能力不足与目标任务要求不适应；资源空间受限、产业格局不优与业务布局要求不适应；机制不够灵活、管理不够规范与战略驱动要求不适应；市场开拓不强、经营成本偏高与精益精进要求不适应；信息化程度不高、数字化技术不强与打造新动能要求不适应；稳定基础不牢、风险隐患较多与稳固可靠要求不适应；基层建设不均衡、作风形象需持续打造与扛旗领先要求不适应等问题。我们面临着推动产业协同增效任重道远，实现科技自立自强任重道远，投资成本精益管理任重道远，重大风险精准防控任重道远，干部能力素质提升任重道远等任务难题。

历史只会眷顾坚定者、创造者，而不会等待犹豫者、畏难者。没有解放思想就没有华北的现在，没有解放思想也就没有华北的未来。只有不断解放思想，才能紧跟时代、把握现在、创造未来，才能把形势认清、把问题弄准、把目标定好、把办法找到，才会更好地把握规律性、体现时代性、富有创造性，适应新事物、顺应新形势、推动新事业、开拓新境界，破瓶颈、解难题、抓机遇、谋发展，全面实现新时期新华北建设目标。

解放哪些思想？

全面建设新时期新华北，活力是解放思想，要害在解放思想。要解放哪些思想、革新哪些观念？解放思想谋发展大讨论"六个能不能"给出了明确回答，指明了工作方向。就是说，一切阻碍高质量发展的思想观念，一切抑制活力迸发的思想观念，一切落后不合时宜的思想观念，都要破除。建设新时期新华北、推动高质量发展，迫切需要解放和破除如下思想观念：

其一，破除"封闭保守"，在新字上做文章，以开放思维建设新华北。华北油田四十多年的发展建设取得了巨大成就，积累了很多成功的经验，形成了很多有益的思路，探索出了很多有效解决难题的办法。

但另一方面也容易形成固化思维，习惯性守着"一亩三分地"，对新环境不大适应，对新知识接纳能力不强，因循守旧、安于现状，一成不变、循规蹈矩，战略长远思考不足，缺少"冒险"精神、"突破"精神。华北油田处在政治文化中心、对外开放前沿、经济发展重地，创新大潮涌动，气象变化万千。唯有不变的就是变化本身。在新的发展实践中，我们要坚持辩证思维、坚持问题导向、坚持守正创新、坚持开放发展，既要按程序办事，按规律干事，更要突破常规不犯规，以创新的思路和办法解决改革发展中的新矛盾和新问题，以开放的思维和魄力盘活用好内外资源，跳出华北看华北，走出华北建华北，拓展更为广阔的发展空间和业务领域。

其二，破除"路径依赖"，抢抓变革机遇，推动科技进步和产业发展。新一轮科技革命和产业变革正在重构全球创新版图、重塑全球经济结构，以清洁高效可持续为目标的能源技术加速发展引发全球能源变革，我们既面临着千载难逢的历史机遇，又面临着严峻挑战。站在新的历史起点上，有的领导干部缺乏对外界的敏感度，对面临的重大机遇认识不到位，抢的意识不强、争的劲头不足，良机看不到，看到了抓不住，抓住了用不好。习惯性依赖老路子、老方法，产业发展上过于依赖传统能源、传统资源、传统方式，科研攻坚上缺少敢于怀疑、敢于质疑、敢于突破的精神。科技自立自强是建设新时期新华北的"硬脊梁"，是挺起腰杆走到哪里都不怵的"真功夫"。我们要以强烈和敏锐的危机意识抢抓新一轮科技革命和产业变革机遇，以全新的思维理念推动发展方式和管理方式的革新再造，既老实、踏实、务实、厚实，更要求实，全面推进管理升级、技术进步和产业发展。

其三，破除"消极等靠"，强化执行落实，战略规划转化为具体行动。推动油田高质量发展比的是冲劲、干劲、闯劲,没有"功成不必在我"的境界和"功成必定有我"的担当,一切都无从谈起。必须看到,有的干部对上级政策研究不深,对公司战略部署理解不够,发展思路不清,推动工作找不到发力点、效益点。有的落实推动不力,贯彻上级部署要求不自觉、不坚定,推一推、动一动,不推不动,执行力差,工作迟迟落不了地,一些反复强调的问题得不到解决。有的主动作为意识不强,只要不出事、宁可不干事,把说的当做了,把做了当做成了做好了,工作落实在口号上。我们要在思想状态上来一次大激发,在工作水平上来一次大提升,在先进生产力上来一次大释放,以"时时放心不下"的责任感、积极担当作为的精气神,强化执行、狠抓落实,奋力在新时代新征程中创造新业绩。

其四,破除"墨守成规",转换工作机制,推进履责减负和管控提效。重组整合以来,公司根据实际情况形成了一些具体的运行机制和工作模式,对油田发展起到了重要推动作用。过去行之有效的办法如果不在实践中创新发展,就会失去原动力,经验成为框框、思路变成套路。在落实责任方面,有的习惯性推责,一层推一层、一级压一级,层层甩责。在系统运行方面,有的缺乏系统性专业性研究,脱离企业和基层实际,机关与基层统筹性不强,存在上下脱节。在过程管控方面,有的政治敏锐性、工作前瞻性不强,抓工作大而泛之,隐患排查整治不彻底,制度执行不严格。在基层管理方面,基层负担依然较重,有的基础还较为薄弱,现场"低老坏"问题突出,典型不过硬,示范不明显。我们要创新转换工作机制,统筹一体推进履职责与减真负、强管控与提效率,全方位提升企业整体运行效能和发展动能。

其五,破除"松散懈怠",改进队伍作风,提升能力素质和精神状态。应当看到,我们党面临的"四大考验""四大危险"长期存在,管党治党必须常抓不懈、紧抓不放,决不因成就而懈怠、因困难而退缩、因风险而胆怯。近年来,油田上下严字当头转作风,党风政风企风为之一新,同时也要看到,有的干部能力素质与岗位不相适应,德不配位、能力平庸,挑不起重担,打不开局面。有的工作标准不高,心里不装事,眼里没有活,发现不了问题,不敢正视问题,更谈不上解决问题,对接上级部门迈不开腿、办不成事。有的摆花架子,做表面文章,光说不练,表态快、调门高,行动慢、落实差。有的宗旨意识淡漠,无视群众利益。干部的作风状态很大程度上决定企业发展状态。我们要毫不松懈地加强和改进作风,崇尚实干、务求实效,在推动油田高质量发展征程上树立新担当、展现新气象。

其六,破除"粗放低效",突出价值创造,实现各业务板块全面提升。实现提质增效指标精进、策略精进、工程精进、管理精进是一项战略任务。当前,经营管理模式还不能完全适应"油公司"改革要求,业务发展基础还不够扎实,精细精益管理还有差距。价值创造能力不强,净资产收益率、投资回报率、人均劳动生产率等指标仍差距明显,市场创收能力不强,营销体系建设滞后,油气完全成本高,"十四五"末降至45美元/桶以内有很大压力。建设新时期新华北体现的是系统发展理念,打造千万吨当量综合能源公司是划时代意义的战略目标,统筹发展油、气、新能源、工程服务和综合服务"五大业务"是可持续发展的重要方略。我们要树牢"从严管理出效益,精细管理出大效益,精益管理出最大效益""企业不消灭亏损,亏损终将消灭企业"等理念,强管理、提效益、夯基础,以超常规思维和革命性举措,全面推动全系统全链条价值提升。

明理集

　　新时代呼唤油田上下要敢于破旧立新、勇于自我革命、勤于实践探索、善于遇水架桥，坚决破除传统思维定势、增强开放发展意识，坚决破除条条框框限制、推进体制机制创新，坚决破除狭隘地域局限、树立全局行业眼光，坚决破除看摊守业思想、展现奋发有为风貌，始终保持锐意创新的勇气、敢为人先的锐气、蓬勃向上的朝气，不断将巨大潜能转化为推动发展的现实力量。

以思想解放开创新局面

解放思想是新时代的客观要求和必由之路。思想有多远，我们就能走多远；思想解放的程度有多大，我们的发展脚步就有多大。要把深入开展主题教育与解放思想谋发展大讨论结合起来，把理论学习、调查研究、推动发展、检视整改等贯通起来，以学铸魂、以学增智、以学正风、以学促干，保持统一的思想、坚定的意志、协调的行动和强大的战斗力。

第一，推动思想的大解放。思路决定出路。实现新时期新华北建设目标，思想上必须要大步跟上，做到天天思、天天想、天天谋、天天干。要更新思想观念，反复研学习近平新时代中国特色社会主义思想及习近平总书记的重要讲话和指示批示精神，从中找方法、找路径、找答案，更好地适应新时期新任务新要求。要转变思维方式，强化进取观念、市场观念、创新观念、人才观念、法治观念，把破和立结合起来，做到"两分法"前进。要勇于改革创新，跳出资源型企业的"周期律"，试想行业中能够走出来实现稳产的有多少家，华北油田实现400多万吨稳产有多难，实现千万吨当量走出"双峰"曲线更难。提高采收率、开发新能源是两大战略任务，要积极去想、大胆去谋，将过去认为不可能的事变为可能。要突出思想统一，解放思想的过程就是统一思想的过程，把思想观念统一到全局部署上来、统一到中心任务上来，最大限度凝聚发展的共识。

第二，推动能力的大提升。当前，油田发展面临前所未有的机遇和艰巨繁重的任务，履行好历史赋予的职责使命，各级干部必须加强思想淬炼、政治历练和专业训练，做到政治坚强、本领高强、意志顽强，做持续学习、团结奋斗、科学务实、担当作为的典范。要增强推动高质量发展本领，全面把握战略任务，牢固树立一盘棋思想，以创新的办法推动任务落实，突破发展的卡点瓶颈，着力解决发展不平衡问题。要增强服务群众本领，面对人民群众对美好生活的更高期待和社会利益格局的深刻调整，走好新时代党的群众路线，下大力气解决群众急难愁盼问题，推动企业与员工共同发展进步。要增强防范化解风险本领，在各类矛盾和风险易发多发的情况下，要增强忧患意识，树牢底线思维，提高对重大风险的预见、应对、处置能力，维护大局和谐稳定。

第三，推动作风的大转变。抓作风建设只有进行时、没有完成时，要细照笃行、落实落地，领导带头、严抓严管，把作风建设落实到干事创业上。要以量化考核激励担当作为，把落实公司决策部署作为考核的出发点和落脚点，明确考核指标，分级分类全过程考核，不机械地唯分唯票，树立雷厉风行抓工作、干事业的鲜明导向，切实发挥好考核的"指挥棒"作用，进一步提振精气神、激发正能量。要以删繁就简推动松绑减负，做到文件精炼、言之有物，会议精简、开门见山，督查精准、"四不两直"，持续纠治"四风"，让基层干部腾出更多时间和精力谋发展、抓落实。要以严的基调正风肃纪反腐，把纪律立起来，使规矩严起来，把红线、底线明确地划出来，让党员干部知敬畏、存戒惧、守底线，做到有令则行、有禁则止，清清白白做人、干干净净做事。

第四，推动工作的大落实。实干兴邦，空谈误国。抓落实能不能知难而进、锲而不舍，是对领导干部原则立场的现实考验。千算万算，拿出效益是合算，千条万条，登高摘"果"是首条。面貌变不变，领导是关键。要以上率下抓落实，特别是主要领导要从自身做起，带头挑最重的担子，啃最硬的骨头，各级干部都要自觉置身全局，在其位、谋其政、守其土、尽其责。要直面问题抓落实，要把解决实际问题作为打开工作局面的突破口，哪里有要破解的难题，观念的革新就在哪里实现，全面回答好新时期新华北标志性工程目标的"三大任务"。要聚焦末端抓落实，把任务分解到项目、落实到岗位、量化到个人，压实责任、精准措施、强化执行，打通贯彻落实"最后一公里"，方向不偏、目标不移、一贯到底，确保取得标志性成果和里程碑式进展。

新时期蕴含新生机，新华北呼唤新发展。要坚持抓生产从思想入手、抓思想从生产出发，准确把握大局大势，主动担当使命任务，以改革的思路、开放的思维、创新的理念，冲破一切妨碍发展的思想观念，改变一切束缚发展的做法规定，革除一切影响发展的体制弊端，在思想观念上来一次大讨论、大洗礼、大革新，以思想照亮前路、以奋进诠释信念、以实干创造未来。

2023 年 1 月

▸ 改进工作推动实干开局

站在新的历史方位，进入新的发展阶段，华北油田公司党委提出全员践行"改进工作、实干开局"的总体要求，以人人处处干实事、重实质、求实效的新作为，打开事业进步新天地，开创高质量发展新局面。"改进工作、实干开局"，以问题意识和实干精神为根本要求，对"改进什么？怎样去干？开什么局？"等问题进行了系统阐释，体现了改进和实干的理论逻辑和实践逻辑，吹响了奋进新时代的前进号角，为我们在新的征程上全面建设新时期新华北、奋力打造千万吨当量综合能源公司，明确了时代坐标和发展方向，提供了根本遵循和实践指引。

"改进工作、实干开局"是一个紧密联系、相互贯通、内在统一的整体，是破解工作难题的"金钥匙"、提升发展质效的"指南针"。在学习贯彻习近平新时代中国特色社会主义思想主题教育中，油田紧紧围绕全面建设新时期新华北工作主线，把握"学思想、强党性、重实践、建新功"的总要求，做到以学铸魂、以学增智、以学正风、以学促干，以高度的思想和行动自觉抓改进促工作、重实干开新局。

改进工作、实干开局，围绕"四个改进"系统提升

问题是实践的起点，持续改进工作，是推动事业不断向前的恒久动力。实干开局，要从改进工作开始。重点从学习、专业、执行、群众工作等方面入手，做到深入客观、认真查摆，做到直指要害、真抓实改，做到以改增效、以改破局。

改进学习。改进我们的学习，就要朝着树立良好学风去改。面对世界百年未有之大变局，面对国内外发展环境深刻复杂变化，面对新时期新华北全新目标任务，许多东西是"未知远大于已知"。如何适应形势变化、跟上时代步伐、解决现实难题，唯一的途径就是加强学习、善于学习。从现实问题来看，有的学习兴趣不浓，学习意识不强，不抓学习、不爱学习，主动学的少、被动接受的多，学习走形式装样子，学习不系统不深入，一知半解、浅尝辄止，知其然不知其所以然；有的学用脱节，学归学做归做，学习"空对空"、学用"两张皮"，不善于把学习成果转化为干事创业的实际本领；有的理论学习不深入不彻底，政治思想站位不高，思维决策能力不强，深钻细研劲头不足，对一系列重大思想、重大理论、重大观点和实践问题理解不深、了解不透，不能很好地运用科学理论指导实践推动工作等。剖析这些问题的症结根源，关键是学风出了问题，学习没有往深里走、往实里走。

什么是学风？《中庸》道："学风"即"博学之，审问之，慎思之，明辨之，笃行之"，就是广泛地加以学习，详细地加以求教，谨慎地加以思考，形成清晰的判断，踏实地加以实践。学习本领是干部必须具备的第一位本领。延安整风时，毛泽东同志曾指出：学风问题就是一个非常重要的问题，就是第一个重要的问题。要大兴学习之风。

学习"只有起点、没有终点,只有毕生、没有毕业"。树立终身学习理念,把学习作为一种政治责任、一种精神追求、一种生活方式、一种兴趣爱好,挤时间学习、下功夫学习,在学习党的创新理论和路线方针政策中夯实理想信念、提升思想境界,在学习科技文化、现代管理和专业知识中增长本领才干、提高能力水平。要大兴务实之风。善于学习,就是善于进步。坚决摒弃学习上的懈怠之心、浮躁之气,坚持从实际出发,原原本本地读原著、学原文、悟原理,认认真真地学知识、学业务、学技能,发扬"挤"和"钻"的精神力求学深悟细,由表及里、由浅入深、层层递进,努力把零散的东西系统化,让感性的认识上升为理性认识,悟规律、悟方法、悟体验,真正做到知其然更知其所以然。要大兴实践之风。"纸上得来终觉浅,绝知此事要躬行"。坚持学习与实践相统一、理论与实践相结合,把思想摆进去、把职责摆进去、把工作摆进去,带着问题在干中学、学中干,从群众中来、到群众中去,把群众当成最好的老师,使实践的过程成为知与行相统一、学与用相结合的过程,成为增强综合素养、提高工作能力的过程,不断增强推动高质量发展本领、服务群众本领、防范化解风险本领,努力做到用以促学、学用相长。

改进专业。改进我们的专业,就要围着提高专业水准去改。从总体上看,与今天事业发展的要求相比,我们的本领有适应的一面,也有不适应的一面。特别是随着形势发展变化,我们适应的一面正在下降,不适应的一面正在上升。如果不抓紧增强专业本领,久而久之,就难以胜任企业发展的繁重工作。油气生产企业作为技术密集型行业,专业特性更加鲜明、专业要求更加精深、专业效应更加凸显,专业化成为推动发展的直接动力。从现实问题来看,有的干部专业素养和专业能力不能满足工作需要，缺乏坚实的专业理论和专业知识，缺乏系统的前沿知识和学科知识，对专业一知半解或处于外行状态；有的缺乏专业学习、专业训练的自觉性和深入性，只知其表不解其里、只知其言不解其义，用的是老方法、说的是外行话，履职能力专业程度不高；有的习惯凭经验开展工作，拍脑袋、拍胸脯，缺乏工作的科学性、系统性，一般化、大呼隆、粗放型的工作方式不同程度存在等。要把专业能力作为衡量干部的重要标尺，强化专业训练和综合培养，全面打造高水平高质量专业化的一流队伍。

专业对企业而言，是指某一领域的专业水平和技术实力；对员工个体而言，是指在某领域内具有广泛的知识面和深入的行业认知，并能够回答专业问题、指明发展方向。提高专业水准是根本性、长期性的要求。当前，我们正向建设现代化能源公司奋勇前行，无论是专业领域还是其他业务，以往对口的知识、适用的经验、熟悉的方式遇到了前所未有的挑战，必须围绕提高水准改进专业，实现专业知识、专业思维、专业方法、专业能力和专业精神的统一。要加快认知转变。俗话说，没有金刚钻，别揽瓷器活。金刚钻就是运用新理念新知识不断提高认知能力。增强学习新知识、掌握新本领的自觉性和紧迫性，完善知识结构，更新知识体系，培养广泛的知识面和深入的行业认知，只有真正成为让人信服的行家里手、成为专业化复合型人才，才能有效应对和化解时代变迁、任务发展所带来的新挑战新风险。要深化机理研究。加强机理性研究，把握发展规律，是实现高水平自立自强的关键，是提高专业水准的核心。要始终聚焦油气新能源主责主业，围绕破解技术难题、瓶颈问题深入系统研究，强化基础研究，大胆探索、科学求证，敢于突破权威、突破前人、突出常规，敢于提出新理论、开辟新领域、探索新路径，不断提升专业能力水平。要注重技术集成。技术集成是实现单个技术实现不了的技术需求的方法。推动传统技术与信息技术、人工智能、生物技术等深度融合，实施勘探开发一体化、地质工程一体化、地面地下一体化等系统集成。以市场和需求为导向，建设专业化团队，搭建专业化平台，集中优势力量大兵团作战，集中内外资源大开放搞活，推进"卡脖子"技术攻关，实现重要领域的突破。要强化管理提升。全面落实"专业的事让专业的人管""管什么专什么""管一行精一行"，全面深化对标管理，向行业一流技术、一流管理对标，弥补知识缺陷、补强能力短板、扫清经验盲区，养成用专业眼光分析和解决问题的习惯，掌握各方面专业知识，做到术业有专攻，不断提升专业管理的能力水平，加快完成专业由跟跑到并行和领跑的转变。

改进执行。改进我们的执行，就要盯着提高执行力去改。天下之事，虑之贵详，行之贵力。执行重于一切、执行决定一切。没有执行力，就没有统一意志、统一行动，就形不成凝聚力、战斗力。当前，油田上下锚定战略目标，心往一处想、劲往一处使，全力以赴攻坚克难、砥砺前行。从现实问题来看，有的对上级政策部署的理解、贯彻、执行还不够坚定，浮于表面，自行其是，敏锐性和洞察力不足，找不到"结合部"、牵不住"牛鼻子"，拿不出行之有效的策略方案；有的执行能力不足、方式方法不当，思维固化、知识老化、能力弱化，驾驭全局、系统协调、资源统筹的能力不强，发现问题、分析问题、解决问题的能力不强；有的担当意识不强，行动不够及时有力，避重就轻、虎头蛇尾、作风拖沓、一知半解、浅尝辄止、脱离实际，面对困难挑战缺乏无私无畏和高度负责的精神等。执行力是执行的灵魂，没有强大的执行力，很难把执行落实到位，更不可能把想做的事做成功。

执行力就是贯彻战略意图，完成预定目标的操作能力。对个人而言执行力就是干事能力，对团队而言就是战斗力，对企业而言就是发展力。在革命圣地西柏坡有一处"中央军委作战室"旧址，只有简易的四间土房。军委就在这里指挥完成了辽沈、平津、淮海三大战役。周恩来同志说"我们这个指挥部可能是世界上最小的指挥部，一不发人，二不发枪，三不发粮，只是天天发电报，就把国民党打败了。"战略战术、武器装备固然重要，但决定胜负的根本还是执行。要强化纪律意识。"加强纪律性，革命无不胜"。始终做到纪律严明、执行有力，做到油田上下一盘棋，确保听从指挥、令行禁止，确保执行不走样、不拖延。"船的力量在帆上，人的力量在心上""什么都比不上我们想干好"。要坚决克服不思进取、得过且过的心态，杜绝消极应付、推卸责任的做法，自觉养成积极向上、认真负责的习惯，不折不扣地履行职责。要强化实干意识。一切难题，只有在实干中才能破解；一切机遇，只有在实干中才能把握。"说一尺不如干一寸"。要担当尽责、雷厉风行、真抓实干，在打通"两个一公里"上下功夫，在抓落实、保落实上下功夫。好的执行力，往往就是一项工作接一项工作、一个周期接一个周期锻造出来的。要有一抓到底的狠劲，全程跟踪的韧劲，解决问题的实劲，项目一个个地抓实、事情一件件地办好，真正用心谋事、用心干事、用心成事。要强化成果意识。执行是有结果的行动，没结果的任何行动都是徒劳。要以标志性成果、里程碑进展为导向，将任务细化为具体的目标，设置具体的时间节点，以年度工作为主线，以季度、月度计划推进为节点，以周工作运行为监控，抓实每一个环、踩实每一步。要加大对重点工程、重大项目的全过程执行监督，把握重点、盯住难点、疏通堵点、建立清单台账，加强跟踪问效问责，靶向发力、精准考评，确保各项部署不折不扣执行到位。

改进群众工作。改进我们的群众工作，就要奔着密切联系群众去改。习近平总书记在党的二十大报告中指出，坚持全心全意为人民服务的根本宗旨，树牢群众观点，贯彻群众路线，从群众中来、到群众中去，始终同人民同呼吸、共命运、心连心。今天，我们勇敢肩负起全面建设新时期新华北的历史之责、发展之责，必须发扬"革命＋拼命"的精神，广泛发动群众，充分依靠群众，凝聚智慧力量，激发创造伟力。从现实问题来看，有的干部群众观念宗旨意识不够牢固，不屑做群众工作，背离"一切依靠群众"之本，热衷"绝对权威"，习惯权力强制、盲目指挥；有的对群众缺乏深厚的感情，不愿做群众工作，把群众工作形式化，对群众诉求能推就推、能躲就躲，推诿扯皮；有的缺乏群众工作能力，不会做群众工作，调查研究不严不实，思想政治工作创新不够，空洞说教的多、解疑释惑的少，既不能问计于民、又不能服务群众等。群众是群众工作的主体，改进群众工作必须紧紧依靠群众，把群众路线植根于思想、落实到具体行动。

群众工作就是通过宣传教育群众、尊重依靠群众、组织引导群众，提高群众的思想政治觉悟，充分调动群众的积极性、创造性，动员和引导群众全身心投入工作实践。群众工作是我们党的根本政治立场，是我们党的生命线和根本工作路线，只有做好群众工作，才会有正确的发展观，永葆旺盛活力和战斗力。要树牢群众观点。牢牢把握以人民为中心的发展思想，始终把相信群众、依靠群众、团结群众和"从群众中来、到群众中去"转化为自觉的信念，在思想深处扎下根来，真正成为思想、工作、感情的有机组成部分。要心里时刻想着群众、装着群众，倾听群众呼声、汲取群众智慧、共谋发展大计，关心群众冷暖、焕发工作热情、凝聚发展力量，始终同员工群众想在一起、干在一起，同呼吸、共命运、心连心。要改进基层调研。调查研究是我们党的优良传统，调查研究的过程既是提高履职本领的过程，更是密切联系群众的过程。调查研究既要"身"入更要"心"入，入基层、走进群众，把群众当亲人、当老师，尊重员工群众在实践活动中所表达的意愿、所创造的经验、所拥有的权利、所发挥的作用，问计于民、问需于民、问效于民，实实在在地解决发展所需、改革所急、基层所盼、民心所向的问题。要维护群众利益。坚持发展成果与员工群众共享，千方百计为群众排忧解难，常恤群众之苦、常解群众之困、常纾群众之惑，常态化开展好"我为员工群众办实事"，广泛实施好"员工健康工程"，畅通反映诉求快捷通道，扎扎实实地把员工群众的利益、遇到的痛点、难点和焦点问题做实做细。做到基层有忧我心揪、群众有难我不安、不解问题我失职，始终与员工群众有盐同咸、无盐同淡，让广大员工群众共享新时期新华北的建设成果。

改进工作、实干开局，做到"四个必须"强化落实

改进工作、实干开局，是全面建设新时期新华北的战略性要求和系统性任务，要坚持理论武装为指导，更新观念为基础，群众路线为支撑，主峰插旗为标志，真正使"改进工作、实干开局"内化于心、外化于行，成为引领思想和行动的风向标。

第一，必须以理论武装为指导。科学理论是认识、分析和解决问题的"金钥匙"。习近平新时代中国特色社会主义思想是我们改造主观世界和客观世界的锐利思想武器。要切实提高理论素养，大力弘扬

明理集

"围着篝火学两论"的学风,系统掌握贯穿其中的立场观点方法,深刻领悟蕴含其中的道理学理哲理,使我们认识问题站得更高、分析问题看得更深、指导实践更有力;切实增强历史担当,深刻把握大局大势大事,紧密联系油田实际,坚决破解改革发展中存在的各种矛盾问题,在攻坚克难中展现作为、在奋发进取中开创新局;切实提高工作本领,围绕产业发展、绿色转型、提质增效、风险防控等,明晰方法路径,完善推进举措,把学习成果转化为破解难题、推动发展的实际成效。

第二,必须以更新观念为基础。观念是思想的外化,没有思想的大解放,就没有观念的大转变,更没有发展的大突破。要牢固树立大局观念,学会把工作放到大局中去思考、去定位、去谋划,胸怀大局、因势而谋,把握大局、应势而动,服务大局、顺势而为,目标同一、方向同向,齐心打造"华北番号""华北场景";牢固树立系统观念,聚焦"三大任务""六个能不能"转观念、强认知,强化全局性谋划、战略性布局,实现各领域、各业务协调联动、协同发力;牢固树立开放观念,发挥比较优势,抢抓发展机遇,用好政策红利,坚持共商共建共享,加快融合发展,"闯"出新格局、"抢"出新优势、"干"出新业绩。

第三,必须以群众路线为支撑。群众是我们最大的靠山、群众的支持是我们最大的底气,始终坚持好、贯彻好群众路线,最广泛地发动和组织群众,真正把广大员工群众的智慧力量汇集成企业的生存之本、胜利之基。要凝聚发展共识,把"打造千万吨当量综合能源公司"作为全员的共同价值追求和行动方向,一个不能少、一个不掉队,矢志不渝、为企奉献;夯实发展基础,强化大抓基层导向,弘扬劳模精神、劳动精神、工匠精神,选树先进典型、打造示范标杆,实现基层建设全面过硬;提升发展动力,真正为基层群众减负松绑轻上阵、简政放权增动力,以旺盛的工作热情把更多的时间和精力用在抓落实保落实上。

第四,必须以"主峰插旗"为标志。打靶要有靶子,干事要有目标。坚持以战略目标为导向,以主峰插旗为标志,以主战完胜为检验,扛红旗、打头阵、迎难而上、攻城拔寨。要在油气供给增长中争当先锋,聚焦"6131"能源布局,在坚决打好"四场"硬仗中彰显担当,在高效实施"压舱石工程"中展作为；在绿色低碳转型中争当先锋，全力抢空间、抢资源、抢先机，构建特色能源格局；在提质增效价值创造中争当先锋，以"四个精进"为指引纵深推进对标提升，激发全员强管理、深挖潜、拓市场、增效益的工作热情；在全面实施重点工程项目中争当先锋，做到参之能战、战之必胜，完成"任务书"、履行"军令状"，努力交出一份经得起实践和历史检验的优异答卷。

上坡路难走，力行则将至；顶风船难开，笃志则必达。全面建设新时期新华北道路不可能一帆风顺，打造千万吨当量综合能源公司不可能一蹴而就。我们要坚守报国初心、坚定战略定力，赓续红色血脉、传承石油基因，改进工作、实干开局，中国式现代化华北场景的航船定能劈波斩浪、行稳致远。

2023 年 1 月

▶ 开启新时期新华北建设新征程

从党的十八大开始,中国特色社会主义进入新时代,这是我国发展新的历史方位。党的十九届五中全会提出,全面建成小康社会、实现第一个百年奋斗目标之后,我们要乘势而上开启全面建设社会主义现代化国家新征程、向第二个百年奋斗目标进军,这标志着我国进入了一个新发展阶段。党的二十大明确了全面建成社会主义现代化强国、以中国式现代化全面推进中华民族伟大复兴的使命任务,绘就了一幅中国人民美好未来的壮美蓝图。

新时代新征程为我们深刻把握当代中国发展的新阶段新特征,科学制定政策提供了时代坐标和基本依据。社会主义从来都是在奋勇开拓中前进的,必定随着形势和条件的变化而不断向前发展,石油工业改革发展的每一步,都与党和国家的前途命运紧紧相连。集团公司党组明确,到2030年全面实现高质量发展、基本建成世界一流企业,到本世纪中叶全面建成基业长青世界一流综合性国际能源公司。华北油田站在时代发展的大潮中,承前启后、继往开来,作出了建设新时期新华北的重大部署。

全面建设新时期新华北,这是公司在科学把握内外部环境深刻变化的基础上，作出的一项关系全局的重大战略考量，进一步彰显了石油工业与时代共同进步的忠诚意志和先进本色，体现了把握发展规律、发展趋势的高度自觉、坚定自信和使命担当。从发展阶段看，中国特色社会主义进入新时代，建设现代化国家进入新阶段，能源革命翻开新篇章，中国石油开启新征程；油田发展理念和发展方式创新转变，发展环境和发展条件持续优化，发展水平和发展要求不断提高，华北油田已经站到了新的历史起点上。从奋斗目标看，提出打造千万吨当量综合能源公司，形成"6131"能源布局，通过1到2个规划期，基本建成现代化综合能源企业。从产业功能看，产业布局和结构持续调整，基本实现从油主气辅向油、气、新能源等综合能源协调发展转变；"五大业务"统筹推进、系统变革，基本实现从注重规模效应向更加注重质量效益转变。华北油田在新时代展现出了前所未有的发展特色和系统变革，影响是广泛的、深刻的、长远的。这些重大变化，都需要从新的历史方位、新的时代坐标来科学认识和全面把握，以全新的科学谋划实现全新发展。

时代脚步永不停歇，企业要发展就必须在历史逻辑中前进、在时代潮流中发展。全面建设新时期新华北是全面贯彻党的二十大精神，体现国家意志、保障能源安全的必然要求；是深入落实集团公司决策部署，主动担当作为、打造行业一流的必然要求；是主动顺应群众期待，全力发展惠民、建设幸福油田的必然要求；是团结带领广大干部员工开创光明未来的必然要求。

谋划推进中国式现代化华北场景，全面建设新时期新华北，奋力打造千万吨当量综合能源公司，在华北油田发展史上具有重大意义，在传统石油行业创新转型发展史上也具有重要意义。全面建设新时期新华北，意味着华北油田迎来了20世纪70年代末潜山高效开发和十年千万吨高产，三十多年持续稳产，到综合油气当量向千万吨迈进的光明前景；意味着华北油田新动能新优势不断发展，华北特色的"双峰"发展模式持续塑造，为东部老油田推进中国式现代化建设提供了实践性先行性的探索和方案。我们必须紧跟时代潮流、勇担时代使命，求真务实、踔厉攻坚，以新时期新华北建设的新面貌，开启高质量发展的新篇章。

新时期新华北的内涵要求是："六个走在前列"。在保持政治忠诚本色上走在前列、在强化能源高效供给上走在前列、在推进企业治理现代化上走在前列、在开放合作融合发展上走在前列、在加快绿色低碳转型上走在前列、在建设幸福和谐企业上走在前列。"六个走在前列"是新时期新华北的宣言书、动员令，系统展现了中国式现代化的华北场景，系统回答了建设什么样的新华北的重大命题，系统提出了实现高质量发展的前进方向。

新时期新华北的总体目标概括为："九个主要表现"。未来五年是新时期新华北建设的关键期，通过1到2个规划期，基本建成现代化综合能源企业，主要表现在：千万吨当量能源供给持续稳定，"双碳"目标基本实现，产业布局良性互动，智能油田全面建成，现代公司治理机制成熟定型，服务支持国家战略和地方经济作用突出，忠诚向党政治底色更加鲜亮，人才梯队建设充满活力，员工幸福感获得感进一步增强。在这种目标体系牵引下，到2035年推进中国式现代化在华北油田将展现出更加美好图景：现代化综合能源企业全面建成，高质量发展率先实现，产业实现转型升级，创新体系基本构建，员工生活幸福美好。

新时期新华北的总体布局是："一个战略目标、三个导向、四个专项行动、五大业务、十大工程"。全面建设新时期新华北是一项系统性工程、一项全新的事业。总体布局是相互联动、系统支撑的统一整体，要咬定战略目标不放松、坚定发展信心不动摇，始终不渝地沿着既定的目标方向奋斗，把新时期新华北的各项事业不断推向前进。

锚定"一个战略目标"：打造千万吨当量综合能源公司。对接中国式现代化的战略安排、对标集团公司建设基业长青世界一流综合性能源公司的目标任务，对应油田发展基础和发展环境，明确了打造千万吨当量综合能源公司的战略目标，构建了"6131"的能源布局。"6"是指原油上产600万吨，"1"是指天然气上产10亿立方米，"3"是指煤层气上产30亿立方米，"1"是指新能源业务实现100万吨油气当量。要立足新发展阶段、贯彻新发展理念、构建新发展格局，统筹油气和新能源整体协调发展，全面建设新时期新华北。

坚持"三个导向"：战略执行导向、工程建设导向、大抓基层导向。"三个导向"是确保公司战略目标实现的重要原则和工作方法，也是破解各种困难挑战的应对之策。坚持战略执行导向，突出战略研判、战略谋划，细化靠实公司中长期发展规划，以"规划如山"的严肃性确保战略执行；坚持工程建设导向，强化工程化思维、项目化管理、目标化落实，将指标任务落实到具体工程项目上，分解任务、细化节点，选准载体抓手、把控实施节奏，以重点工程突破带动全局发展；坚持大抓基层导向，积极建设"政治坚定、管理现代、生产有力、经营高效、安全环保、环境良好、遵规守纪、团结向上"的基层建设体系，让基层做主场、员工唱主角，为新时期新华北建设固本夯基。

落实"四个专项行动"：油气供给增长、绿色低碳转型、改革创新升级、区域战略融合。"四个专项行动"是重大战略性任务，事关千万吨当量目标的实现，事关油田可持续发展。推动油气资源勘探开发和增储上产是全局之要，坚定不移地发展油、气、新能源，不断提升资源掌控能力和油气供给水平；推动油田绿色低碳转型是发展之道，加快发展方式绿色转型，形成清洁低碳、安全高效、多能互补的新型能源生产和供给体系；改革创新是动力之源，实施改革深化提升行动，以全方面创新激发澎湃动能；区域战略融合是历史之机，深化区域战略融合顶层设计，推动国企优势与地方资源融合，更好服务国家重大战略。

统筹"五大业务"：油、气、新能源、工程服务、综合服务。构建主营突出、多元一体的产业布局，是新时期新华北的重要特征。要优先发展油业务，高效发展气业务，加快发展新能源业务，协同发展工程服务业务，转型发展综合服务业务。聚焦增储上产，原油业务要加快从以稳为主向总体规模提升转变；聚焦固链强链，气的业务要加快从发展不平衡向全产业链量效齐增转变；聚焦高效布局，新能源业务要加快从项目推动到产业发展转变；聚焦创新攻坚，工程服务业务要加快从常规服务保障为主向自立自强战略支撑转变；聚焦价值创造，综合服务业务要加快从基本依托服务向市场化现代服务转变。通过持续优化战略布局，完善支撑性保障体系，实现"五大业务"整体协同发展。

实施"十大工程"：原油增储上产、天然气上产、新能源"343"、提质增效价值创造、依法合规治企、人才培养提素、基层基础建设、发展惠民、文化引领、党建质量提升。"十大工程"是华北油田承担好国有企业"六种力量"的必然要求，是新思想新理念的践行工程，是高效益高质量的牵引工程,是激发新动能、打造新标杆、形成新格局的具体实践,发挥着基础性、先导性、示范性和突破口的作用。要把"十大工程"与年度重点工程推进相结合,与重点专项工程推进相结合,强化工程建设导向,把工程与项目、战略与策略统一起来,突出问题导向、目标导向、结果导向,抓实分析、设计、实施、考核等各环节,确保工程高效落地。

全面建设新时期新华北,立足新的时代方位,把握内外环境深刻变化,坚持稳中求进工作总基调,坚持高质量发展主题,坚持以人民为中心,系统回答了要实现什么样的发展、怎样实现全面发展等重大课题。从整体来看,新时期新华北的"新",主要体现为"目标新",能源总当量要达到千万吨;"产业新",加快发展风光电热氢等新能源和页岩油气等非常规能源;"格局新",系统构建五大业务综合发展全新格局;"领域新",走出华北延伸产业链条拓展新的发展领域;"治理新",构建"油公司"为核心的新时期治理体系;"空间新",深度融入京津冀协同发展和雄安新区建设。

我们要充分认识新时期新华北"新"的深刻内涵和意义,充分认识新时期新华北的总体目标和任务,充分认识打造千万吨当量综合能源公司的实践要求,建设行业标杆,勇立时代潮头。建设新时期新华北,实现各项战略目标任务,其标志性意义可概括为"四个实现":实现"量"的增长。油气能源规模是高质量发展根本目标,以实现综合油气当量千万吨引领新时期新华北建设,油气资源高效勘探、效益开发,风光气热储等新能源业务加快融合发展,实现"量"的增长与新型能源体系建设相统一,广泛的资源配置能力与能源高效供给相统一,实现"6131"能源布局目标,保持油、气和新能源融合发展的良好势头。实现"效"的改善。效益效率是高质量发展必然要求，以实现卓越价值目标推动新时期新华北建设，创新驱动发展能力持续增强，科研创新生态持续优化，现代化转型升级加快推进，全面价值管理体系积极构建，运行机制更加优化，实现企业整体的效率与效益最大化，"十四五"末油气完全成本控制在45美元/桶以内。实现"质"的提升。发展质量与核心竞争力是高质量发展应有之义，以塑造发展新动能新优势支撑新时期新华北建设，产业布局持续优化，数字化转型、智能化发展全面推进，经营管理和经营业绩水平不断提升，形成与现代化综合能源企业相适应、具有油田特点的体制机制，建成产业强企、科技强企、人才强企、质量强企、法治强企、数字强企。实现"人"的成长。人的成长进步是高质量发展的根本目的，以人力资源的最大化最优化保障新时期新华北建设，构建形成尊重人才的企业环境、公正平等的制度环境、鼓励创新的工作环境、保障有力的生活环境，员工在企业发展中实现自我价值，实现员工成长与企业发展同频共振，员工的获得感、幸福感和安全感持续提升。

新时期新华北是华北人共同的新华北，是共建共享共同缔造的新华北，每一个人都是新时期新华北建设的一员。每一天都是新的，每一天都在书写着历史、创造着未来。全面建设新时期新华北没有旁观者，人人都是主角，都是参与者、建设者、享有者。千千万万个你我，都应参与其中、奋斗其中，调校共振的频率，汇聚拼搏的力量，百川归海、万木成林。正如"每一朵鲜花的盛开都曾经历岁月风霜"一样，每一个目标的达成都需要一番艰难突破，每一个不朽的存在都需要"不可思议"的创造。新时期新华北没有"理所当然"的唾手可得，唯有万众一心的共同奋斗。

全面建设新时期新华北,是新时代华北油田人向历史和人民交出的厚重答卷。要提高政治站位,树立开放视野,抓好策略实施,牢牢把握事关油田改革发展的重大问题,支撑和保障新时期新华北建设。强化思想理论保障。以深入开展学习贯彻习近平新时代中国特色社会主义思想主题教育为契机,牢牢把握"学思想、强党性、重实践、建新功"的总要求,切实把学习的真理感悟和强大的理论支撑,努力转化为全面建设新时期新华北的创新之道和发展之策。强化体制机制保障。认真贯彻落实集团公司关于深化国企改革、加强依法合规治企和强化管理的部署要求,完善公司制度体系建设,优化完善组织运行、分配考核机制,充分调动各方面积极性主动性,不断夯实高质量发展基础。强化人才队伍保障。人才是第一资源,是决定性因素。要以开放的思维和视角积极培育和吸纳前沿科技人才、基础研究人才、国际化人才、市场化人才等,全领域谋划、全方位布局,搭建人才培养、引进交流、作用发挥的平台,支撑新时期新华北建设。强化和谐环境保障。全面落实依靠方针,充分尊重员工主体地位,持续增进和改善民生福祉。优化风险分级防控和隐患排查治理双重预防机制,加强清洁生产、环境污染防治,全面实施改革重大事项稳定风险评估制度,营造良好的内外部环境。强化基层基础保障。把改革发展各项部署落实到基层基础管理各方面、生产经营各单元,以抓基层、打基础、固基本为主线,以抓执行、抓示范、抓考核为着力点,加强基层建设、基础工作、基本功训练,不断提高基层基础管理水平。强化作风建设保障。以人人建设新华北的使命感、时时放心不下的责任感、事事抓紧不放的紧迫感,敢打敢拼、狠抓落实,以"功成不必在我、功成必定有我"的历史担当,以干实事、重实质、求实效的优良作风谋事成事。强化企地协作保障。贯彻国家区域重大战略和区域协调发展战略，主动融入地方经济建设，深化企地企警协作联防，巩固脱贫攻坚成果与乡村振兴有效衔接，发挥国有企业的辐射拉动作用。加强与其他油气田等企业和科研院所战略合作，实施优势互补，共创发展伟业。强化全面从严保障。坚持党要管党、全面从严治党，严格落实"两个责任"，切实履行"一岗双责"，严守纪律规矩，改进工作作风，密切联系群众，强化不敢腐的震慑，扎牢不能腐的笼子，增强不想腐的自觉，确保油田发展沿着正确方向前进。

"一个行动胜过一打纲领"。想不想抓落实、敢不敢抓落实、会不会抓落实，检验我们的行动、考验我们的能力。接续发展的新起点，2022年华北油田公司迈上的600万吨当量台阶，里程碑的重大意义开启了华北油田全新征程。2023年跨越700万吨当量，千万吨当量更大的目标在等着我们，除了自豪、期待，更需要释然和冷静。新的历史就在前方，很多的突破、记录等待我们定义。要真抓实干、埋头苦干，集中精力把每一件事做好，把方案规划措施研究充分、落实到位，努力把每一个契机变为发展机遇。要在全面学习上下功夫。完整准确全面领会新时期新华北建设的意义、内涵、实质，对新时期新华北"是什么、干什么、谁来干、怎么干"理解通透、了然于胸。全面学习不能仅停留在记住一些概念和提法，要进行深入的研究、思考和掌握，主动融入大局，紧密联系这些年来公司走过的不寻常、不平凡的历程，联系公司持续深化改革、推动高质量发展、有效应对各种风险挑战的具体实践，深刻领悟新时期新华北各项部署的历史逻辑、实践逻辑，真正学明白、用明白、干明白。要在全面把握上下功夫。新时期新华北内容丰富，既有政治上的高瞻远瞩和理论上的深邃思考，也有目标上的科学设定和工作上的战略部署，是相互承接、紧密联系、有机统一的，只有坚持历史和现实、理论和实践相结合，从整体到局部、再从局部到整体进行反复揣摩，才能避免知其一而不知其二，知其然而不知其所以然。要全面把握实现千万吨当量的实施路径和重点举措，自觉从全局出发想问题、做决策、办事情，做到上下贯通、步调一致。要在全面落实上下功夫。不注重抓落实，不认真抓好落实，再好的规划和部署都会沦为空中楼阁。特别要认真回答好如何实现"6131"能源布局、确保"十四五"末油气完全成本控制在45美元/桶以内、推进"五大业务"协调发展，回答好如何推动"四个专项行动"，回答好实现各系统高质量发展等"三大任务"，制定明确的时间表、施工图，扎实向前推进。新时期新华北确定的目标任务有近期的、中期的，也有长期的，要分清轻重缓急，统筹推进，强化全程督办、跟踪问效，形成有效闭环，确保各项战略目标落地靠实。

奋斗创造历史。来自五湖四海的华北人以坚毅自强根植于辽阔大地创造了丰厚的历史与文化，以不等不靠不争和强烈的再铸辉煌的决心，走过了引以为荣近半个世纪的发展历程。新时期新华北扎根于厚重的华北文化，勇于奋斗、敢于胜利的固有力量，必将推动华北油田在新时代展现出石油产业现代化的新图景，必将绽放出更加绚烂的时代光彩。

2023 年 2 月

标准执行赋能高质量发展

标准是现代企业发展的基础,标准引领时代进步。标准化建设是企业长期的战略任务,在企业治理体系和治理能力现代化建设中发挥着支撑性、引领性作用,以标准为抓手,提升标准化管理水平是推动企业高质量发展的重要保障。高标准决定高质量,通过构建全系统的标准体系,抓实标准执行和落实,进一步激发全员创新创造活力,引领企业走上高质量发展的快车道。

矩不正,不可为方;规不正,不可为圆。万物皆有规范、万事皆有标准。标准一直贯穿着人们的生产生活实践,引领着社会进步与发展,特别在推动现代工业规模化生产中,标准化起到了决定性作用。随着国有企业高质量发展和全球性融入深入推进,标准化在建立完善现代企业制度、加强依法合规管理、推进产业结构调整、提高核心竞争力、深化改革开放、完善规则体系等方面的作用更加凸显。标准既是"规范体系",也是"通用语言"。石油工业的发展建设,也是由一系列标准化程序、标准化规则、标准化体系来牵引、来联通、来约束,标准与产业形成了相互关联的发展共同体,发挥着极其重要的推动作用。

华北油田作为油气资源型企业,具有高风险、高投入、技术密集、过程复杂、生产工序多、生产规模大、生产连续性等特点，各业务涉及200多种专业学科，是一个组织严密、相互依存、高度统一的复杂有机整体。形成标准的工作规范，构建标准化管理体系，让执行标准成为习惯，是确保油气生产安全平稳、经营管理可控有效、系统运行规范有序的关键。

实践证明，标准化是现代管理的科学工具，是提升质量的专业方法，是管理提升的核心要素，是强化创新的重要手段。标准化的根本目的是提供统一的规则和行为规范，为科学管理提供技术手段。现代工业生产具有高度集中化、专业化、协作化、联合化特征，只有对各生产要素、工作环节进行科学分类，分别制定质量标准、实施标准，形成统一规范的标准体系，规范全过程的作业流程和操作行为，从而控制各种影响因素，消除质量安全隐患，保证生产建设全过程的稳定性和结果的高质量。企业管理的核心是人，标准化可以最大程度克服人的差异性，把标准的软实力变为推动油田提质提效的硬支撑。没有标准则行之无矢，监督检查考评则无依无据，必须建立制度完善、流程清晰、明确分工、细化到岗、责任到人的标准体系，强化企业标准化意识，传播标准化理念，推广标准化经验，培养标准化人才，建设标准化文化，让执行标准成为习惯，推动企业生产经营高效运行。

全面建设新时期新华北，新的篇章已经全新铺展开来，实现高质量发展需要高起点建设、高标准执行。客观审视油田标准管理和执行，仍存在一些亟待解决的问题，主要表现在：标准化管理意识不强，有的缺乏工作整体设计，任务目标没能细化量化，工作标准不适应现场实际，各层级间信息传递不对等不充分；标准化专业能力不强，不能从本系统本领域的战略前沿出发，提出标准化建设方法步骤，没有充分发挥标准化构建最佳生产经营秩序的功能；标准化运行效果不强，有的缺乏高标准的过程督办和评价机制，决策部署贯彻推进失真走样，层级工作衔接困难，造成管理质效不高；标准化执行力度不强，标准体系感知难、执行难，标准落实的体系建设和抓手载体不到位，标准执行宽、松、软现象一定程度存在等。

一个好的企业要有非常完整的标准体系，有了标准的保驾护航和系统执行，企业才能达到更高程度的发展水平。"一流企业做标准、二流企业做品牌、三流企业做产品。"有什么样的标准就有什么样的质量，只有高标准引领，才有高质量发展。以先进的标准推动技术创新、产业创新、模式创新，以先进标准保障规范运行、管控风险、提升质量，成为推动油田高质量发展的必然要求和事关长远的战略性任务。

标准执行要把握"三个要点"：有章可循、有章易循、有章必循。这体现了标准制定的科学性和标准执行的严肃性。要坚持思想要紧、工作要实、管理要严、关键在人，突出制度治企、依规治企，突出与时俱进、对标一流，按照必要有用、简洁高效、刚性严肃的要求，健全完善全面覆盖、行业领先、高效执行的标准体系，确保各项标准立得住、行得通、管得好，切实提升标准规范的实用性和执行力，规定什么、约束什么、提倡什么、反对什么，做到清晰明确、持续强化，真正让规范立标、执行成俗，让铁规发力、禁令生威。

制度建设是前提、是基础；规范建设是要求、是结果；程序建设是过程、是保障。有章可循，就是把油田生产经营管理、党的建设等的各环节全面纳入风险体系管理范畴和党建工作运行范畴，解决标准体系"有没有"问题；有章易循，就是注重各项标准的可操作、可运用，让基层一看就会，让员工一听就懂，解决标准制定"实不实"的问题；有章必循，就是强化制度标准的严肃性，责任可追可查，解决标准执行"严不严"的问题。

标准执行要落实"三大体系"：管理标准体系、技术标准体系、操作标准体系。其主要框架是以管理标准为主体，以技术标准为支撑、以操作标准为基础的标准化管理体系，包括制度、流程、标准、规范、手册等。"三大体系"是规范生产经营管理活动的法典，是员工行为规范的准则，自上而下支撑并覆盖所有专业的管理和运行，形成横向到边、纵向到底、上下对应、内外衔接、科学规范、执行有力的制度体系。按照22类业务类型、程序文件、管理作业文件架构进行分类管理，共有标准化制度363个，主要包括程序标准89个、作业标准146个，党内规范性文件128个。公司标准化体系强化了对业务流程和风险的管控，保持了制度标准的先进性、合规性和可操作性，实现了制度与体系融合的一体化、规范化、标准化、信息化和常态化。

管理标准体系。这是落实"四精"管理要求的根本保障。公司以规范管理机制为基础，按照科学的制度分类别和分层级标准，创建了生产管理、经营综合管理、质量管理、职业健康安全管理、环境管理、设备安全管理、人力资源管理、体系评价管理等标准，建立了统一、规范、实效的制度管理体系，将各类管理要求、行业标准、业务流程、工作方法、业务风险、防控措施进行整理完善、深度融合。在执行过程中，要强化管理标准的集成化应用，充分发挥公司企业管理平台功能，实施制度信息化管理和记录表单流程线上审批，打通基层与机关、机关部门之间审批流，缩减流程周期，加快推动制度、体系、流程、风险和岗位有机融合。强化管理标准的流程化操作，建立"全业务链条"流程管控模式，实现组织整体效能的最大化，保证流程对管理制

明理集

度的无缝衔接。强化管理标准的信息化支撑，借助信息化手段，将制度流程表象、明晰，提高流程的应用价值，形成管理与信息的一体化、数字化、智能化，将业务管控细化到节点、细化到岗位、细化到人员，实现用制度管人、按流程办事。

技术标准体系。这是推动油田科技自立自强的重要支撑。公司以需求为导向，组建专业技术标准委员会，将油田在用的技术标准细分为地质勘探、油气藏工程、钻采工程、地面工程、煤层气、储气库、新能源、健康安全环保节能、信息技术、劳动定员定额、设备资产管理、矿区服务等12个专业，构建形成了涵盖全产业链、业务链的技术标准体系。在执行过程中，要突出技术标准的制修订，将符合公司整体发展战略、标准化发展规划、专业标准体系以及生产、经营、管理实际需要的项目，作为技术标准申报立项的重点，发挥各专业技术标准委员会功能作用，统筹做好立项、审查、批准等环节。突出技术标准的实施监督，优选重点标准制定实施计划，做好标准的转化并落实到具体岗位，加强对标准化管理、标准配备的日常监督，形成闭环管理。突出技术标准的学习宣贯，针对部分技术标准适应周期长、落地推动难、成果转化慢的实际，坚持"一企一策、一标一策"，加强基础性关键性内容、技术的学习、培训、宣贯，统一思想认识、提升能力水平、激发创新活力。

操作标准体系。这是实现企业本质安全的核心。公司聚焦人人有专责、事事有人管、执行有标准、结果有检查、流程有反馈、奖惩有规定的"六有岗位责任"，制定了一套包含292个操作规程、17个应急预案、783个记录表单的操作体系，从最基础的环节和工作抓起，赋予岗位责任新的内涵、注入新的活力。落实操作标准的主体是广大基层员工，在执行过程中，要坚持抓深入、抓具体，充分掌握基层对新标准新要求的认知性、适应性差异，结合各系统各业务实际，分层分类设置各操作岗位标准等级，科学标定各操作岗位基础值、达标值、卓越值，有的放矢抓好落实推动。坚持重实质、求实效，以全员、全过程、全天候、全方位落实QHSE岗位职责为立足点和出发点，突出对危害辨识、风险控制、能力意识、作业许可、设备设施、应急管理、职业健康等核心要素的培训督导，在强管控基础上提效率、增活力。

坚持有责必问、问责必严，把检查、整改、追责、考核有机结合，坚决维护规章制度的权威性，做到"有岗必有责、上岗必担责"，人人"知岗情、尽岗责、做岗优"，真正让执行标准成为习惯。

标准执行要抓实"七个环节"：岗位责任单元化、现场标准目视化、培训考核专业化、达标晋级规范化、过程管控清单化、标准推进数字化、安全习惯固定化。 标准执行的过程就是强化系统管控的过程，要聚焦安全标准化建设，突出有感领导，切实抓好各单位主要负责人"五个带头"❶；突出专项治理，切实抓好安全环保领域重大工程、重点项目风险隐患治理；突出流程控制，切实抓好执行、风险、责任等清单管控；突出现场管理，切实抓好以目视化为基础的人、机、物动态管理；突出群众参与，切实抓好基层最直接、最广泛的创新创效因子，不断夯实发展根基。

其一，岗位责任单元化。岗位是企业管理的最基本单元。要抓岗位标准执行，健全完善各单元各岗位的责任手册和操作手册，明确每个岗位和每项工作该干什么、由谁来干、达到什么标准、风险如何防控、工作成果是什么，实现岗位责任的标准化、规范化、有形化，做到上标准岗、干标准活。要抓岗位责任落实，把单位履责、现场检查、规范操作统一起来，把系统管理、专业监督、全员培训统一起来，统筹一体推进、全员履职尽责，真正做到事事有人管，人人有专责，办事有标准，工作有检查。要抓岗位全员教育，岗位责任制的核心是岗位责任心，要持续深化石油精神和大庆精神铁人精神、华北油田精神教育，让"苦干实干、三老四严""四个一样""宁要一个过得硬、不

---

❶ 指带头组织重点事故隐患排查整治、带头落实全员生产岗位责任、带头对动火等危险作业开展排查整治、带头对外包等生产经营活动开展排查整治、带头开展事故救援演练。

要九十九个过得去""为油田负责一辈子"等优良传统在内心深处扎根。

其二,现场标准目视化。现场管理是企业管理的核心,要加强标准化、目视化的现场管理,将现场标准化变成目视化,以岗位责任制为核心,有风险清单,科学设立各层级各系统任务清单、问题清单、措施清单和责任清单,对各领域风险进行重点提示和消除性引导,做到所有风险明确;有远程监控,高标准建设"安全天眼"工程,将标准嵌入数字流程,嵌入油气生产管理各流程各环节,做到信息化远程管理,推动从"靠人查"向"自动查"转变;有操作规范,对标对表行业一流先进,强化对重大工程、重点项目运行中的关键步骤、关键环节的把控,紧盯风险点、堵住出血点,做到标准化施工和运行管理;有现场查验,突出喜闻乐见、易于接受,运用更加清晰直观的方法手段规范员工行为,做到目视化展现;有三方监管,引进专业化机构、专业化队伍,不留死角、不讲情面,做到网格化属地管理,让所有的措施落实到现场,构建形成 PDCA 闭环管理。

其三,培训考核专业化。专业化的技能培训和考核,是提升基本素质、专业理论和专业技能,强化标准执行、强基固本和管理提升的重要手段。要在技能培训上下功夫,紧盯关键要害、短板弱项,坚持精准发力、靶向发力,针对不同岗位能力素质要求,分层级制定专业化目标化计划,科学设定能力指标、责任指标、成果指标,综合运用好系统性培训、体验式培训、竞赛式培训等手段,提升专业化技能培训的"感知力度",提升培训质量效果,确保全员能岗匹配、合规履职。要在专项考核上下功夫,聚焦重大危险源包保责任制落实,重点领域安全风险集中整治,安全文化固化项目推进、安全生产记分、环评及"三同时"管理落实等关键要素,设置评价考核指标,与各单位评优争先结合起来,与领导干部业绩考核结合起来,以精准业绩考核倒逼实绩实效。

其四,达标晋级规范化。牵住"安全素质达标晋级"这个"牛鼻子",以岗位履职为根本,以素质提升为目标,积极构建"达标、树标、提标"安全素质提升新模式。要注重"以能定岗",把 QHSE 履职能力提升作为前置程序,作为每个岗位能力指标的基础性指标,加大业绩考核权重和奖惩比例,引导全员树立"安全素质是第一素质"的思想认知。注重"以岗促能",把各个岗位作为重要平台,常态化组织开展安全警示培训、安全能力测试、安全技能比武,设立达标晋级提升等级,选树基层过硬典型,以安全达标推动基层员工整体素质抬升。注重"能岗匹配",配套建立与安全素质达标相互耦合的工作机制,支持鼓励基层把更多的精力放在提升安全能力、化解重大安全隐患上,让"人人懂安全、人人抓安全"在基层蔚然成风。

其五,过程管控清单化。安全生产是"短板管理","100-1=0"。管与不管不一样,有无清单不一样,要把普通的要求变成专业化的条目化要求,把要求变部署,把部署变成专业化技术成果。要以标准化为基础,构建安全生产清单事项的网格化布局,实现一岗位一清单、一操作一清单,对单领责、照单履职,形成一级抓一级、层层抓落实的责任网格。以清单化为策略,设计任务清单、问题清单、措施清单和责任清单,形成重点项目、重大工程的全周期清单管理,构建运行通道顺畅、工序有效衔接、督导推进有力的闭环管理模式。以常态化为保障,建立每日风险预警机制,各个领域项目概况、实时监控、预警信息、应急救援、风险管控等安全信息做到全过程监管,将重点防控措施和应对方案落实到业务流程和岗位责任中,确保流程可靠、风险可控。

其六,标准推进数字化。打造企业的标准化管理数字系统,是建设现代企业管理模式的发展方向。数字化管理的本质就是将现代化管理技术、管理方法、管理标准充分加以数字化,从而全面提高管理的效益和效率。要建设安全管理数字化系统,将公司层面每天近400项风险作业、每周近200项安全检查等内容,进行系统性的分析、数据库建设和专业化改进,让点上的问题、线上的问题进入系统,通过数字化实现安全管理的集成、联动、应用、共享和系统提升,把体系运行、专业化管理和现场检查真正结合起来。要充分利用数字化系统,将标准内容嵌入油气生产数字管理各流程各环节,推动生产现场数字化,加快推进5G等信息技术与勘探开发、经营管理深度融合,实现油气生产井站全流程数据采集和一体化系统覆盖,管理模式向精细并向精准转变。

其七,安全习惯固定化。好的安全习惯会形成安全文化,成为企业本质安全最基本、最深沉、最持久的力量。要把制度执行作为安全文化建设的根本,加强宣贯培训,强化行动养成,使制度标准真正成为安全生产的准绳,员工生命的保障线。要坚持内化于心,强化课题研究,聚焦基层安全标准执行的难点堵点,由下至上提炼易懂易记易操作的规定动作,形成"今天的隐患就是明天的事故""让执行标准成为习惯"等具有特色、员工便于操作和接受的理念和载体。坚持外化于行,深化行为实践,做实做细"十百千"示范工程,推动"全员写承诺""全员写风险"岗位实践,树典型、立标杆、做示范,切实将公司安全文化理念落地靠实。坚持固化于制,突出经验变标准,把基层形成的有效的机制办法纳入安全标准制度体系，做到抽象理念具体化，具体工作形象化，让理念融入工作标准，让标准规范具体实践，在企业内部形成学标准、懂标准、用标准、严格执行标准的良好氛围。

"干工作要经得起子孙万代检查。""没有标准化的进步，就没有质量的成功。"标准、质量是企业的生命。事业发展绝非易事，标准建设任重道远。全面建设新时期新华北，我们要强化标准养成、行动养成、实践养成，让标准执行牢记在心、化为行动、成为自觉、成为习惯，以高质量的标准创造高质量业绩，以高质量的管理打造高质量标杆。

2023 年 2 月

以底线思维构建风险防控体系

坚持底线思维是我们党治国理政的重要思想方法、工作方法和领导方法。底线思维是科学的认识论和方法论，是有效防范和化解前进道路上各种风险挑战的有力武器。"备豫不虞，为国常道"。习近平总书记多次强调，要坚持底线思维，不回避矛盾，不掩盖问题，凡事从坏处准备，努力争取最好的结果，做到有备无患，遇事不慌，牢牢把握主动权；必须把防风险摆在突出位置，"图之于未萌，虑之于未有"，从源头上防范化解重大安全风险，真正把问题解决在萌芽之时、成灾之前。

底线思维是行动前提，风险防控是现实表现。安全生产事关人民福祉，事关经济社会发展大局。集团公司党组始终把安全生产作为天字号工程，胸怀"国之大者"、心系"企之要情"，以对人民极端负责的精神坚决扛起安全政治责任。安全是发展的前提、发展是安全的保障。安全工作没有捷径，"安全"会把具体的、基础的工作放大。戴厚良董事长指出，安全不是孤立的，安全管理是一个单位综合管理能力和水平的体现。正如一个企业的发展质量不仅要看规模、效益，更要看风险防控水平，没有安全作保障的发展，犹如沙滩建楼，遇到大风大浪就会因根基不牢而倾覆。统筹发展和安全，树立底线思维，增强忧患意识，化解各类风险，提升防控水平，企业才能行稳致远。

风险隐藏在生产建设的各个环节，企业发展的过程就是不断规避风险、消除隐患的过程。华北油田是距离首都最近的油气生产基地，生产业务多元、工作区域分散、保供任务艰巨、物料易燃易爆、设备高温高压、风险点源众多。847座油气站库分布在26个省市地区，9152公里油气管线穿越高山、沙漠、平原、河流，成百上千个建设项目全时段推进，QHSE风险无时不在、无处不在，守住安全底线，既是重大责任也是艰巨使命。

客观审视油田现状，安全生产依然面临着诸多挑战，一些深层次根本性问题依然没有得到有效解决，在有的系统和单位主要表现在：思想认识不到位造成"管不真"，政治敏锐性、政治执行力不强，安全管理"走过场"，存在形式主义官僚主义，安全发展理念跟不上时代要求，主动履责意识不强，安全管理能力不足，打通"两个一公里"存在掣肘。有的风险管控力度不足造成"管不住"，风险隐患层出不穷，"跑冒滴漏"随处可见，习惯性违章屡禁不止，"三违"问题比较突出，新业务新领域缺乏专业性研究，系统性、全局性不强，存在诸多安全管理盲区。责任未有效归位造成"管不实"，责任落实存在堵点、断点，安全管理存在"虚接"，制度规定空转，责任层层甩锅，有了麻烦往下找、出了问题往下追，麻痹懈怠、执行松软一定程度存在。工作作风不严不实造成"管不透"，安全工作蜻蜓点水、一滑而过，缺乏韧劲和决心，说安全的多，抓安全的少、实抓安全的少、抓住实效的少，安全管理效能在基层、在现场、在岗位层层衰减。

统筹发展和安全是新时代坚持和发展中国特色社会主义、以中国式现代化推进中华民族伟大复兴的必然要求。华北油田公司站在履行国企"三大责任"的政治高度，深刻认识和准确把握外部环境的深刻变化和发展稳定面临的新情况新问题新挑战，坚持并善用底线思维，增强忧患意识，制定发展战略，突出风险分级管控和隐患排查治理双重预防机制建设，以最严格的要求执行制度标准，以最严密的措施防控风险隐患，以最严实的方法培育安全文化，构建形成了华北特色的安全风险防控体系。

安全风险防控体系的理念方法是：思想要紧、工作要实、管理要严、关键在人。"十六字理念"，把防控风险作为重大政治责任和政治检验，从全局高度明确了风险防控的极端重要性，是推动风险防控有效落地的方法指引。必须坚持抓思想、转作风、提能力，坚持干实事、重实质、求实效，坚持严管理、夯根基、上水平，坚持抓系统、广动员、强责任，全面提升风险防控水平。

"思想要紧"体现了抓安全就是抓大事、保安全就是讲政治的使命担当。"政如农功，日夜思之""有防则安、无防则危"。强化时时放心不下的责任感、始终如履薄冰的紧迫感，强化人民至上、生命至上，人命关天、安全第一的理念，增强忧患意识、保持清醒头脑，常怀远虑、居安思危，夙兴夜寐、宵衣旰食，事事紧抓不放、处处落实到位，行动再快一分、责任再严一分，时时在线、事事关心，将全部心思向防控聚焦、向安全用力。"工作要实"体现了"干"字当头、"实"字托底的务实作风。风险防控既是攻坚战，也是持久战。抓安全、控风险，思想上松不得、行动上慢不得、措施上虚不得。"锲而舍之，朽木不折，锲而不舍，金石可镂"。坚持以真抓求实干、以实干求实效，工作有计划、有方案、有监督、有总结，以真抓的实劲、敢抓的狠劲、常抓的韧劲，做到问题隐患查不出不收手、整改责任不落实不放过、长效机制不形成不罢休，在发展攻坚中化解风险，在逆风挑战中稳步向前。"管理要严"体现了铁腕抓安全、铁面究问责的坚定决心。"严"是安全管理的主基调，体现的是严负其责、严管所辖、严肃执行、严格操作、严于律己，严是要求，严是常态，严也是根本。全面从严管理是安全管理风险防控的长期战略、永恒课题，必须始终坚持问题导向，保持战略定力，发扬彻底的自我革命精神，永远吹冲锋号，抓早、抓小、抓严，把严的基调、严的措施、严的氛围长期坚持下去，以斗争精神、革命性思维把防控进行到底，消除风险隐患，筑牢生产防线，保障稳健前行。"关键在人"体现了抓住"关键少数"、带动"绝大多数"的责任执行。风险防控是每个人的分内事情，没有旁观者、没有局外人。风险防控的主体在基层、关键在岗位、重点在机关、核心在干部、根本在意识、基础在能力。人人都是安全员，个个都是监督者。必须广泛动员、全体发动，全面提升能力素质，真正做到"四懂三会"，尤其各级管理者不仅要善指挥、懂业务，还要抓全局、管程序，还能处突发、踩刹车，通过当标杆、严监督、强管理，带动全员从每一个细节、每一个环节、每一项操作、每一项任务做起，真正从本质安全的高度把风险管住、把根基固牢。

安全风险防控体系的基本内容涵盖了责任体系、清单体系、管控体系、工具体系、治理体系和文化体系。"六大体系"，是基于风险防控、安全管理的一套较为完整的系统，包括结构、程序、节点、标准、操作、资源等诸要素，责任、清单、管控、工具、治理、文化彼此贯通、互为支撑，通过抓系统、抓广泛、抓深入、抓重点，通过清单式管控、流程化管理、标准化操作，做到思想无懈怠、管理无空档、设备无隐患、系统无阻塞，实现质量零缺陷、安全零事故。

以全员履职落实责任体系。责任是安全之魂、生命之根。把压实责任作为首要任务，全面落实 QHSE 专业委员会、安全总监专职化、全员 QHSE 履职评估"三大举措"。油气开发与生产运行、资产装备、新能源与市场管理等专委会，对专业领域内的 QHSE 重大事项、重点风险、突出问题的强化协调解决，全方位保障各类重大风险精准防控。专职安全总监要专人干专事、履专责，全程发挥专监、专管作用。以单位主要负责人带头组织重点事故隐患排查整治，带头落实全员生产岗位责任，带头对动火等危险作业开展排查整治，带头对外包等生产经营活动开展排查整治，带头开展事故救援演练"五个带头"❶为重点，开展全员特别是领导人员、安全管理人员、监督人员、基层班站长等关键岗位 HSE 履职评估，切实把"三管三必须"与党政同责、一岗双责、全员责任统一起来，与有感领导、直线责任、属地管理统一起来，做到谁的领域谁负责、谁的区域谁负责、谁的工作谁负责。

以标准执行落实清单体系。清单标准是防控风险的有效手段。"标准是企业成熟的重要标志"。聚焦静态、动态风险点，分析关键要素，细化量化流程，明确控制要点。落实升级管控清单、安全责任清单、管理运行清单、安全负面清单、风险危害清单等"五大清单"；落实油气开发、工程建设、道路交通、作业许可等 5 大领域 16 个类别，特殊敏感时段升级审批、监督和处理；落实全员 HSE 管理责任清单，以《管理手册》为主要内容的管理清单、以"两书一表一卡"为主要内容的作业清单，以及安全负面清单；落实生产运行、站场安全、风险作

---

❶ 指带头组织重点事故隐患排查整治、带头落实全员生产岗位责任、带头对动火等危险作业开展排查整治、带头对外包等生产经营活动开展排查整治、带头开展事故救援演练。

业、信访稳定、安保防恐等5方面17类风险清单，重点加强井控、燃爆、高风险作业、有毒有害气体、危化品、交通、新技术试验应用、承包商管理、区域性特殊风险等9类重大风险管控，使风险管控责任更加明确、任务更加具体、靶心更加聚焦，管理和操作流程更加科学。

以过程监管落实管控体系。过程管控要抓领导、抓源头、抓环节、抓操作，做到管程序、管节点、管专业、管制动，落实责任单位的属地监管、监督机构的专职监管、施工操作的现场监管的责任，形成领导有力、监管有效、责任落实、齐抓共管的管控体系。管程序、管节点、管专业、管制动是核心，重点围绕安全责任是否明确、安全制度是否齐备、安全措施是否周全、安全教育是否落地、劳保配备是否齐全、设备设施是否正常、安全防护是否到位、设施部位是否牢固、操作行为是否规范等，解决好"最后一公里"问题。"流程是将'说'转化为'做'的惟一出路"。要落实每日风险预警机制，全过程严格执行程序规范，保证各个因素都处在稳定的受控状态；全链条所有节点都要严格执行操作标准和工艺规程，确保质量，严禁违章；全方位施工操作都要做到懂专业与管专业的统一，杜绝管理空转、运行乱转、监督盲转；全时点做好应急响应，关键时能够踩刹车，杜绝升级失控。

以方法应用落实工具体系。工具对于安全管理的发展至关重要。现代安全管理的核心是基于风险控制的系统化管理，正确分析风险之间的内在联系，制定相应的风险管理办法，采取有效的管理工具防范化解风险。要推动安全理念、制度、标准与管理工具的深度融合，全方位用好安全观察与沟通、工作前安全分析、作业许可管理、岗位培训矩阵、安全目视管理、事故案例管理、风险辨识、安全经验分享、"四不两直"检查、QHSE体系审核等"十大工具"。"工欲善其事，必先利其器"。合理、有效的管理工具，是安全管理的重要力量和有机组成部分，是安全任务实施的重要手段和抓手。工具的有效应用，可以使安全管理蜕变成更"高级"的形态，以更加科学的方法、更加高效的措施、更加具体的应用，推动安全管理高水平提升，坚决防止各类"黑天鹅""灰犀牛"安全事件发生。

以闭环管理落实治理体系。风险防控是一项全链条、全时段的系统工程，构建研判科学、措施精准、环环相扣的治理体系是关键。以PDCA闭环为牵引，明确各环节"做什么、谁来做、何时做、何地做、怎么做""4W1H"要求，全面系统、精准精细，做到全过程风险控制、全链条无缝衔接、全方位监督考核。"三全"治理体系，突出全覆盖风险辨识和隐患排查治理，对高风险领域集中力量重点治理，对低风险领域强化制度执行，让员工干标准活上安全岗；突出隐患治理没有缺项，责任落实不挂空挡，把安全管理融入业务制度流程，各单位、部门都明白管什么、怎么管，基层一线清楚做什么、怎么做；突出监督、巡查、考核三位一体，全面用好HSE监督、第三方HSE巡查、QHSE绩效考核"三把利剑"，以刀刃向内的精神，不回避、不麻木，一体推进隐患排查、专项整治、巡查督导和考核奖惩，确保安全根基始终稳固。

以理念引领落实文化体系。安全文化是提升企业安全管理水平、实现本质安全的重要途径，是巩固安全基础、打造安全软实力的一项长期性战略性工程。安全始于理念、成于规范、决定于行动。全面落实以"让执行标准成为习惯"为核心的安全文化理念体系，全面开展以"十百千"工程为载体的系列安全示范活动，全面推进务实有效各具特色的安全文化固化项目，让安全价值观、管理观、预防观深入内心，让想安全、讲安全、重安全成为习惯，内化于心、外化于行、固化于制，推进安全文化显性化、直观化、具体化。把"执行"作为安全文化建设的根本，加强宣贯培训，加强行动养成，从提升每一个岗位的安全系数做起，从转变每一个现场操作人员的心态做起，让"标准"牢记在心、化为行动，让安全文化真正成为安全生产的准绳、员工生命的保障线。

安全是油田发展的根基，稳定是企业强盛的前提。公司安全风险防控体系以底线思维为支撑，以标准执行为导向，以本质安全为目的，在实践中追求人、物、系统、制度等诸要素的安全可靠和谐统一，确保各种危害因素始终处于受控制状态。通过持续推进安全治理体系和治理能力现代化，管理方法实现了由被动事故管理和隐患治理向主动风险预控和管控转变，管理形式由领导层和单一部门负责向全员和跨部门管理转变，管理模式由静态任务式管理向动态过程式管理转变。

生命至高无上、责任重于泰山。站在新的历史方位，华北油田开启了全面建设新时期新华北的新征程。我们必须把风险防控作为重大基础工程来推进，持续健全风险防范机制，持续优化风险防控体系，持续强化风险防控保障，始终绷紧思想之弦、行动之弦、责任之弦，坚决克服麻痹思想、侥幸心理、松懈心态，不断提高工作安排的穿透性，不断增强整体闭环的有效性，全力确保油田大局平稳，为新时期新华北建设夯实发展根基。一要讲政治，抓实风险防控展现国企担当。习近平总书记多次强调，要牢固树立安全发展的理念，这是我们党"立党为公、执政为民"的执政理念的重要体现。生产安全是政治大事，是头等大事；生产安全是最大的民生，是最大的责任，也是最大的良心。我们必须站在捍卫"两个确立"、坚决做到"两个维护"

的政治高度，统筹发展和安全两件大事，保持高压严管态势，守住安全生产底线，以强烈的责任感宣传安全、研究安全、严管安全，以实际行动对党和国家负责，对人民群众生命财产安全负责。二要守底线，坚持以人为本筑牢安全堤坝。发展决不能以牺牲安全为代价，这是一条不可逾越的底线。安全犹如阳光和空气，往往受益而不觉，失之则悲恸。必须强化危机意识、树牢底线思维，严抓严管、严防死守，以"绣花功夫""雷霆手段"抓安全、控风险，坚决杜绝重大安全事件发生。员工是企业最宝贵的财富，必须坚持"生命至上、安全第一"理念，以最坚决的态度贯彻安全生产各项法律法规，以最严格的举措落实风险防控各项制度规定，从根本上提升本质安全水平。三要打基础，补短板强弱项夯实发展根基。基层强则企业强，基层安则企业安。我们的基层基础工作依然比较薄弱，责任存在悬空，风险隐患诸多，管理存在漏洞，压力传导不足，整治缺乏闭环等。根据"海恩法则"，每一起严重事故的背后，必然有29次轻微事故、300个未遂先兆，以及1000起事故隐患。群众福祉，系于安全；发展根基，系于安全。安全只有进行时、没有完成时。要充分认识事故的突发性、隐蔽性、持久性，以钉钉子的精神，久久为功的态度，从严上要求、向实处着力，以点滴之功夯实安全生产基础。四要压责任，激发内生动力保障本质安全。安全工作是事关企业战略全局和长远发展的关键性根本性工作，安全工作没有旁观者，都是责任者，安全责任制的核心就是安全"责任心"，再好的管理设计也比不上"责任心"。要牢固树立"风险防控永远在路上"的理念，落实"倒三角"履责模式，力戒形式主义、不做表面文章，深入基层一线、盯住风险隐患，做到真抓、实抓、抓出成效。践行"让执行标准成为习惯"理念，真正实现由"要我安全"向"我要安全""我管安全"转变，形成"事事有人管、人人有专责"的良好局面。五要抓执行，敢于动真碰硬推进制度落实。"天下之事，不难于立法，而难于法之必行"。制度的生命力在于执行，要"严"字当头、"实"字托底，不打折扣、不搞变通，铁腕抓安全、铁面处违章、铁心究问责。将安全制度牢记在心、成为自觉，切实解决制度严格不起来、落实不下去的问题。加强安全能力的锤炼，既要提升防控特别重大风险、重大风险、一般风险的能力，又要提升防控原发性、继发性、次生性风险的能力，还要提升防控技术性风险、社会性风险、道德性风险、政治性风险的能力，多维度多层次多方面提升风险系统防范和管控能力。

滴水穿石，非一日之功；冰冻三尺，非一日之寒。风险防控是一条没有终点的跑道，安全管理如逆水行舟，不进则退。我们要强化底线思维，不断增强风险意识、忧患意识和红线意识，以"行百里者半九十"的清醒、"咬定青山不放松"的执着，认识上再提高、措施上再强化、责任上再压实，以严细实的作风坚决抓好安全环保工作，为全面建设新时期新华北保驾护航。

2023 年 2 月

明理集

▸ 抓闭环管理推动任务落地

时代大任,责重如山。党的二十大开启了全面建设社会主义现代化强国、向着第二个百年奋斗目标胜利进军、以中国式现代化全面推进中华民族伟大复兴的新征程。进入新时代、站在新起点,华北油田公司党委深入学习贯彻习近平新时代中国特色社会主义思想和党的二十大精神,围绕集团公司建设世界一流综合性国际能源公司发展定位,明确了全面建设新时期新华北的战略部署,奋力打造千万吨当量综合能源公司。

全面建设新时期新华北,是开启油田高质量发展新征程的"动员令""路线图",是一项全新的开拓性事业。公司党委聚焦新形势、新任务、新目标,坚持问题导向、目标导向、结果导向,以问题破题、以成果收官,突出改进工作、实干开局,突出有部署、有措施、有成效、有印证,PDCA全链条环环相扣、全过程协调联动,层层压实责任、逐级落实责任,以闭环管理推动战略任务和目标有效执行和全面落实。

蓝图绘就,号角吹响,目标、思路、举措都非常清晰,唯有真抓实干,才能愿景成真。我们必须心往一处想、劲往一处使,坚定信心、铆足干劲,积极作为、苦干实干,一张蓝图绘到底;必须打通"断头路"、解决"肠梗阻",消除落实环节中的瓶颈制约,全过程跟踪问效;必须抓实计划、执行、检查、纠正、优化、反馈等各流程环节,有始有终、形成闭环,压茬推进、连线成圆,循环往复、不断提升,以高质量闭环管理推动油田高起点高速度高质量发展。

"闭环管理"的重点要求是:**突出"两个闭环",打通"两个一公里"**。"两个闭环"和"两个一公里",是闭环管理的核心内容,是事物运行的内在规律,体现了高效的领导力、执行力与过硬的战斗力、创造力的统一,体现了聚焦"抓两头"与打通"中间层"的统一。围绕重点工作和重大工程,牢牢抓好节点控制这个环节,强化统筹和推进,确保企业正确发展方向不偏离、各项重点任务有效执行。

"两个闭环":领导干部抓闭环、部门单位保闭环。抓闭环、保闭环两者并重,体现逻辑性、协同性和目的性,一抓一保是效果的叠加和共振。高层的"盯"加基层的"干"其实就是最好的执行力。围绕战略目标分解计划任务,上下协调联动,抓闭环过程,保闭环效果,推动整个落实过程高效运转。领导干部抓闭环。领导干部是"关键少数",要发挥牵引作用,以身作则、以上率下、真抓实干、级级示范、层层带动,聚焦重点任务定目标、明思路、抓专项、提节奏,带领大家定好盘子、理清路子、开对方子,推动问题瓶颈及时解决,做到重要任务亲自部署、关键环节亲自把关、落实情况亲自督查,拿出抓铁有痕、踏石留印的韧劲出实招抓落实。部门单位保闭环。有谋划有部署就要抓执行保落实。保闭环要主动,要有张力。对议定的事项担当尽责、马上就办,对部署的任务苦干实干、坚决执行,对督办的事项定期检查、及时反馈,以钉钉子精神一锤接着一锤敲,一个时间节点一个时间节点往前推进,把每一件事情做细做好,把重复的事情做专做精，让流程高质量运转、让合力高质量蓄集、让成果高质量体现，真正把"路线图"转化为"效果图"。

"两个一公里"：打通科学设计"最初一公里"、基层执行"最后一公里"。"两个一公里"诠释了以始为终、以终为始的过程逻辑，突出了科学设计和基层执行的贯通性、一体性，强调了决策、设计、推动等全过程全节点的有效协同，构建严密而有效的战略闭环协同系统和实施系统，保证将计划和举措快速转化为有效行动，充分发挥闭环的力量、价值和作用。科学设计"最初一公里"。制度、规划、流程、机制等发挥效力，一定意义上取决于顶层设计的科学性、实用性、可靠性，可以说"最初一公里"决定了"最后一公里"。要善于站位全局、融入大局，因地制宜、因地施策，对接政策、对接基层，把谋布局与"抓眼下"、谋未来与"抓当前"有机结合起来，把补短板与固底板、强弱项与扬优势结合起来，深入基层调研、运用系统思维、突出创新创造、把握操作安排、通盘考虑、统筹兼顾，科学规划业务布局、制定任务目标，最终形成指引方向和目标的设计方案、整体解决方案，形成一套由时间表、路线图、任务书、作战图、责任单组成的"操作手册"，为项目从规划到落地提供执行力保障。基层执行"最后一公里"。习近平总书记强调，基层党组织是贯彻落实党中央决策部署的"最后一公里"，不能出现"断头路"，要坚持大抓基层的鲜明导向，持续整顿软弱涣散基层党组织，有效实现党的组织和党的工作全覆盖，抓紧补齐基层党组织领导基层治理的各种短板，把各领域基层党组织建设成为实现党的领导的坚强战斗堡垒。❶ 基层是第一线，是一切工

---

❶ 习近平总书记 2020 年 6 月 29 日在十九届中央政治局第二十一次集体学习时的讲话。

作的落脚点，也是最为"关键一公里"，企业所有的成绩都要通过基层来体现，所有战略目标最终都要在基层实现。"完美的计划更需要完美的执行来落实"。要善于找重点、抓难点、解痛点，把规定的动作做到位、把既定的任务分下去、把该担的责任推出来，把决策设计变成实践行动，把静态"沙盘"变成动态"沙场"，以全员整体合力把蓝图愿景变成现实图景。

"闭环管理"的基本方法是：抓好"六个节点"、消除"五个断点"。每一项重要任务、重点工程、重大项目，都是等不得、慢不得、拖不得的大事要事，要抓好节点、解决断点、研究路径、讲究方法，做到统筹协调坚强有力、压力传导层层到位、贯通联动无缝对接、主责专责同频共振、能力素质全面过硬、问责考核有章可循，形成从战略规划到措施落地的高效闭环。

"六个节点"：抓好战略谋划、方案设计、组织运行、考核评价、改进提升、工程推动等关键节点。闭环管理是一套综合闭环系统，从计划到实施，到反馈，到实现目标，形成一个运行整体和连续回路。闭环管理也是一个开放式的、体验式的、互动式的平台，亲身融入管理，开展经验交流，执行制度规范，有效管控矛盾，及时解决问题，提出改进措施，凝聚系统合力，从而确保各项战略任务达成预期目标。抓好战略谋划。坚持系统思维、战略思维，回答好实现什么样的发展、怎样实现全面发展重大课题，跳出眼前看长远、跳出局部看全局、跳出部分看系统、跳出表象看规律，准确识变、科学应变、主动求变，把国企、能源等重大改革部署贯穿到生产经营全过程、各领域，提出引领发展方向、规划发展路径的战略目标、战略任务、战略要求。抓好方案设计。一个好的工作方案胜过千军万马。将规划计划分解到具体项目上、落实到具体举措上、体现在任务指标上，形成有效支撑战略目标的具体方案。把握好"总与分"的关系，围绕总体目标和重点内容，细化事项目标、事项分解、方法步骤；把握好"面与点"的关系，既要符合总体战略，又要针对性强、可操作性强；把握好"略与术"的关系，既要明确思路、方向、目标，又要分层次、分事项、分步骤实施，具有战术的灵活性和可执行性。抓好组织运行。强化系统思维、工程思维，聚焦重点工作、重大工程，科学制定推进路径、措施、时点，加强整体统筹，注重协同高效，科学整合力量，精准精细施策。闭环管理是一种全流程的精细化管理方式和科学化管理方法，形在闭环，重在管理。要以精准举措和责任压实抓管理，一项一项推进、一件一件落实，各司其责、到人到岗，坚决防止闭而不管、闭而不理，确保每项工程、每项工作快速高效推进。抓好考核评价。没有标准的管理是无序的管理，没有考核的管理是无效的管理，考核评价是企业改进管理、提升绩效的利器。加强全流程的监督、考核、评估和过程指导、纠偏，抓好重要节点控制，实行任务消项管理，把公司重大决策部署、重大工程项目和重大任务安排纳入"大督办"体系，按照时间表、路线图和任务书，定期检查通报，科学运用考核结果，确保各项工程任务有始有终、有序有效。抓好改进提升。"一日无过可改，则一日无步可进"。推进措施效果的评价、改进、提升，是组织运行的关键一环，是提升闭环管理效能的重要一招。定期评价、持续改进、不断提升是一个往复循环的过程，是检验公司各系统各环节运行效率的过程。对每项具体工作和战略目标要持续对标，对指定的任务、实施的工程定期实施效果评价，找差距、补短板，立足战略目标提出改进思路、举措，建立高效改进提升闭环，这就会离"主峰"越来越近。抓好工程推动。工程项目是推动高质量发展的"牛鼻子""加速器"。公司明确了油气供给增长行动、绿色低碳转型行动、改革创新升级行动、区域战略融合行动"四个专项行动",原油增储上产、天然气上产、新能源"343"、基层基础建设等十大战略工程,每年推进十大重点工程,实施为群众办实事等专项工程。要以工程建设为导向推动重大任务落实,严格抓闭环、抓落实,特别是领导干部要亲自抓、亲自管,锚定目标、奋力攻坚,确保取得标志性成果和里程碑进展。

"五个断点":消除战略与计划、决策与执行、机关与基层、岗位与能力、考核与运用等现实断点。推进流程上的"断点"、运行管道内的"堵点",都是闭环管理的"死点",严重制约着组织管理的健康运行。打通"堵点"、补上"断点",必须坚持问题导向,突出靶向发力,做到上下贯通,接骨连筋、活血通脉、清淤疏浚,确保各环节完整、通畅、高效运行。消除战略与计划断点。广义上讲,战略作为一种谋划,本身也是计划的一种,从长远性说,也称为战略规划。企业战略都会包括长期、中期、近期的规划,在制定规划时必须首先确定企业的发展战略。战略讲究点、规划讲究面,战略只定性、计划要定量。我们要着力解决战略不契合实际和未来发展方向,计划游离于战略之外,计划实施半途而废,方法举措不能有效支撑目标实现等问题。要制定科学、合理的发展战略,计划要紧紧依托战略方向,以科学性、严肃性制定计划并全面落实,形成战略与计划"并肩作战"的统一体。消除决策与执行断点。有观点认为"做正确的事"是决策,"正确地做事"是执行,所谓贵在决策、意在执行。判断一个团队能力强不强,既看决策的质量,又看决策执行的效能。要着力解决论证不充分、决策不科学,只管决策、不管执行,决策与执行严重脱节等问题。把决策和落实决策贯通起来,做到决策科学、执行坚决、监督有力,特别对领导干部来讲,执行是职责所系,该做的事,知重负重、攻坚克难,该负的责,挺身而出、冲锋在前,始终保持与公司党委决策部署同频共振、高度一致。消除机关与基层断点。机关的顶层设计与基层的有效落实、机关的统筹管理与基层的具体运行、机关的标准制定与基层的规范操作是辩证统一的,是相互依存、相互转化的关系。我们要着力解决机关与基层职责不清、推进不力,过程缺链、环节缺位,特别是机关作风、能力、观念等方面存在的问题。强化机关整体效能建设,转观念、强作风、提效率,落实"三个面向、五到现场",把麻烦揽过来、把方便送下去。基层也要积极对接机关,主动思考、主动执行,由"上级要我干"向"我要主动干"转变。消除岗位与能力断点。抓闭环保闭环、确保任务落实,是对整体专业能力、综合素养的考验。管理要契合业务,管理人员、专业人员、操作人员等都要懂业务,都要有保证"机器"高效运行的能力。要着力解决好知识不够、眼界不宽、能力不足,胜任力与责任要求脱节,人才配置与业务要求不适,人才梯队不能满足企业转型升级需要等问题。要加强学习积累、锻造历练,掌握新知识、积累新经验、增长新本领,拿出实干担当的"硬核力量";加大人才引进、培育、留住力度,形成更加有利于人才干事创业的平台。消除考核与运用断点,考核是闭环管理的"硬抓手""牛鼻子",是确保循环管理系统闭合的关键。考核发挥着正向激励"催化剂"、反向约束"警戒线"、定向纠偏的"校正仪"作用。要着力解决重部署、轻落实,重形式、轻考核,考核的制度性、科学性、严肃性不强,考核流于形式,考用脱节等问题。要严考核、硬兑现、真落实,围绕重大任务的推进抓好管理运行的阶段考核、系统考核和动态考核,用实事说话，用成果验证，最大程度地发挥考核的价值，形成良性运行的闭环管理体系。

习近平总书记在陕西延安和河南安阳考察时指出，社会主义是拼出来、干出来、拿命换来的，不仅过去如此，新时代也是如此。石油前辈近半个世纪前在冀中大地的"拓荒"，让我们拥有了今天的一切，同样，我们也是明天的"开拓者"。全面建设新时期新华北，前进的道路不可能全是坦途，但没有比人更高的山，没有比脚更长的路，石油工业的历史就是无数不怕牺牲、执着求索的拓荒者实干者用坚实足迹书写的。

路虽远，行则将至；事虽难，做则必成。在建设新时期新华北的征程上，我们要有以"快"的理念、"争"的勇气、"拼"的劲头、"担"的情怀、"决"的果敢，每一个人都准备好，每一项工作都做好，以抓闭环保闭环的责任意识，以干实事求实效的实干精神，以走在前做表率的进取意识，推动公司各项重大战略落地。一要抓责任，推动任务落实。干部就要有担当，有多大担当才能干多大事业，尽多大责任才会有多大成就。领导就是责任，责任成就事业。抓闭环保闭环是一个时时盯紧、时时跟进、时时推动的过程，这不仅是一个时间概念，更是责任体现。要有坐不住的急迫、睡不好的警觉，时时放心不下、事事放心不下；有责任担当之勇、破解难题之智，遇到"老大难"敢上、"硬骨头"敢啃、"烫山芋"敢碰。新时期新华北从蓝图绘就到具体实施，贵在奋斗、成于实干，既不允许当"天桥把式"，更不允许当"甩手掌柜"，心无旁骛、少说多干，用行动践行、以实绩作答。二要抓作风，强化机关建设。注重机关作风建设是石油工业的优良传统。两级机关是公司政治架构和组织体系的"中枢"，处在系统条线的最顶端,在贯彻落实公司决策部署上处于"起跑点""第一棒"的位置,在顶层设计、建章立制等方面负有首要责任,直接代表着油田的形象。不深入基层掌握实情,碰到的都是问题,眼里全是困难,不以担当为根本、基层为核心,制定的制度、规范都是追责的"暗器"。要搞清楚群众想什么,基层需要什么,安全还缺什么,发展还差什么,补短板、强弱项、保畅通,不断增强机关谋划工作、推动落实、服务基层的水平。三要抓能力,提升综合素质。早在1939年,毛泽东同志就指出,我们队伍里边有一种恐慌,不是经济恐慌,也不是政治恐慌,而是本领恐慌。习近平总书记强调,只有加强学习,才能增强工作的科学性、预见性、主动性,才能使领导和决策体现时代性、把握规律性、富于创造性,避免陷入少知而迷、不知而盲、无知而乱的困境,才能克服本领不足、本领恐慌、本领落后的问题。宽肩膀才能扛起硬担子,各级干部要始终保持"本领恐慌"的危机感和时不我待的使命感,学中干、干中学,及时填知识空白、补素质短板、强能力弱项,不断提升综合素养,做到善学善谋、善作善成。四要抓减负,保证轻装上阵。企业的根基在基层,力量在基层。目前,公司基层负担状况大有改观,但"三负"问题依然不同程度存在,检查多、制度多、会议多、文件多、考核多等依然突出,形式主义、官僚主义依然困扰着基层。为基层松绑减负是一项工程,更是一项以人为本、以基层为本的政治任务。各部门各单位领导干部要把自己摆进去,对基层负担问题进行一次大起底,从思想观念、工作作风和领导方法上找根源、抓整改,不定不切实际的目标,不开不解决问题的会,不发没有实质内容的文,不做"只留痕不留绩"的事,干实事、重实质、求实效,让基层有更多精力保闭环。五要抓考核,增强管理效能。制度不执行等于零、执行不考核等于零、考核不奖惩等于零。要找准"老虎"不"发威"的软肋，强化考核评价结果的综合运用，对执行有力、落实高效的加大奖励，对工作拖沓、推动落后的严肃惩戒，树立崇尚实干、担当作为的导向。要细化量化考核指标，完善考核体系，加大考核权重，突出差异化考核、精准考核，将结果纳入业绩考核。要健全容错纠错机制，为担当者担当，为干事者撑腰，吃苦者吃香，切实通过考核传递压力、通过激励增加动力。

"管理是一种实践，其本质不在于'知'而在于'行'；其验证不在于逻辑，而在于成果；其唯一权威就是成就。"制定正确的战略固然重要，但更重要的是战略的执行。世间事，做于细，成于严。闭环管理是一种思维理念，更是把工作抓早、抓小、抓细、抓实的科学方法。我们要严细务实、环环相扣，努力把华北油田"破茧成蝶、华丽蜕变"的美好愿景，转化为"热火朝天、开疆拓土"的创业场景，奋力谱写中国式现代化的华北篇章。

2023 年 2 月

坚持"三个导向"推动公司高质量发展

导向就是行动的方向。导向正确，事物发展就会朝着目标方向奋勇前行；反之，导向错误，事物发展与目标方面背道而驰，小到影响工作，大到危害事业。

党的二十大擘画了以中国式现代化全面推进中华民族伟大复兴的宏伟蓝图，集团公司党组明确提出"牢记重大嘱托，当好标杆旗帜，全力奋进高质量发展，加快建成基业长青世界一流综合性国际能源公司"的中心任务。华北油田公司党委精准研判内外形势，精准对标上级决策部署，精准把握油田所处历史方位和发展阶段，做出了建设新时期新华北的战略抉择，瞄定打造千万吨当量综合能源公司的战略目标，坚持战略执行导向、工程建设导向、大抓基层导向，全力建设中国式现代化华北新图景。

"三个导向"是实现公司"十四五"及中长期发展目标、推动公司高质量发展的科学指引。战略执行是全局性策略、结构性分解，工程建设是系统性方法、项目式推进，大抓基层是根本性保障、基础性提升，"三个导向"相互联系、相互促进，既是问题导向，又是目标导向，还是结果导向，是建设新时期新华北的认识论、方法论、实践论的有机统一，我们必须用"三个导向"统一思想、统一意志、统一行动,一以贯之抓好贯彻执行。

坚持战略执行导向,以"规划如山"的严肃性,久久为功一张蓝图干到底

战略执行是推动公司高质量发展的基石,在"三个导向"中具有基础性、指引性作用。"有一定之略,然后有一定之功。略者不可以仓卒制,而功者不可以侥幸成也。"战略问题是根本性问题,战略就是方向,战略决定成败。如果在战略上出现偏差,就会产生严重后果。我们党早期有过惨痛的教训。中央革命根据地第五次反"围剿"就是在战略上判断错了,看不到敌我力量对比的悬殊性,结果付出了极大代价。只有战略清晰了,才能知道什么是"正确的事",才能把宝贵的资源用在公司最需要的地方。面对新的战略机遇、新的战略任务、新的战略阶段、新的战略要求、新的战略环境,必须用战略的思维完整、准确、全面把握新时期新华北建设,以更高的站位、更实的作风、更严的标准,推动既定战略目标顺利实现。

华北油田公司党委站在全局和战略的高度,围绕打造千万吨当量综合能源公司这个战略定位,谋划制定和组织实施的"6131"能源布局,这既是坚持战略执行导向的题中之义,也是推动高质量发展的"任务书""路径图"、实现新一轮发展的"指明灯""冲锋号"。唯有深刻理解和准确把握"战略执行导向"的实践要义,才能推动公司发展行稳致远。坚持"战略执行导向"就是要提高战略领悟力。战略领悟力是推动战略执行的重要内容,既决定着领导干部研判问题的高度、深度和广度,又影响着谋划推动发展的见识、境界和胸襟,考验的是我们学习领会、贯彻落实公司党委统一决策部署上的把握能力和

吸收能力。正所谓,"一了千明,一迷万惑"。战略领悟力不足,战略目标不清晰,战术步伐跟不上,都会导致战略方向走偏、战略效率达不到。可以说,战略领悟力是增强战略思想认识的"主心骨"和"定盘星",只有思想意识层面的"主心骨"挺起了"硬脊梁",内心认知层面的"定盘星"担起了"稳定器",才能做到上下齐心、上行下效,层层落实责任,层层传导压力,才能不惑于纷乱现象,不畏于艰难险阻,做到"临大事而不乱,临厉害之际不失故常",从而最终形成一级抓一级、层层抓落实的工作格局,真正达到"一竿子插到底"的效果。

坚持"战略执行导向"就是要保持战略定力。战略定力是领导干部认识问题中一种清醒的判断力,思考决策中一种果断的决策力,实际行动中一种坚定的执行力,规范自身中一种很强的自控力,是一种意志、品质、境界的象征。举一纲而万目张,解一卷而众篇明,风狂雨急时立得定,方见根深而蒂固。当前,我们中一些领导干部还存在一定的侥幸心理,在保持战略定力方面"缺魄力""少动力""不给力",导致在执行公司党委各项战略部署上有偏差、不到位。如:在推动"五大业务"协同增效、实现科技自立自强、强化投资成本一体化管控、重大风险精准防控等方面还有不少问题和短板。有的领导干部思想封闭僵化,开放发展的观念不强;有的缺乏"时时放心不下的责任感",干事创业的劲头不足;有的面对风险挑战和发展难题束手无策,解决问题的决心不够。究其根源还在于保持战略定力上出了问题。在新的发展阶段,打开事业发展的新天地,要求我们必须把握大势、坚定立场,对公司战略目标方向要坚定,对前进路上各种干扰要淡定,对实施战术行动要笃定。坚持"战略执行导向"就是要强化战略落实。一分决策,九分执行。战略规划既是发展的"大图景",也是行动的"铁规矩",一旦确定下来,就必须不折不扣贯彻实施、保质保量抓好落实。各单位各系统必须紧紧围绕全面建设新时期新华北和落实公司"十四五"及中长期规划,重点回答好如何实现"6131"能源布局、确保"十四五"末油气完全成本控制在45美元/桶以内、推进五大业务协调发展,回答好如何实施好油气供给增长、绿色低碳转型、改革创新升级、区域战略融合"四个专项行动",回答好如何推动本系统本单位的高质量发展等"三大任务",以强烈的战略意识、大局意识和紧迫感,在执行战略部署时不避难、不畏险、不惧失;要彻底摒弃自己内心的"小九九",置身于主责主业的"大棋盘",做好该做的事情、担起该担的责任;要把战略规划要求当成纪律来遵循,当做制度来遵守,不能做选择、搞变通、打折扣,以只争朝夕的劲头,久久为功的韧劲,"咬定"目标不放,担负责任不松,一张蓝图干到底,一以贯之抓到底,确保各项既定目标高质量实现。

坚持工程建设导向,以"执行如铁"的严密性,系统推进重点任务不打折

没有强力有效的执行,再正确的战略规划也是"空中楼阁"。工程建设导向是推动战略高效落地的关键抓手和途径,在"三个导向"中发挥着承上启下、保证质效和传导重力的中枢作用。工程建设导向以工程思维为内核,把每一项工作都看成一个系统,把每件事都当作一个项目来推进,突出目标的有效分解,任务的有效落实,节点的有效把控,成果的有效回收;以项目式管理为抓手,运用系统观点和方法,组合系统资源、项目团队、保障体系,全过程进行计划、组织、指挥、协调、控制和评价,确保每项工程高质量推进;以标志性成果为目标,

围绕如何结"果"、结什么"果",进行系统设计和工程实施,及时发现问题、科学分析问题、着力解决问题,以问题破题,以成果收官,确保取得里程碑式的进展和成果。

工程建设导向是工程思维和工程方法在实践中的应用,也是现代管理思想的重要内容。全面建设新时期新华北,必须以工程建设导向抓实战略举措,细化靠实中长期战略规划,将重点任务进行结构分解,将重要指标融入工程项目,落实任务、细化节点,选准载体抓手、把控实施节奏,以工程思维的理念、方法、步骤来系统组织,高效推进工程落地,以重点工程突破带动全局发展,掌握生产主动权,打好发展主动仗。坚持"工程建设导向"就是要科学精准分解战略任务。抓工程建设的前提,是明确战略方向、战略指标、战略任务,把公司战略规划计划分条带分系统进行细化、分类、归责,对重点目标进行量化分解,以具体的工程项目为依托,出建设方案、实施策略、重点举措、节点目标,具体到项目、落实到领导、落实到部门、落实到单位、落实到岗位、量化到个人,把战略规划和重点任务嫁靠在工程项目上,把建设原则、标准、目标、路径、举措和保障制定好,把指标和任务、设计、实施对接好,把优势资源统筹好,把建设支撑保证好,把环节机制优化好,脚踏实地把既定的科学目标变为实实在在的工程,把蓝图变为现实成果。坚持"工程建设导向"就是要全面深入推进重点工程。"壹引其纲,万目皆张"。提纲挈领、以纲带目是重要的思想方法和工作方法,体现了"两点论"和"重点论"的统一。公司党委注重整体布局和顶层设计,提出统筹发展"五大业务",全面推进"四个专项行动"等重大安排,以工程思维谋划了原油增储上产、天然气上产、新能源"343"等战略性"十大工程","四新"领域勘探突破、储气库高效建产等年度"十大工程",以及员工健康、民生保障、"三基"建设等专项工程,支撑起建设新时期新华北、推动高质量发展的"四梁八柱"。每项工程都事关油田全局,都是具有标志性意义的油田大事,要牢牢抓好重点工程这个牛鼻子,统筹资源形成合力,在重点区域、重点领域、新兴领域实现战略突破。坚持"工程建设导向"就是要全面对标确保标准执行。对标是管理工具,也是提升企业竞争力、实现良性发展的重要手段。推进各项重点工程,要锚定集团公司战略目标任务和"供给高效、产品卓越、品牌卓著、创新领先、治理现代"的世界一流企业标准,瞄准国内一流、行业先进,推动战略对标、经营对标、管理对标、工程对标,与计划对标、与历史对标、与发展对标、与结构对标,建立起完备的指标体系、评价体系和管控体系,制定一流的技术标准、管理标准和工作标准,做到高起点规划、高效率推进、高质量建设,让示范变规范,标杆变标准,让执行标准成为习惯,以高标准引领工程项目高质量高效率高效益建设,努力做到"六个走在前列"。坚持"工程建设导向"就是要把控节点强化流程管理。节点是工程进度和质量的控制点,抓节点就是把目标任务、部署要求系统全面转化为工程建设的任务清单、工作图表、标准模板、专班机制。具体来讲就是:把工作细化形成任务、责任等清单,构建起清晰的责任链条和严密的工作流程;把任务职能进行系统梳理,制作工作流程图、任务进度表,明确各环节任务要求;把项目建设和操作规程统一成标准化工作模板,做到高标准统一规范、对标执行;把资源充分整合,对涉及全局的重大事项,成立项目部、工作专班,落实专人专办、合力推动。每一项重点任务都要对照时间表、路线图进行精准管理,做到目标倒推、时间倒排、任务倒逼、责任倒查,确保环环紧扣、步步紧跟，形成贯通决策部署、工程推进、考核监督、成果落实等全流程体系。坚持"工程建设导向"就是要聚焦目标狠抓成果回收。以目标实现为原则、以最终结果为衡量标准，是管理工作的基本原则。成果回收是工程建设的最终检验。在项目实施过程中，所有的行为、步骤都要符合目标要求，一切以目标说话、以绩效说话，努力为企业创造价值，实现企业效益的最大化。要以标志性成果为牵引，理清要突破的难点、堵点，明确可检验、可量化的成果形式，靶向施策、精准发力，以干实事、重实质、求实效的优良作风谋事成事，加快打造一批具有全局性、突破性的标杆，创造一批具有普遍性、创新性的经验，以重点领域和关键环节的实质性突破，确保各项重大任务、重大工程都取得标志性成果和里程碑式进展，实现公司战略任务全系统的成效卓著、成果丰硕、成色十足。

坚持大抓基层导向，以"力贯梢节"的高效性，固强堡垒如臂使指保落实

基层是党的执政之基、力量之源，是企业战略落地、措施实施的最后一公里。基础不牢、地动山摇。在新时代新征程上，华北油田始终坚持大抓基层，坚守石油初心，弘扬优良传统，打造基层标杆，建设文化阵地，深化"五融"党建，强管理、夯"三基"、促减负、创标杆，凝聚了大抓基层的广泛共识，基层治理体系和治理能力现代化全面加强。同时，公司基层建设依然存在诸多短板和弱项，比如基础工作还不够扎实规范，基层管理存在不少薄弱环节，队伍能力素质有待进一步提升，基层利益诉求需要持续关注，党建思想政治工作优势需要进一步发挥等。

"根本固者，华实必茂"。大抓基层、夯实基础事关大局。要把握"政治坚定、管理现代、生产有力、经营高效、安全环保、环境良好、遵规守纪、团结向上"基层建设八个标准，落实"知大局、接地气、解难题、聚士气"基层干部履职担当四个要求，处理好顶层设计与基层实践的关系，基层减负与担当履责的关系，传承经验与创新方法的关系，点上突破与面上提升的关系，注重规范与力戒形式主义的关系，主动把抓发展的政策落实到基层，把利长远的部署落实到基层，把促创新的措施落实到基层，把破难题的行动落实到基层，持续抓统筹、抓落地、抓细化、抓规范，让一切生产要素的活力竞相迸发，让一切创造企业财富的源泉充分涌流，推动新时期基层建设迈上新台阶。坚持"大抓基层导向"就是要在建强堡垒上持续发力。党的基层组织是党的全部工作和战斗力的基础。只有党的基层组织强起来，推动决

策部署落实、做好改革发展稳定各项工作才有坚实保障。要把党支部建成坚强的战斗堡垒，做到哪里有群众，哪里就有党的工作，让党的旗帜在每一个基层阵地上高高飘扬。要坚持严管厚爱相结合，统筹抓好基层干部的"选育管用"，把到基层艰苦岗位锻炼成长作为干部培养的重要途径，让基层成为员工成长成才的"大熔炉""蓄水池"。坚持"大抓基层导向"就是要在基层减负上持续发力。要坚持标本兼治、综合施策，全面检视、靶向治疗，以上率下、上下联动，推进工作融合与检查合并，打一场为基层减负的攻坚战，把基层从形式主义和官僚主义的"套路"中解脱出来。按照出效率、出效果、出经验、出人才要求，将基层管理与"油公司"模式构建、集约化管理、数字化建设、流程清单化管控相结合，全面提升基层整体绩效水平，推动部署要求一贯到底、落地落实。坚持"大抓基层导向"就是要在标杆打造上持续发力。典型就是水平，标杆就是榜样。"12+35"队站要成为有传承、有特色、有实力的样板，各条战线、各系统和各单位结合实际量体裁衣、分类打造，开枝散叶、全面提升。典型需要长时间的打磨，标杆更需要持之以恒的历练。要突出老传统、老标杆，新时期、新贡献，往深处挖掘、往精处发力，做到百炼成钢，让人肃然起敬，打造风向标。讲好时代故事、石油故事、基层故事，让每个人都参与到基层建设中来，共享新时代成果，形成基层建设长效机制。坚持"大抓基层导向"就是要在载体创新上持续发力。推进基层建设的制度化体系化，因时而宜、因地制宜设计建设载体，持续深化"四进"工程、岗位责任制、党员示范岗、QHSE标准化队站、大比武大练兵、"十百千"工程、"五个一"阵地建设、"一线工作法"、"快乐华北"、"传递健康"、"五型"班组、"岗位讲述"等一系列行之有效的做法，比干劲、比技能、比业绩,严守安全、环保、质量、廉洁、稳定"五条底线",确保基层单位安全无事故、环保无污染、质量无缺陷、党员无违纪、队伍无上访。坚持"大抓基层导向"就是要在文化培育上持续发力。发扬基层的首创精神,总结提炼工作实践中形成的鲜活经验和先进文化理念、队站精神,培育基层特色队站文化,做到一站一文化、一站一场景、一站一特色,凝聚员工思想共识,建立全员价值认同,用优秀文化引领队伍、提升管理、推进发展。围绕基层队站"八有八突出",完善文化栏、展示屏、宣传栏,强化教育激励、示范引领功能,因地制宜打造主题突出、特色鲜明的宣传展示主阵地,推出一批具有华北特色的形象展示窗口。坚持"大抓基层导向"就是要在转变作风上持续发力。问题表象在基层,根子在机关。机关依托基层存在,是为基层服务的,为基层提供政策支持和系统保障的。在上面要求人、在后面推动人,都不如在前面带动人管用。要发扬石油工业"三个面向、五到现场""白天一片空、晚上一片亮"等优良作风,践行"马上就办、担当尽责"的理念,牢固树立一切工作到基层的鲜明导向,多做体验式设计、专业化服务,把方便送下去,把麻烦揽上来,做到服务基层、解决问题、减负提效,实现上下联动,同频共振。坚持"大抓基层导向"就是要在推动发展上持续发力。推动发展和基层工作是辩证统一的。发展是第一位的,发展为了群众、发展依靠群众、发展成果由群众共享,如果没有发展,一切都无从谈起,所以解决基层的问题、破解各种难题、实现人民幸福关键要靠发展、要靠干。员工群众是大抓基层的直接受益者,要紧紧依靠群众来推动基层建设,使改革的思路、政策更好符合基层实际。把提升为民服务水平作为检验建设成效的重要标尺,解决好员工群众的急难愁盼,让群众有更多获得感,建设定心拴心凝心的华北油田。

志之所趋，无远弗届；志之所向，无坚不入。坚持"三个导向"是我们在波诡云谲的能源变革中"拔得头筹""屹立不倒"的重要保障。我们要不断提高战略能力，强化工程思维，以只争朝夕的劲头，久久为功的韧劲，"咬定"目标不放，担负责任不松，一张蓝图干到底，一以贯之抓到底，以新时期新华北建设的新面貌，开启高质量发展的新篇章。

2023 年 3 月

以主题教育激发奋进力量

习近平总书记在学习贯彻习近平新时代中国特色社会主义思想主题教育工作会议上强调,开展主题教育的根本任务是,坚持学思用贯通、知信行统一,把习近平新时代中国特色社会主义思想转化为坚定理想、锤炼党性和指导实践、推动工作的强大动力,在以学铸魂、以学增智、以学正风、以学促干方面取得实实在在的成效。这一根本任务,抓住了主题教育需要着力破解的根本性问题,为扎实开展主题教育指明了方向、明晰了路径。

举一纲而万目张,解一卷而众篇明。我们要紧紧扭住以学铸魂、以学增智、以学正风、以学促干这一根本任务不放松,深刻理解和全面把握四者相互间的内在逻辑、辩证关系和实践要求,在主题教育中不断加强思想淬炼、党性提纯、能力训练,以思想大解放、能力大提升、作风大转变、工作大落实,踔厉奋发、勇毅前行,凝聚起全面建设新时期新华北的磅礴伟力。

以学铸魂,坚持"学"字为先,在"学懂"上当排头兵

以学铸魂在主题教育根本任务中居于统领地位,起着奠基础、定方向、管全局的作用,影响着以学增智的成效,决定着以学正风的基础，引领着以学促干的方向，是实现以学增智、以学正风、以学促干的根本条件，是三者得以有序展开的前提基础。习近平总书记强调，以学铸魂，就是要做好学习贯彻习近平新时代中国特色社会主义思想的深化内化转化工作，从思想上正本清源、固本培元，筑牢信仰之基、补足精神之钙、把稳思想之舵，铸就信仰之魂、忠诚之魂、初心之魂。

铸就信仰之魂，坚定理想信念。理想信念是中国共产党人的精神支柱和政治灵魂。我们党之所以能够经受一次次挫折而又一次次奋起，归根到底是因为我们党有远大理想和崇高追求。坚定的理想信念从何而来？关键要建立在对马克思主义的深刻理解之上，建立在对历史规律的深刻把握之上。习近平新时代中国特色社会主义思想是当代中国马克思主义、二十一世纪马克思主义。要聚焦学思想，力戒学习走形式、不走心不深入不系统，发扬"篝火学两论"的优良学风，读原著、学原文、悟原理，全面系统学、深入思考学、联系实际学，更加增进对党的创新理论的政治认同、思想认同、理论认同、情感认同，坚定对马克思主义的信仰、对中国特色社会主义的信念、对实现中华民族伟大复兴中国梦的信心；更加自觉地改造自己的主观世界，把好世界观、人生观、价值观这个"总开关"，始终保持"石油工人心向党"的政治本色，在大是大非面前旗帜鲜明，在风浪考验面前无所畏惧，在各种诱惑面前立场坚定，永远听党话、跟党走。

铸就忠诚之魂，始终对党忠诚。对党忠诚，是中国共产党人首要的政治品质。忠诚是魂，魂固方能神聚；忠诚是根，根深方能叶茂；忠诚是源，源浚方能流长。中国共产党一路走来，历经无数艰险和磨难，但任何困难都没有压垮，任何敌人都没能打倒，靠的就是千千万万党员的忠诚。新时代新征程，面对风高浪急甚至惊涛骇浪的重大考验，更加需要对党忠诚这根"定海神针"。对党忠诚，要必须把加强党性修养作为一生的必修课，坚持不懈用习近平新时代中国特色社会主义思想凝心铸魂，深刻领悟"两个确立"的决定性意义，增强"四个意识"、坚定"四个自信"、做到"两个维护"，以理论上的清醒筑牢对党忠诚的基石，始终在思想上政治上行动上同以习近平同志为核心的党中央保持高度一致；要必须把对党忠诚落实到具体行动中，始终牢记自己的第一身份是共产党员、第一职责是为党工作，始终以党的旗帜为旗帜、以党的意志为意志、以党的使命为使命，知责于心、担责于身、履责于行，真心爱党、时刻忧党、坚定护党、全力兴党，永远在保持政治忠诚本色上走在前列。

铸就初心之魂，站稳人民立场。人民性是马克思主义的本质属性，人民立场是中国共产党的根本政治立场。党的十八大以来，在以习近平同志为核心的党中央坚强领导下，我们党始终锚定"人民对美好生活的向往就是我们的奋斗目标"，书写下国家富强、民族振兴、人民幸福的壮美华章。面向未来，心中装着百姓，手中握有真理，脚踏人间正道，我们信心十足、力量十足。站稳人民立场，要必须坚持人民至上，深刻领悟习近平新时代中国特色社会主义思想坚持人民至上和江山就是人民、人民就是江山的重要立场观点方法，把人民利益放在最高位置，始终同人民群众站在一起、想在一起、干在一起，赢得民心、赢得时代；要必须践行为民宗旨，牢固树立以人民为中心的发展思想，坚持一切为了人民、一切依靠人民，自觉问计于民、问需于民，始终同人民同呼吸、共命运、心连心，着力解决人民群众急难愁盼问题，把惠民生、暖民心、顺民意的工作做到群众心坎上，增强人民群众获得感、幸福感、安全感，努力把人民对美好生活的向往变为现实。

明理集

以学增智，坚持"通"字为要，在"弄通"上做明白人

以学增智在主题教育根本任务中居于关键地位，起着承上启下的作用，不仅联结着以学铸魂、以学正风、以学促干，而且巩固着以学铸魂的地位，关系着以学正风的水平，影响着以学促干部的展开。习近平总书记强调，以学增智就是要从党的科学理论中悟规律、明方向、学方法、增智慧，把看家本领、兴党本领、强国本领学到手，不断增强政治能力、思维能力和实践能力，准确把握大局，辩证分析问题，加快推动发展。

增强政治意识，提升政治能力。政治上的主动是最有利的主动，政治上的被动是最危险的被动。在干好工作所需的各种能力中，政治能力是第一位的。有了过硬的政治能力，才能在任何时候任何情况下"不畏浮云遮望眼""乱云飞渡仍从容"。提升政治能力，要必须坚持不懈用党的创新理论武装头脑，完整准确全面贯彻落实习近平总书记关于中国石油和中国石油相关工作重要指示批示精神，正确把握政治方向，坚定站稳政治立场，加强政治历练，积累政治经验，使自己的政治能力同担任的工作职责相匹配，真正成为政治上的明白人，永远为党分忧、为党尽责、为党奉献；要必须始终从党和国家工作大局出发想问题作决策办事情，胸怀保障国家能源安全"国之大者"、全面建设新时期新华北"企之要事"，一切在大局下思考，把握规律性、发现趋势性、认识必然性，加强战略性系统性前瞻性研究谋划，一切在大局下行动，不断提高政治判断力、政治领悟力、政治执行力，牢记一切工作一切奋斗都是为党为国为人民，眼睛亮、见事早、行动快。

掌握科学思想，提升思维能力。思维能力是人类认识世界、改造世界能力的最直接体现。当前，世界百年未有之大变局加速演进，我国发展进入战略机遇和风险挑战并存的时期，只有提高战略思维、辩证思维、系统思维、创新思维、历史思维、法治思维、底线思维能力，才能有效应对风险挑战、防范化解矛盾问题。习近平新时代中国特色社会主义思想既部署"过河"的任务，又指导解决"桥和船"的问题。提高思维能力，要努力把学习党的创新理论成果转化为自己的科学思想方法，在建设新时期新华北中把谋事和谋势、谋当下和谋未来统一起来，把握好全局和局部、当前和长远、主要矛盾和次要矛盾，切实把思想方法搞对头，确保认识问题站得高，分析问题看得深，开展工作把得准；要强化理论指导实践，紧密联系实际，打破思维定式，转变思想观念，强化进取观念、市场观念、创新观念、人才观念、执行观念，使我们作出的部署、出台的政策、制定的方案符合实际情况、符合客观规律、符合科学精神。

注重联系实际，提升实践能力。理论的价值在于指导实践，实践性是马克思主义理论区别于其他理论的显著特征。习近平新时代中国特色社会主义思想贯穿着强烈的问题意识、鲜明的实践导向，成为我们攻克难关险阻、创造人间奇迹的锐利武器。为学之实，固在践履。提升实践能力，要发扬理论联系实际的优良学风，深刻领会党的创新理论提出的实践要求，围绕建设新时期新华北、回答好如何实现"三大任务"和"六个能不能"，加强研究思考，完善政策举措，努力把学习成果转化为提高履职尽责的能力水平；要加强斗争精神和斗争本领养成，着力增强防风险、迎挑战、抗打压能力，以时时放心不下的责任感、履好职尽好责，依靠顽强斗争打开事业发展新天地；要以时不我待的精神，抓紧学习掌握各方面知识，努力成为本领域本业务本岗位的行家里手，以专业思维、专业素养、专业方法谋发展作决策定措施解难题，使各项工作更好体现时代性、把握规律性、富于创造性。

以学正风，坚持"严"字当头，在"正风"上当急先锋

以学正风在主题教育根本任务中居于主体地位，起着"桥梁"的作用，既表征着以学铸魂和以学增智的成效，也直接影响着以学促干的实现。习近平总书记强调，以学正风就是坚持目标导向和问题导向相结合、学查改相贯通，对标党风要求找差距、对表党性要求查根源、对照党纪要求明举措，增强检视整改实效，以全面从治党的革命性锻造，全力营造务实之风、清廉之风、俭朴之风，为新时代伟大变革提供坚强作风保障。

"实"字为本，大兴务实之风。党风问题关系执政党的生死存亡。党的十八大以来，我们党以作风建设永远在路上的坚定决心，用钉钉子精神抓落实，党风政风为之一新、党心民心为之一振。但是，有的干部面对当前的风险挑战比以往更复杂艰巨，却是碰到矛盾问题绕道走，干工作推一推动一动。必须时刻保持解决油田独有难题的清醒和坚定，以好的作风振奋精神、激发斗志。大兴务实之风，要认真抓好调查研究，作为谋事之基、成事之道和做好工作的基本功，扑下身子、沉到一线，围绕新时期新华北建设总体目标、专项行动、重点工程，真正把情况摸清、把问题找准、把对策提实，对基层和群众反映的现实问题、难点问题，主动担责，一抓到底；要尽心竭力真抓实干，脚踏实地、埋头苦干、笃实好学、尊重实际，求真务实、注重实效，不驰于空想、骛于虚声，不违背规律、盲目蛮干，不做表面文章、耍花拳绣腿，以"时时放心不下"的责任感履好职、尽好责，改进工作、实干开局，以新气象新作为推动高质量发展取得新成效。

"廉"字为尺，弘扬清廉之风。廉者，政之本也。为政清廉才能取信于民，秉公用权才能赢得人心。新时代新征程，党的建设仍面临不少顽固性、多发性问题，有的对党规党纪不上心不了解不掌握，纪法意识淡薄，顶风违纪现象仍有发生，必须把严的基调、严的措施、严的氛围长期坚持下去，党性党风党纪一起抓，立规矩、正风气、强免疫，始终保持共产党人的高尚品格和廉洁操守。弘扬清廉之风，要牢固树立正确权力观，清醒认识到，自己手中的权力、所处的岗位，是党和人民赋予的，始终保持对权力的敬畏感，任何时候稳得住心神、管得住行为、守得住清白，公正用权、依法用权、为民用权、廉洁用权，干干净净做人、清清白白做事；要自觉自审自省，勤掸"思想尘"、多思"贪欲害"、常破"心中贼"，把学、查、改有机贯通起来，全面查找自身不足和工作偏差，筑牢思想防线，坚守法纪红线；要持续深化"三不腐"机制，坚持三者同时发力、同向发力、综合发力，把不敢腐的强大震慑效能、不能腐的刚性制度约束、不想腐的思想教育优势融于一体，不断取得更大的治理成效。

"俭"字为荣，养成俭朴之风。俭，德之共也；侈，恶之大也。节俭朴素，力戒奢靡，是我们党的传家宝。铺张浪费、奢靡享乐，不仅浪费有限资源，更会腐蚀人的心灵、消磨人的意志，败坏党风政风。党的十八大以来，习近平总书记反复强调，不论我们国家发展到什么水平，不论人民生活改善到什么地步，艰苦奋斗、勤俭节约的思想永远不能丢。养成俭朴之风，要从日常生活严起，从一点一滴做起，严格执行中央八项规定及其实施细则精神，始终做到慎独慎微，保持严肃的生活作风、培养健康的生活情趣；要把生活作风问题作为检视整改的重要内容，对作风之弊、行为之垢来一次大排查、大检修、大扫除，主动查找是否存在生活奢靡、贪图享乐、追求低级趣味等问题，勇于改正自身的缺点和不足，确保在生活作风上清正廉洁、一身正气；要抓住"关键少数"以上率下，把握"四风"与腐败风腐同源、风腐一体特征，在常和长、严和实、深和细上下功夫，持续深化纠治"四风"，坚决破除特权思想和特权行为，守好思想防线、用权底线、家风界线，带头形成克己奉公、戒奢尚俭的理性自觉。

以学促干，坚持"实"字为主，在"做实"上当先行者

以学促干在主题教育根本任务中居于根本地位，起着化理论为实践力量的作用，不仅是以学铸魂、以学增智、以学正风的落脚点和归宿，而且是检验以学铸魂、以学增智、以学正风的重要手段和尺度。习近平总书记强调，以学促干就是教育引导党员、干部落实"重实践"要求，坚持学思用贯通、知信行统一，以为民造福的政绩观、干事创业的精气神，匡正干的导向，增强干的动力，形成干的合力，出实招求实效，担当作为抓落实。

匡正干的导向，树牢造福人民的政绩观。全面建成社会主义现代化强国，归根结底要靠干、靠拼、靠奋斗。建设新时期新华北没有过路人、旁观者，人人都是建设者。坚持一切为了群众、一切依靠群众，激发全员热情，凝聚共进力量。树牢造福人民的政绩观，要走好群众路线，坚持以群众为中心的发展思想，突出大抓基层鲜明导向，坚持依靠员工群众、积极发动员工群众、始终为了员工群众，深入实际、深入基层、深入群众，始终与员工群众想在一起、站在一起、干在一起，破解短板难题，发挥首创精神，持续深化"我为员工群众办实事"，与员工群众同甘苦共奋斗；要锚定目标往实干，不做表面文章、不耍花拳绣腿，紧紧围绕新时期新华北建设决策部署，一切工作都往实里做，真抓实干、务求实效，履好职、尽好责，以创造性工作把高质量发展落到实处；要打基础利长远，建设新时期新华北目标任务有近期的，有中期的，也有长期的，把握好全面推与重点抓、做显功与做潜功的关系，以功成不必有我、功成必定有我的境界，滴水穿石，久久为功，一张蓝图绘到底。

增强干的动力，鼓足干事创业的精气神。路是走出来的，事业是干出来的。全面建设新时期新华北，是一项开创性事业，必然会遇到全新课题、遭遇艰难险阻，唯有鼓足干事创业的精气神，保持迎难而上的奋斗姿态，积极担当作为。鼓足干事创业的精气神，要勇于干事担事，这是干部的职责所在、价值所在，在做好"四项行动"、实施"十大工程"中，到处都有"娄山关""腊子口"，唯有豁得出去、敢闯敢干，事不避难、义不逃责，才能打开新局面、创造新业绩；要敢于坚决斗争，总想过太平日子、不想斗争，建设新时期新华北只能是一句空话，必须自觉加强斗争历练、增强斗争本领，在机遇面前主动出击，在困难面前迎难而上，在风险面前积极应对，依靠顽强斗争打开事业发展新天地；要坚持正确导向，坚持严管和厚爱结合、激励和约束并重，形成能者上、优者奖、庸者下、劣者汰的正确导向，敢于为担当者担当、为负责者负责、为干事者撑腰，为担当作为、干事创业者提供广阔舞台，让广大干部员工更加相信组织、依靠组织，以满腔热忱奋进新征程、建功新时代。

汇聚干的合力，形成狠抓落实的好局面。抓落实，是党的政治路线、思想路线、群众路线的根本要求，也是衡量党员干部党性和政绩观的重要标志。建设新时期新华北，任务艰巨但使命光荣，必须聚合众力抓落实、以钉钉子精神抓落实、聚焦问题抓落实，以狠抓落实的良好局面，开创高质量发展新局面。形成狠抓落实的好局面，要聚合众力抓落实，全面建设新时期新华北是一项系统工作，要进一步增强系统观念和大局意识，明确职责任务，加强协同攻坚，聚合众力、融合众智，亮出"番号"、相互协同，心往一处想、劲往一处使；要以钉钉子精神抓落实，紧紧锚定千万吨油气当量综合能源公司总目标，解放思想、改进工作、实干开局，发扬钉钉子精神，锲而不舍、驰而不息抓落实，稳扎稳打向前走；要聚焦实际问题抓落实，增强问题意识，坚持问题导向，紧盯调研发现的问题、推动发展遇到的问题、群众反映强烈的问题，开展靶向治疗，以真抓的实劲、敢抓的狠劲、善抓的巧劲、常抓的韧劲，一项一项抓好整改，一步一个脚印把新时期新华北决策部署付诸行动，努力将宏伟蓝图变成美好现实。

伟大事业孕育伟大精神，伟大精神引领伟大事业。要紧紧扭住主题教育根本任务不放松，努力在以学铸魂、以学增智、以学正风、以学促干取得实实在在成效，激扬"闯"的精神、"创"的劲头、"干"的作风，凝聚起奋进新时期、建功新华北的磅礴力量。

2023 年 5 月

▶ 强化干部示范和本领养成

纵观党的历史,自延安整风开党内集中教育之先河以来,党在总结历史经验和教训的基础上,先后多次开展集中学习教育。党的十八大以来,中央先后组织开展党的群众路线教育实践活动、"三严三实"专题教育、"两学一做"学习教育、"不忘初心、牢记使命"主题教育、党史学习教育等,为推进中国特色社会主义伟大事业取得历史性成就、发生历史性变革发挥了重要作用。

在全党开展学习贯彻习近平新时代中国特色社会主义思想主题教育,是党的二十大做出的重大部署,是一场思想政治建设的接力,也是一以贯之的精神洗礼,更是全党上下锤炼政治品格的同频共振。我们要用好党的十八大以来党内集中教育宝贵经验,以此次主题教育为契机,在理论武装中锤炼思想品格,在深入实践中改进工作本领,按照"学思想、强党性、重实践、建新功"总要求,全方位来一次"大学习""大动员""大锤炼""大改进",努力争做持续学习的典范、团结奋斗的典范、科学务实的典范、担当作为的典范,切实在以学铸魂、以学增智、以学正风、以学促干上取得实实在在的成效,不断增强推动高质量发展、全面建设新时期新华北的能力本领。

始终把久久学习作为成事之基，努力在恒学中强能，做持续学习的典范

习近平总书记在广东考察时强调指出，开展主题教育是2023年党的建设的重大任务，围绕"以学铸魂"提出明确要求，就是要做学习贯彻习近平新时代中国特色社会主义思想的深化、内化、转化工作，从思想上正本清源、固本培元，筑牢信仰之基、补足精神之钙、把握思想之舵。党的十八大以来，习近平总书记多次强调学习的重要性，指出"中国共产党人依靠学习走到今天，也必然要依靠学习走向未来❶。"要求各级领导干部改变"追求享乐、玩物丧志，不好读书；热衷应酬、忙于事务，不勤读书；浅尝辄止、不求甚解，不善读书；学而不思、知行不一，学用脱节"现象，努力在学习中提高思想水平、解决实际问题、实现自我超越。

党领导中国革命、建设和改革的历史就是一部创造性学习的历史。在党的七届二中全会最后一天，毛泽东同志提出了一份包括《社会发展史》《政治经济学》《马恩列斯思想方法论》等共12本"干部必读"书单，强调我们必须学会自己不懂的东西，恭恭敬敬地学，老老实实地学。作为中国共产党人的杰出代表，铁人王进喜不仅是艰苦奋斗、拼搏奉献的楷模，更是持之以恒学习奋进的师表，正是铁人的持续学习精神支撑了他从一名放牛娃成长为工人阶级的先锋战士和为国家分忧解难、为民族争光争气、顶天立地的民族英雄，他留下的"学会一个字，就像搬掉一座山，我要翻山越岭去见毛主席""谁走在头里，就

---

❶2020年1月8日，习近平总书记在"不忘初心、牢记使命"主题教育总结大会上的讲话。

跟谁学""办法就在工人们的脑子里头"等经典语句,这都蕴含着深刻哲学思想。

今天,我们又肩负起新时代新征程建设新时期新华北的使命任务,必须把学习作为一种政治责任、一种工作态度、一种人生境界,始终保持持续学习的内在动力,不断用习近平新时代中国特色社会主义思想武装头脑,不断用新知识新理念新能力提高自己,努力做到认识问题站得高、分析问题看得深,开展工作把得准。要在明理笃行中把稳思想之舵。习近平总书记指出,不加强读书学习,知识就会老化,思想就会僵化,能力就会退化,就难以做好领导工作,难以承担执政兴国、执政为民的重要职责,难以肩负着为官一任、造福一方的重要使命。我们要把持续学习作为能否履职尽责的试金石,进一步强化理论武装,把学习党的创新理论作为重中之重,在学懂弄通做实上下功夫,切实用习近平新时代中国特色社会主义思想统一思想意志行动。要在自我提升中打牢业务功底。习近平总书记强调,要发扬理论联系实际的学风,及时填知识空白、补素质短板、强能力弱项,不断提高专业化水平。公司正处在动能转换、发展转型、空间拓展的紧要关头,要求我们必须提高专业素养,在学习专业知识、熟悉专业方法、涵养专业精神、强化专业训练上下功夫,不断丰富自身知识结构,在持续学习中锤炼思维、方法,努力成为专业化高素质干部。要在终身学习中推动事业发展。学贵有恒,笃行不辍。当前,世界之变、时代之变、历史之变正在以前所未有形式展开,社会发展大势和能源变局对石油行业比以往任何时候都更具有冲击性和颠覆性,如果知识不够、眼界不宽、能力不强,就会被时代所淘汰。面对新时期新华北建设的繁重艰巨任务,必须把持续学习当成终身课题,发扬"挤"和"钻"的精

神,力戒浮躁,久久为功,多用一些时间静心读书、静心思考,加快知识更新、优化知识结构,确保任何时候才不枯、智不竭。

始终把注重团结作为成事之道,努力在实践中聚力,做团结奋斗的典范

习近平总书记在陕西考察时发表重要讲话,深刻阐述了以学增智的科学内涵,对进一步提升党员干部综合能力提出明确要求,为推动主题教育走深走实提供了行动指南。我们党的历史就是一部生死与共、团结奋进的历史,写满了慷慨悲壮,闪耀着铁血荣光,更凝聚着团结伟力。我们党制定的第一个历史决议指出"团结全党同志如同一个和睦的家庭一样，如同一块坚固的钢铁一样"。在迈向现代化新征程的重要关头，习近平总书记再以"钢铁"为喻，指引全国人民在党的旗帜下团结成"一块坚硬的钢铁"，风雨无阻向前进。"团结才能胜利，奋斗才会成功。"只要团结成"一块坚硬的钢铁"，就没有战胜不了的艰难险阻，就没有成就不了的宏图大业。

回望奋斗路，我们党百年奋斗取得的一切成就都是坚强团结的结果。毛泽东同志在党的七届二中全会上系统诠释了党委会的工作方法。核心内容是坚持民主集中制，比如："党委书记要善于当'班长'""互通情报，各委员之间要把彼此知道的情况互相通知、互相交流""不懂得和不了解的东西要问下级，不要轻易表示赞成或反对""注意团结那些和自己意见不同的同志一道工作""要把问题摆到桌面上来""不要在背后议论"等。2016 年，习近平总书记作出重要批示，要求各级党委领导班子重温《党委会的工作方法》这篇著作，就是其中所提出的原则依然是今天我们必须遵循的原则，所针对的问题依然是我们今天正在面对的问题，所指出的方法依然是我们做好工作的法宝。

团结是事业发展的根本保证，也是重要的政治原则。懂团结是大智慧，会团结是大本事，真团结是大境界。围绕明确奋斗目标形成的团结才是最牢固的团结，依靠紧密团结进行的奋斗才是最有力的奋斗。我们靠团结奋斗创造了辉煌历史，还要靠团结奋斗开创更加美好的未来。要把"一心为公"作为团结奋斗的最高原则。"一心为公"是一种品格、一种担当，是团结奋斗的思想保证，集中体现为心怀"国之大者""企之要情"，体现为党的事业第一、人民利益第一，把心中有党、心中有民、心中有责、心中有戒化为思想自觉和行动自觉。私心是影响团结的根源，私心过重就会各吹各的号、互相不买账、产生无原则的纠纷，影响事业全局。要正确处理好公与私的关系，事事出以公心、处处秉公办事、时时克己奉公，每做一项决策、每抓一项工作，多考虑是否出于公心、能否符合公众利益，做到以公为重、以公为先、舍私为公。要把"顾全大局"作为团结奋斗的根本之道。讲团结就是讲大局、懂团结就是懂大局。有无大局意识是衡量一名干部是否成熟的重要标志。"和稀泥"、"老好人"、缺乏原则的团结是庸俗的团结，最终会葬送团结；从局部利益出发的"团结"是虚假的团结，最终会牺牲整体的团结，只有从发展大局出发的团结才是真正的团结。团结奋斗是一切事业成功的基础。我们从事的工作都是党和国家事业的组成部分，与大局紧紧相连，只有坚持在大局下行动、在大局下统一，心往一处想、劲往一处使、力往一处发，我们的奋斗目标才能顺利实现。要把"规矩意识"作为团结奋进的重要保障。邓小平同志指出："我们这么大一个国家，怎样才能团结起来、组织起来呢？一靠理想，二靠纪律。"规矩是统一思想、统一认识、统一意志，指引我们不断前进的重要原则。没有规矩，就没有纪律，也就没有齐心协力、团结合作，就会导致各行其是、一盘散沙，不利于工作，不利于前进。要严格遵守议事决策程序，严格落实民主集中制，严格执行党委工作制度，重大问题该请示的请示、该汇报的汇报，不允许超越权限办事，更不能先斩后奏，大事讲原则、小事讲风格，遇事多通气、多商量，齐心协力把各项目标任务落实好完成好。

始终把锐意创新作为成事之要,努力在求真中笃行,做科学务实的典范

习近平总书记在内蒙古自治区考察时围绕"以学正风"提出明确要求,其中强调要"大兴务实之风",这为主题教育取得实实在在的成效进一步指明了方向。科学务实是我们党一贯倡导的实事求是精神的具体体现,是做好每件事的前提和基础,是各级干部必备的品质和作风。我们党是靠实事求是起家和兴旺发展起来的,不论过去、现在和将来,我们都要坚持一切从实际出发,理论联系实际,在实践中检验真理和发展真理。大兴务实之风,就是要把更多的时间和精力凝聚到抓落实上,求真务实、真抓实干,察实情、出实招、求实效,把工作抓实、基础打实、步子迈实。

科学务实是我们党的鲜明品质。百年来,中国共产党团结带领人民进行新民主主义革命、社会主义革命建设、中国特色社会主义伟大实践,始终把科学务实作为推动历史发展的重要思想方法和工作方法,实现了中华民族从站起来、富起来到强起来的伟大飞跃。科学务实也是石油工业的优良传统、战胜困难的重要法宝。大庆石油会战期间,铁人王进喜带头学"两论",通过学习和听辅导,他对科学务实有了自己的理解和认识,体现到工作实际中,就是"这困难那困难,国家缺油是最大的困难;这矛盾那矛盾,国家建设等油用是最主要矛盾""干,才是马列主义;不干,半点马列主义也没有。"共产党人是否具有科学务实精神,检验的是理想信念,考验的是党性原则,彰显的是责任担当。

一个时代有一个时代的主题,一代人有一代人的使命。当前,中

国特色社会主义进入新时代，新时期新华北建设踏上快车道，我们要大力崇尚科学务实精神，以抓落实的科学性、创造性、实效性，以求真务实科学态度解决新问题、以真抓实干的精神状态开创新局面。要坚持上下结合推动工作。推动工作落实要处理好对上与对下的关系，既要领会上级意图，掌握遵循，又要摸清基层底数，有的放矢。实际工作中，有的对上级精神没有吃透把准，看似落实，实则变形走样；有的没有真正摸清基层的实际情况，而是坐在办公室想点子画框子，造成工作没有抓到"点子"上。这就要求我们既要深入学习上级精神、充分吃透上级政策，准确把握发展大势，还要深入基层调查研究，紧盯发展矛盾问题、工作短板弱项、执行瓶颈难点，找准"上情"与"下情"结合点，真正把情况摸清，把症结分析透，研究提出行之有效的实招硬招。要运用科学方法推动工作。科学方法是推动落实的"金钥匙"。方法不当，落实成效就会大打折扣。实践中，有的干工作"眉毛胡子一把抓"，抓不住重点；有的"头痛医头脚痛医脚"，按下葫芦浮起瓢，缺乏系统联动；有的眼光静止，看不到形势发展变化，"刻舟求剑"抓落实。如此等等，都是没有掌握科学方法的表现。建设新时期新华北是一项长期性系统性工程，我们在推进工程建设中必须分清轻重缓急、主次关系，牢牢牵住"四个专项行动"这个"牛鼻子"，处理好当前与长远、局部与全局的关系，必须把握"十大重点工程"间的内在联系，注重系统性，做到瞻前顾后、上下打量，以小见大、以点带面，抓环节落实，促整体推进。要大胆解放思想推动工作。抓工作的过程，就是一个不断探索、不断创新、不断进步的过程。同一项工作，为什么有的人能够争创一流，而有的人只能够勉强完成任务？重要原因就在于创造性抓工作不够。解放思想是一切创新的源泉。这就要求我们在新时期新华北建设中更加大胆解放思想,不为传统观念所束缚、陈旧模式所左右、"条条框框"所限制,无论是在油气勘探开发、新能源业务发展,还是在经营价值创造、管理水平提升、基层建设进步等方面,敢于探索、敢于创新、敢于走别人没有走过的路,以"干就干成一流、做就做到最好"的信心决心,对标国际、国内和行业最高抓谋划、聚焦最好抓推进、锚定最优抓落实,用新理念激发新动力,用新方法解决新问题。

始终把真抓实干作为成事之本,努力在攻坚中突破,做担当有为的典范

习近平总书记在主题教育工作会议上,就"实干担当促进发展"指出,以学促干,就是要增强全党担当有为、干事创业的能力和本领,以新气象新作为新成效打开事业发展新天地。奋斗创造历史,实干成就未来。推进中国式现代化建设,推动高质量发展取得新成效,都离不开一个"干"字。面对新时代新征程党的中心任务,我们要胸怀"国之大者",勇于攻坚、敢于碰硬,聚焦问题、知难而进,以"时时放心不下"的责任感、积极担当作为的精气神履好职、尽好责。

没有实干就没有发展,没有担当就没有作为。担当有为是共产党人的政治品格。全面建设社会主义现代化国家、全面推进中华民族伟大复兴,是一项伟大而艰巨的事业,在前进的道路上战略机遇与风险挑战并存,必须增强责任感和使命感,聚焦问题、知难而进,担当作为、敢闯敢干,以"杀出一条血路"的勇气,向最难处攻坚、向最关键处挺进,依靠顽强斗争战胜前进道路上各种各样的拦路虎、绊脚石。全面建设新时期新华北,是时代赋予我们的责任和使命,但实现这一

宏伟目标愿景，面临着诸多问题困难的考验挑战，如我们的资源基础不够扎实，关键技术面临"卡脖子"，重大风险管控仍有薄弱环节，低油价条件下创效能力不足等等。我们必须敢担当有作为，要以"石油工人一声吼，地球也要抖三抖""宁可少活二十年，拼命也要拿下大油田"的豪迈气概，"明知山有虎、偏向虎山行"，较真碰硬、尽心竭力，善始善终、善作善成。

新时期新华北的蓝图已经绘就，奋斗正当其时。好的蓝图不会一下就实现，需要我们要有功成不必在我、功成必定有我的境界，以时不我待、只争朝夕、勇立潮头的历史担当，以踏石留印、抓铁有痕、水滴石穿的积极作为，脚踏实地、稳扎稳打，在全力打造中国式现代化华北场景中担当有为。要在全力推动高质量发展中担当有为。有多大担当才能干成多大事业，有多大付出才会有多大作为。公司党委对建设新时期新华北战略任务和重大举措已做出了全面部署，我们要紧紧围绕做好"四个专项行动"、协调"五大业务"、实施"十大工程"，锚定目标全力以赴，扑下身子真抓实干，找准加快自身发展和融入公司大局的切入点发力点，拿出贯彻落实的具体措施，明确时间表、路线图、责任书，一张蓝图绘到底，一茬接着一茬干，一棒接着一棒跑，决不能有任何喘口气、歇歇脚的想法，一步一个脚印、稳扎稳打向前走，以扎扎实实的大担当在高质量发展中彰显大作为。要在全力践行为民宗旨中担当有为。建设新时期新华北的力量源于员工群众，其根本目的就是把改革发展成果更多惠及员工群众。我们要牢固树立以人民为中心的发展思想，把全心全意为人民服务宗旨作为担当有为的初心使命和根本归宿，坚持一切为了员工群众、一切依靠员工群众，走好建设新时期新华北群众路线，始终同员工群众坐在一条板凳上，问计于民、问策于民，始终用心用情"我为员工群众办实事"，以有温度、有厚度、有力度、有口碑的担当有为，赢得员工群众的信任支持，汇集起全员奋进的强大合力。要在全面从严治党中担当有为。办好中国的事情，关键在党。新征程上，实现新时期新华北战略宏图，坚持党的领导、加强党的建设是"根"与"魂"。我们必须强化抓好党建是本职、不抓党建是失职、抓不好党建是渎职的理念，以"永远吹冲锋号"的奋斗姿态、"永远在路上"的坚韧定力，坚决扛起主体责任，带头严于律己、严负其责、严管所辖，一体推进"两个融合"同时发力、一体推进"三不腐"同向发力、一体推进纠"四风"综合发力，以真管真严、敢管敢严、长管长严的担当有为，为公司高质量发展营造风清气正的政治生态，培育蓬勃向上的发展生态。

　　知者行之始，行者知之成。理论的威力，只有付诸实践才能发挥出来；学习的成果，要靠实践成效来检验。如期实现千万吨当量奋斗目标，没有捷径，唯有实干。我们要以学铸魂、以学增智、以学正风、以学促干，把党的创新理论转化为坚定理想、锤炼党性和指导实践、推动工作的强大力量，始终保持统一的思想、坚定的意志、协调的行动、强大的战斗力。

2023 年 5 月

持之以恒固牢思想根基

党的二十大开启了全面建设社会主义现代化强国、向着第二个百年奋斗目标胜利进军、以中国式现代化全面推进中华民族伟大复兴的新征程。在全党深入开展学习贯彻习近平新时代中国特色社会主义思想主题教育，是党的二十大作出的重大部署。全面贯彻落实主题教育部署要求，持之以恒用习近平新时代中国特色社会主义思想凝心铸魂，是一项重大的政治任务。

"学思想、强党性、重实践、建新功"是主题教育的总要求，是认识与实践相结合、理论与实际相联系、改造主观世界与改造客观世界相统一的有机整体，具有很强的现实针对性和战略指导性。必须贯穿主题教育全过程，扭住重点、久久为功、持续发力，努力在以学铸魂、以学增智、以学正风、以学促干上取得实实在在的成效。

——学思想，发扬"籍火学'两论'"的优良作风，在学懂弄通做实上下功夫。习近平新时代中国特色社会主义思想是推动新时代党和国家事业不断向前发展的科学指引，是指导新时代中国特色社会主义伟大实践的行动指南，是改造主观世界和客观世界的强大思想武器。这次主题教育，根本任务就是坚持学思用贯通、知信行统一，把习近平新时代中国特色社会主义思想转化为坚定理想、锤炼党性和指导实践、推动工作的强大力量,使全党始终保持统一的思想、坚定的意志、协调的行动、强大的战斗力。习近平新时代中国特色社会主义思想是一本读不完的书,每一次深学细悟,都能深切感受到总书记的深厚情怀,越学越觉得备受鼓舞、倍感振奋;每一次深学细悟,都能深切感受到总书记讲话的真理力量,越学越觉得信念坚定、思路开阔;每一次深学细悟,都能深切感受到总书记的殷切重托,越学越觉得使命如山、责任重大。党的理论创新每前进一步,理论武装就要跟进一步。学思想,就是要在学懂弄通做实上下功夫,发扬大庆会战时期"围着篝火学'两论'"的优良学风,读原著、学原文、悟原理,往深里走、往实里走、往心里走,系统掌握习近平新时代中国特色社会主义思想的基本观点、科学方法,不断增进政治认同、思想认同、理论认同、情感认同,切实把学习成效转化为推动高质量发展的思路举措和新时期新华北建设的生动实践。

——强党性,永葆"石油工人心向党"的政治本色,在忠诚捍卫"两个确立"上做表率。习近平总书记深刻指出,党员干部的党性修养,不会随着党龄工龄的增长而自然提高,也不会随着职务的升迁而自然提高,必须强化自我修炼、自我约束、自我改造,必须要把加强党性修养作为一生的必修课。党性是党员干部立身立业立言立德的基石。习近平新时代中国特色社会主义思想,贯穿着中国共产党人的政治品格、价值追求、精神境界、作风操守的要求。这次主题教育,就是要推动全党更加深刻领悟"两个确立"的决定性意义,增强"四个意识"、坚定"四个自信"、做到"两个维护",更加紧密团结在以习近平同志为核心的党中央周围,始终保持党的先进性纯洁性,为奋进新征程、建功新时代提供坚强政治引领和政治保障。政治上的坚定，源于理论上的坚定。强党性，就是要永葆"石油工人心向党"的政治本色，自觉用习近平新时代中国特色社会主义思想改造主观世界，深刻领会坚定理想信念、提升思想境界、加强党性锻炼等一系列要求，筑牢信仰之基、补足精神之钙、把稳思想之舵，真心爱党、时刻忧党、坚定护党，不断提高政治判断力、政治领悟力、政治执行力，始终同以习近平同志为核心的党中央保持高度一致。

——重实践，保持"改进工作、实干开局"的奋进姿态，在加快高质量发展上勇攻坚。实践是理论的本源，理论一经群众掌握，就会转化为强大的物质力量。坚持教育和实践相结合，是本次主题教育的突出特征和具体要求。习近平总书记在讲话中指出的学习走形式装样子、不系统不深入、学用脱节、学归学做归做、不善于把学习成果转化为干事创业的实际本领等问题，根子在于学风不正、实践不力。这次主题教育，就是要教育引导广大党员干部学思想、见行动，自觉践行习近平新时代中国特色社会主义思想，用以改造客观世界、推动事业发展，用以观察时代、把握时代、引领时代，积极适变应变求变，解决经济社会发展和党的建设中存在的各种矛盾和问题，不断提高推动高质量发展本领、服务群众本领、防范化解风险本领，加强斗争精神和斗争本领养成。党的创新理论来自实践又指导实践。重实践，就是要保持"改进工作、实干开局"的奋进姿态，突出实践实干，着力破解影响本系统本单位高质量发展瓶颈，着力破解制约新时期新华北建设的难题，抓系统、抓广泛、抓深入、抓重点，精准施策、靶向发力，在新实践中展现新作为。

——建新功，高举"我为祖国献石油"的精神旗帜，在发挥"主力军"作用中当先锋。习近平新时代中国特色社会主义思想,凝聚着坚持和发展中国特色社会主义的宝贵经验,体现了理论与实际相结合、认识论和方法论相统一的鲜明特色。只有努力掌握贯穿其中的立场观点方法,深刻领悟蕴含其中的道理学理哲理,做到知其言更知其义,知其然更知其所以然,认识问题才会站得高,分析问题才会看得深,指导实践才会更有力。这次主题教育,就是要从习近平新时代中国特色社会主义思想中汲取奋发进取的智慧和力量,不断提高履职尽责的能力和水平,凝心聚力促发展,驰而不息抓落实,立足岗位做贡献,努力创造经得起历史和人民检验的实绩。一切伟大成就都是接续奋斗的结果。建新功,就是高举"我为祖国献石油"的精神旗帜,胸怀"国之大者"、心系"企之要情",以"时时放心不下"的责任感、积极担当作为的精气神,以"越是艰险越向前"的气概、"敢教日月换新天"的斗志,抓住窗口期、跑出加速度,在保障国家能源安全"主力军"中当先锋,在开创油田美好图景中建新功。

学习宣传贯彻习近平新时代中国特色社会主义思想和党的二十大精神,是当前和今后一个时期首要的政治任务。全面贯彻习近平新时代中国特色社会主义思想,是党的二十大的核心和灵魂。习近平新时代中国特色社会主义思想和党的二十大精神内涵丰富、博大精深,必须在主题教育中抓纲举目、深学细悟,做到入脑入心、知行合一。

第一,贯彻落实习近平总书记关于加强党的全面领导等系列重要论述,全面加强党的建设,做党和国家最可信赖的骨干力量。习近平总书记在党的二十大报告中指出,坚持党的全面领导是坚持和发展中国特色社会主义的必由之路。总书记多次强调,坚持党的领导、加强党的建设,是我国国有企业的光荣传统和独特优势,是国有企业的

"根"和"魂";强调坚持党对国有企业的领导不动摇,保证党和国家方针政策、重大部署在国有企业贯彻执行,努力成为"六个力量"。这些重要论述,标定了国有企业发展壮大的根本依靠,阐明了国有企业改革发展的规律所在,是新形势下推动国有企业党的建设的根本原则。集团公司党组把学习贯彻习近平总书记重要指示批示精神作为头等大事和首要政治任务、作为引领企业高质量发展的指南针和定盘星,指出要在坚持党的领导、加强党的建设,在筑牢国有企业"根"和"魂"上走在前、做示范。站在新的历史方位,我们要全面落实新时代党的建设总要求,系统谋划以高质量党建引领高质量发展的实施策略,深入研究"健全全面从严治党体系""把讲政治落深落细落具体"等重大课题,持之以恒加强党的建设,确保总书记有号令、党中央有部署、中国石油有要求、华北油田见行动。

第二,贯彻落实习近平总书记关于中国式现代化等重要论述,推进高质量发展,打造中国式现代化华北场景。总书记在党的二十大报告中庄严宣示,从现在起,中国共产党的中心任务就是团结带领全国各族人民全面建成社会主义现代化强国、实现第二个百年奋斗目标,以中国式现代化全面推进中华民族伟大复兴。并深刻阐释了中国式现代化的特征、目标任务、本质要求、重大原则等。总书记强调,要加快国有经济布局优化和结构调整,推动国有资本和国有企业做强做优做大;要完善中国特色现代企业制度,弘扬企业家精神,加快建设世界一流企业。这些重要论述,体现了我们党对现代化建设的认识、对新时代高质量发展的认识提升到一个新境界。集团公司党组以强烈的责任感使命感,围绕中国式现代化大场景建设,提升核心竞争能力、增强核心功能做出了一系列战略部署,为我们奋进高质量发展指明了方向。站在新的历史方位，我们要积极融入中国式现代化发展大局，找准华北油田在中国式现代化场景中、在建设现代化经济体系中的坐标定位，破解推动高质量发展中的资源要素约束、转型升级阻碍等问题，以全新的思维和空间驾驭，塑造新动能新优势，努力把华北油田建成东部老油田中国式现代化建设的示范区。

第三，贯彻落实习近平总书记关于能源资源安全等重要论述，端牢能源饭碗，为保障国家能源安全贡献力量。总书记在党的二十大报告中指出，要深入推进能源革命，加大油气资源勘探开发和增储上产力度，加快规划建设新型能源体系，加强能源产供储销体系建设，确保能源安全。总书记高度重视能源安全和石油事业发展，先后30多次到中国石油现场调研和出席重大活动，13次对中国石油和中国石油相关工作作出重要指示批示。多次强调，能源安全关系我国经济社会发展全局，是最重要的安全之一；要积极践行"四个革命、一个合作"能源安全新战略；中央企业是能源保供的"顶梁柱"，能源的饭碗必须端在自己手里。这些重要论述，深刻指出了能源对于经济社会发展的重大意义，阐明了能源行业特别是石油战线的使命是什么、履行使命怎么干等一系列重大问题。集团公司作为国内最大的油气生产供应企业，把保障能源供应摆在首位，实施了一系列事关长远的重大能源工程，坚决扛起保障国家能源安全的重大责任。站在新的历史方位，我们要深刻领悟"能源的饭碗必须端在自己手里"的极端重要性，充分认识油气生产是油田的立身之本、价值所在，充分认识扩增保供是油田的职责所系、使命所在，切实强化保障国家能源安全的思想自觉、政治自觉和行动自觉，不断提升华北油田在国家能源版图中的作用。

第四，贯彻落实习近平总书记关于实现科技自立自强等重要论述，强化科技创新，坚决打赢关键核心技术攻坚战。总书记在党的二十大报告中指出，科技是第一生产力、人才是第一资源、创新是第一动力；深入实施创新驱动发展战略，开辟发展新领域新赛道，不断塑造发展新动能新优势。总书记多次强调，科技是国家强盛之基，创新是民族进步之魂，一定要加强自主创新能力，研发和掌握更多的国之重器；强调要从国家急迫需要和长远需求出发，在石油天然气等关键核心技术上全力攻坚；把装备制造牢牢抓在自己手里，努力用自己的装备开发油气资源。这些重要论述，深刻阐明实现我国高水平科技自立自强的一系列重大问题，明确了加强油气领域科技创新、核心技术攻关的重大任务和重要路径。集团公司党组把创新作为第一战略，打造国家战略科技力量和能源与化工创新高地，推出了一系列科技创新举措，形成了一批标志性创新成果。站在新的历史方位，我们要大力实施创新驱动发展战略，认真分析如何突破"卡脖子"关键核心技术问题，如何以开放思维建设高端创新平台，如何让科技体制机制效益最大化，坚定"有条件要上，没有条件创造条件也要上"的必胜信念，以强大的科技创新能力支撑新时期新华北建设。

第五，贯彻落实习近平总书记关于推动绿色发展等重要论述，加快低碳转型，在落实"双碳"战略赛道上跑出加速度。总书记在党的二十大报告中指出，要加快发展方式绿色转型，建设新型能源体系，积极稳妥推进碳达峰碳中和，深入推进能源革命；协同推进降碳减污扩绿增长，推进生态优先、节约集约、绿色低碳发展。总书记多次强调，绿色低碳发展是经济社会全面转型的复杂工程和长期任务；能源产业要走绿色低碳的发展道路；减污降碳是经济结构调整的有机组成部分，要先立后破、通盘谋划。这些重要论述，明确了新时代我国能源清洁低碳的发展方向,标定了能源企业推进绿色低碳转型的发展航向。集团公司党组把新能源纳入主营业务范围,制定了清洁替代、战略接替、绿色发展"三步走"总体战略,全方位的低碳转型正以前所未有力度铺开。站在新的历史方位,我们要主动融入"双碳"战略,抢抓历史机遇,发挥自身优势,破解制约新能源发展的技术、体制、机制等障碍,让绿色低碳转型成为发展的主基调,打造新的资源优势、产业优势,为建设新时期新华北积蓄力量拓展空间。

第六,贯彻落实习近平总书记关于深入推进京津冀协同发展的重要论述,积极主动融入,在实现高标准战略发展上谱写新篇章。2014年2月,以习近平同志为核心的党中央站在党和国家发展全局的高度,作出了推进京津冀协同发展的重大决策。9年来,习近平总书记亲自谋划、亲自部署、亲自推动京津冀协同发展,多次强调,京津冀作为引领全国高质量发展的三大重要动力源之一,要强化协同创新和产业协作,在实现高水平科技自立自强中发挥示范带动作用;要构建产学研协作新模式,提升科技成果区域内转化效率和比重,强化企业的创新主体地位,形成一批有自主知识产权和国际竞争力的创新型领军企业;要深入推进区域内部协同,共同打造区域发展高地,在建设京津冀世界级城市群中发挥辐射带动和高端引领作用。这些重要论述,为推动京津冀协同发展、高标准高质量建设雄安新区,疏解北京非首都功能,建成高水平社会主义现代化城市,指明了前进方向,提供了根本遵循。华北油田地处京津冀、毗邻雄安新区,具有得天独厚的巨大优势,为我们高质量发展提供了千载难逢的重大机遇。站在新的历史方位,我们要深刻领悟以习近平同志为核心的党中央关于推动京津冀协同发展的重大现实意义和深远历史意义,深入思考如何在服务国家重大战略中充分发挥石油企业功能，如何融入、怎样融入等问题；深入思考如何把我们的区位优势、资源优势等转变为发展的实力和发展的空间，在推进创新驱动发展中闯出新路子，在推动全面绿色转型中实现新突破。

第七，贯彻落实习近平总书记关于弘扬伟大建党精神等重要论述，传承石油精神，凝聚建设新时期新华北的持久力量。总书记在党的二十大报告中指出，要弘扬以伟大建党精神为源头的中国共产党人精神谱系，弘扬劳动精神、奋斗精神、奉献精神、创造精神、勤俭节约精神。总书记强调，石油精神是攻坚克难、夺取胜利的宝贵财富，什么时候都不能丢，并亲自概括其核心要义，确立了"以'苦干实干''三老四严'为核心的石油精神"，赋予了"继承弘扬、始终秉承，并与时俱进""深挖其蕴含的时代内涵"实践命题，提出了新时代要"大力弘扬大庆精神铁人精神""继承和发扬老一辈石油人的革命精神和优良传统""当好标杆旗帜"等实践要求。集团公司党组把弘扬伟大建党精神作为神圣的政治使命，不断丰富和发展石油精神的时代内涵和实践价值，大力实施文化引领战略，指引百万石油员工在能源强国的建设中奋勇争先。站在新的历史方位，我们要大力弘扬石油精神和大庆精神铁人精神、"艰苦奋斗、精细管理、开放发展"的华北油田精神，从伟大精神中汲取信仰力量、引领价值追求、凝聚信心意志。华北油田精神是几代石油人用心血和汗水奋斗出来、培育出来的，其永恒生命力来自坚定的信念和不断的实践。深入挖掘华北油田精神的时代内涵、精神特质，构筑上下同欲、攻坚克难的精神家园。

当前，世界百年未有之大变局加速演进，我国发展进入战略机遇期和风险挑战并存、不确定难预料因素增多的时期。全面建设新时期新华北,要认清大局大势,找准关键要害,深入分析、科学研判宏观形势和市场走势,趋利避害、顺势而为,抓住机遇、防范风险,走出华北建华北、跳出华北看华北,牢牢把握发展主动权。

建设新时期新华北还存在着一些不适应,一定程度地表现为:思维老化固化、业务能力不足与新时期新华北目标任务要求不相适应;资源空间受限、产业格局不优与新时期新华北业务布局要求不相适应;机制不够灵活、管理不够规范与新时期新华北战略驱动要求不相适应;市场开拓不强、经营成本偏高与新时期新华北精益精进要求不相适应;信息化程度不高、数字化技术不强与新时期新华北打造新动能要求不相适应;稳定基础不牢、风险隐患较多与新时期新华北稳固可靠要求不相适应;基层建设不均衡、作风形象不过硬与新时期新华北扛旗领先要求不相适应。

国有企业是中国特色社会主义的重要物质基础和政治基础,是党执政兴国的重要支柱和依靠力量。石油事业是石油人共同的事业,如何保证油田上下团结成"一块坚硬的钢铁",是事业不断取得成功的制胜法宝。解决现实问题需要沉着冷静、保持定力、积极作为,紧紧围绕能不能在"新"字上做文章,跳出华北看华北,走出华北建华北;能不能抢抓新一轮科技革命和产业变革机遇,推动管理升级、技术进步、产业发展;能不能强化执行,把公司战略规划转化为各单位各部门的具体行动;能不能转换机制,统筹一体推进履职责与减真负、强管控与提效率;能不能改进队伍作风,持续提升能力素质和精神状态;能不能突出价值创造,实现油、气、新能源等业务板块全面提升等"六个能不能"上多角度审视、全方位把握、整体性提升,推动各业务在"加快五个转变"上展现新气象。既聚焦增储上产,原油业务要加快从以稳为主向总体规模提升转变；聚焦固链强链，气的业务要加快从发展不平衡向全产业链量效齐增转变；聚焦高效布局，新能源业务要加快从规划计划到规模高效落地转变；聚焦创新攻坚，工程服务业务要加快从常规服务保障为主向自立自强战略支撑转变；聚焦价值创造，综合服务业务要加快从基本依托服务向市场化现代服务转变。

习近平新时代中国特色社会主义思想创造性地、历史性地回答了中国之问、世界之问、人民之问、时代之问，实现了理论创新与实践创新的良性互动，彰显了世界观与方法论的辩证统一。全面建设新时期新华北要始终以习近平新时代中国特色社会主义思想为统领，用科学的理论指导实践，把战略、战术、方法转化为工作成效。

其一，强化战略思维。战略问题是发展的根本性问题。新时期新华北的战略目标、战略任务已经确定，要加强前瞻性思考，紧扣打造千万吨当量综合能源公司战略目标，加强顶层设计和整体考量，加强重大任务的关联性、系统性、可行性研究，用长远眼光审视新趋势新变化、新问题新挑战，统筹思考短期、中期和长期目标任务，谋划和回答好系统高质量发展、完全成本控制、业务板块协同并进等重点问题，把难题想在前头、把事情做在前头，做到先谋后动、动则必成。加强全局性谋划，坚持局部服从全局，强化局部保障全局，分业务分系统做好专项谋划、规划管理和措施实施，明确总体思路、基本策略、关键工程、具体部署、量效指标，抓住重点难点进行攻坚突破，全面系统做好规划实施。加强整体性推进，列出任务清单、明确时间进度、细化路径措施，建立贯通到底的责任链条，加强组织调度，分类施策攻坚，打通"顶层设计一公里、基层执行一公里"，"抓闭环、保闭环"，推进各项战略任务实施。

明理集

其二,强化工程思维。全面建设新时期新华北任务紧迫而繁复,工程庞大而繁杂,要注重运用工程项目和专班来推动工作,运用工程方案和流程来实施管控,运用工程技术和方法来解决问题,以工程思维的理念、方法、步骤来系统组织推进。要突出系统观念,注重战略执行、组织优化、内部约束、对标提升、清单操作、文化辅助;在运行上,以年度工作为主线、季度回收为闭环、月度推进为节点、周度运行为控制;在推进落实上,做到工作有专班、推进有方案、施工有图表、落实有检查、效果有评估、业绩有考核。突出过程管控,做到要管程序、管节点、管专业、管制动。突出结果导向，以问题破题、以成果收官，围绕如何结"果"、结什么"果"，进行系统设计和全面推进，既要及时发现问题、科学分析问题、着力解决问题，又要紧盯目标任务，脚踏实地、持之以恒，着力抓重点、补短板、强弱项，还要突出系统谋划，干一个季度、准备一个季度、研究一个季度，确保取得标志性成果和里程碑式进展。

其三，强化危机意识。建设新时期新华北也是一场必须保持清醒和敏锐的大考。面对错综复杂的发展环境，迫切观大局、谋大势；面对责重如山的目标任务，迫切守底线、担使命；面对躲不开绕不过的矛盾挑战，迫切破瓶颈、补短板，以"等不起、慢不得、坐不住"的责任感紧迫感抓好落实。要强化底线思维，绷紧思想之弦，增强忧患意识，时刻对可能遇到的风险挑战保持警惕，做到心中有数、胸中有谱、手里有招，做到不失责、不失控、不失守，增强抓机遇、应挑战、化危机、育先机的能力。强化斗争精神，敢于迎难而上，敢于较真碰硬，复杂形势面前不迷航、艰巨斗争面前不退缩，永葆不畏强敌、不惧风险、敢于斗争、勇于胜利的风骨和品质；加强思想淬炼、政治历练、实践锻炼、专业训练，主动练就敢于斗争、善于斗争的真本领、真功夫。强化实干为要，做到"干"字当头、"实"字托底、事不避难、力戒浮华，定一件干一件、干一件成一件。以人人建设新华北的使命感、事事抓紧不放的紧迫感，以"功成不必在我、功成必定有我"的历史担当，以干实事、重实质、求实效的优良作风谋事成事。

其四，强化调查研究。调查研究是我们党的传家宝，是做好各项工作的基本功。在全党大兴调查研究，是主题教育的重要内容，也是主题教育的一个鲜明特色。要强化对标意识，瞄准国内一流、行业先进，与计划对标、与历史对标、与发展对标、与结构对标，重点回答好"三问"："一问"是，如何实现"6131"能源布局，如何确保"十四五"末油气完全成本控制在45美元/桶以内？如何推进油、气、新能源、工程服务和综合服务五大业务协调发展，这是建设新时期新华北的标志性工程目标。"二问"是，如何做好油气供给增长、绿色低碳转型、改革创新升级、区域战略融合"四个专项行动"的整体谋划和具体策略，这是建设新时期新华北的战略性举措。"三问"是，如何推进业务、系统的高质量发展，明确总体思路、基本策略、关键工程、具体部署以及分年度量效指标，做好分业务系统专业谋划、创新举措和规划管理，这是建设新时期新华北的根本性保障。

其五，走好群众路线。华北油田近半个世纪的发展史，就是一部为了群众、服务群众、依靠群众的奋斗史。面对艰巨繁重的历史任务，我们必须走好新时代群众路线，传承石油精神、赓续红色血脉，走好新时代赶考之路，走好全面建成千万吨当量综合能源公司发展之路。要坚持依靠员工群众，突出大抓基层鲜明导向，找准影响基层发展的短板和难题，做到科学谋划、精准施策，不断提升基层工作成效；要坚持从群众中来，到群众中去，真正做到与群众心心相印、与群众同甘共苦、与群众团结奋斗。积极发动员工群众，员工群众中蕴含着丰富的智慧和无限的创造力，员工群众最熟悉油田实际情况，最懂得发展的现实所需，是建设新时期新华北的最重要力量；要建立健全保护员工群众首创精神的体制机制，让大家有信心有勇气，大胆闯大胆试，敢于突破常规突破自我，齐心协力一起建设新华北，创造出无愧于时代的新业绩。

"唤起工农千百万，同心干"。新时期新华北是华北人共同的新华北，是共建共享共同缔造的新华北。"江山就是人民、人民就是江山，打江山、守江山，守的是人民的心。"每一个人都是新时期新华北建设的一员，每一天都在书写着油田的历史，每一份力量都在创造着油田的未来。

2023 年 5 月